कमलेश्वर

पूरा नाम 'कमलेश्वर प्रसाद सक्सेना'।

कमलेश्वर का जन्म उत्तर प्रदेश के मैनपुरी में 6 जनवरी, 1932 को हुआ था। प्रारम्भिक पढ़ाई के पश्चात् कमलेश्वर ने इलाहाबाद विश्वविद्यालय से परास्नातक की परीक्षा उत्तीर्ण की।

कमलेश्वर बहुआयामी रचनाकार थे। कहानी, उपन्यास, पत्रकारिता, स्तम्भ लेखन, फिल्म पटकथा जैसी अनेक विधाओं में उन्होंने अपनी लेखन-प्रतिभा का परिचय दिया। इन्होंने अनेक हिन्दी फिल्मों के लिए पटकथाएँ लिखीं तथा भारतीय दूरदर्शन श्रृंखलाओं के लिए 'दर्पण', 'चन्द्रकान्ता', 'बेताल पच्चीसी', 'विराट युग' आदि लिखे।

उपन्यासकार के रूप में 'कितने पाकिस्तान' ने उन्हें सर्वाधिक ख्याति प्रदान की और इन्हें एक कालजयी साहित्यकार बना दिया।

प्रकाशित कृतियाँ : 'राजा निरबंसिया और कस्बे का आदमी', 'मांस का दरिया', 'खोई हुई दिशाएँ', 'बयान', 'जॉर्ज पंचम की नाक', 'आजादी मुबारक', 'कोहरा', 'कितने अच्छे दिन', 'मेरी प्रिय कहानियाँ', 'मेरी प्रेम कहानियाँ' (कहानी-संग्रह); 'एक सड़क सत्तावन गलियाँ', 'डाक-बंगला', 'तीसरा आदमी', 'समुद्र में खोया हुआ आदमी', 'लौटे हुए मुसाफिर', 'काली आँधी', 'वही बात', 'आगामी अतीत', 'सुबह दोपहर शाम', 'एक और चन्द्रकान्ता', 'कितने पाकिस्तान', 'पति पत्नी और वह' (उपन्यास); 'अधूरी आवाज', 'चारुलता', 'रेगिस्तान', 'कमलेश्वर के बाल नाटक' (नाटक); 'खंडित यात्राएँ', 'अपनी निगाह में' (यात्रा-संस्मरण); 'जो मैंने किया', 'यादों के चिराग', 'जलती हुई नदी' (आत्मकथ्य); 'नई कहानी के बाद', 'नई कहानी की भूमिका', 'मेरा पन्ना', 'दलित साहित्य की भूमिका' (आलोचना); 'मेरा हमदम : मेरा दोस्त तथा अन्य संस्मरण', 'समानान्तर-1', 'गर्दिश के दिन', 'मराठी कहानियाँ', 'तेलुगु कहानियाँ', 'पंजाबी कहानियाँ', 'उर्दू कहानियाँ' (सम्पादन)।

सम्मान/पुरस्कार : कमलेश्वर को रचनाधर्मिता के फलस्वरूप पर्याप्त सम्मान एवं पुरस्कार मिले। 2005 में उन्हें 'पद्मभूषण' अलंकरण से राष्ट्रपति महोदय ने विभूषित किया। उनकी पुस्तक 'कितने पाकिस्तान' पर साहित्य अकादमी ने उन्हें पुरस्कृत किया।

निधन : 27 जनवरी, 2007 को फरीदाबाद, हरियाणा में।

पति-पत्नी और वह

कमलेश्वर

राजकमल पेपरबैक्स

पहला पुस्तकालय संस्करण
राजकमल प्रकाशन प्राइवेट लिमिटेड द्वारा
2006 में प्रकाशित

राजकमल पेपरबैक्स में
पहला संस्करण : 2010
चौथा संस्करण : 2026

राजकमल पेपरबैक्स : उत्कृष्ट साहित्य के जनसुलभ संस्करण

राजकमल प्रकाशन प्रा.लि.
1-बी, नेताजी सुभाष मार्ग, दरियागंज
नई दिल्ली-110 002
द्वारा प्रकाशित

शाखाएँ : अशोक राजपथ, साइंस कॉलेज के सामने, पटना-800 006
पहली मंजिल, दरबारी बिल्डिंग, महात्मा गांधी मार्ग, प्रयागराज-211 001
1, अनमोल सोराबजी सन्तुक लेन, धोबी तलाव, मरीन लाइंस, मुम्बई-400 002

वेबसाइट : www.rajkamalprakashan.com
ई-मेल : info@rajkamalprakashan.com

बी.के. ऑफसेट
नवीन शाहदरा, दिल्ली-110 032
द्वारा मुद्रित

मूल्य : ₹350

PATI-PATNI AUR WOH
Novel by Kamleshwar

ISBN : 978-81-267-1566-4

पति-पत्नी और वह : कुछ शब्द

यह सिने-उपन्यास है। इसकी रचना की प्रक्रिया और प्रयोजन उन उपन्यासों से एकदम अलग है जो मैंने अपनी अनुभवजन्य संवेदना के तहत लिखे हैं। अतः यह कहने में मुझे संकोच नहीं है कि यह उपन्यास मेरे आन्तरिक अनुभव और सामाजिक सरोकारों से नहीं जन्मा है और इसका प्रयोजन और सरोकार भी अलग है। इसे लिखने का ढब और तरीका भी दूसरा है। इसकी सामाजिकता सिने-माध्यम की आवश्यकता तक सीमित है, लेकिन वह ग़ैर-ज़रूरी नहीं है। वह सिने-माध्यम तक सीमित ज़रूर है पर बाधित नहीं है।

हिन्दी फ़िल्मों की दुनिया हमारी लोक-संस्कृति की नई दुनिया है। पूरी तरह से यह मात्र मनोरंजन और व्यावसायिक सरोकारों की प्रदर्शन-केन्द्रित मायावी दुनिया ही नहीं है, यह अपने समय के मनुष्य के दुःख-सुख, घटनाओं-परिघटनाओं के सार्थक प्रस्तुतीकरण के साथ ही प्रश्नों और सपनों का संसार भी है। अक्षर ज्ञान से रिक्त दर्शक के लिए इसे प्रस्तुत करने में रचनात्मक श्रम की बेहद ज़रूरत पड़ती है।

यह उपन्यास साहित्य के स्थायी या परिवर्तनशील रचना विधान और शास्त्र की परिधि में नहीं समाएगा क्योंकि यह सिने-शास्त्र के अधीन लिखा गया है। यह फ़िल्म के तकनीकी रचना विधान की ज़रूरतों को पूरा करता है जिस पर फ़िल्मी पटकथा आश्रित रहती है। यह सिने-कथा भी ऐसे ही लिखी गई। भारतीय भाषाओं और हिन्दी की बहुत-सी फ़िल्में अपने दौर के कालजयी साहित्यिक उपन्यासों पर आधारित रही हैं, लेकिन जब फ़िल्मों ने नितांत अपना स्वतन्त्र कथा-संसार बनाया तो उसके लिए उपन्यास और कथा-विधा का सहारा लिया जाना ज़रूरी हुआ, उसी का परिणाम है यह सिने-उपन्यास !

पति-पत्नी और वह का आइडिया मूल रूप में प्रख्यात फ़िल्मकार बी.आर. चोपड़ा ने दिया था। उन्हीं दिनों मैं उनके लिए 'बर्निंग ट्रेन' लिख रहा था। वह बड़े बजट की बड़े सितारोंवाली फ़िल्म थी। बड़े सितारों की मिलती-जुलती तारीखें

मिलने में मुश्किलें पेश आती हैं, तो चोपड़ा जी ने कहा कि इसी बीच क्यों न एक 'क्विकी' बना ली जाए ! तब धीरे-धीरे इसके मनोरंजक दृश्य-प्रसंगों की परिकल्पना की गई, खासतौर से यह ध्यान रखते हुए कि वह निम्न-मध्यवर्गीय पात्र के मानसिक और जीवनगत यथार्थ का अतिक्रमण न करते हों और साथ ही वे दर्शक के मनोजगत के साथ-साथ चल सकते हों।

पति-पत्नी और वह फ़िल्म बहुत सफल हुई। इसका निर्देशन बी.आर. चोपड़ा साहब ने किया। इसमें संजीव कुमार और विद्या सिनहा मुख्य भूमिकाओं में थे। अन्त में जो सेक्रेटरी आती है उसकी भूमिका, अगर भूलता नहीं हूँ तो, प्रवीन बाबी ने निभाई थी।

इस फ़िल्म की सफलता के कारण चोपड़ा साहब इसका अगला भाग भी बनाना चाहते थे। उनकी व्यस्तताओं के कारण जब यह सम्भव नहीं हुआ तो इसे ऋषिकेश मुखर्जी जी ने *रंग-बिरंगी* के शीर्षक से बनाया, जिसमें हीरो-हीरोइन के अलावा उत्पल दत्त की बहुत महत्त्वपूर्ण भूमिका थी। वह खंड दो के रूप में इसमें शामिल है।

फ़िल्म और मीडिया लेखन का बहुत बड़ा क्षेत्र आज के नए लेखकों के सामने मौजूद है। यह सिने-उपन्यास पढ़ने के लिए तो है ही, यह फ़िल्म-लेखन की विधा को समझने-समझाने में भी सहायक हो सकता है। इन्हीं शब्दों के साथ यह नए पाठकों और फ़िल्म-विधा के लेखन में शामिल होने के इच्छुक नए लेखकों को समर्पित है !

5/116, इरोज गार्डन, सूरज कुंड रोड
दिल्ली-फरीदाबाद बार्डर
नई दिल्ली-110044

—कमलेश्वर

पति-पत्नी और वह

1

पति-पत्नी और वह

ऑफिस के हाल में लगे क्लॉक ने एक-एक कर पाँच घंटे बजाए तो रंजीत ने चौंकते हुए अपनी कलाई पर बँधी घड़ी पर नजर डाली। वाकई पाँच बज चुके थे।

उसने सामने मेज पर खुली रखी फाइल बन्द की और अपनी शानदार चेयर की ऊँची और गुदगुदी बैक पर पीठ और सिर टिकाकर आँखें मूँद लीं।

सुबह के दस बजे से लेकर पाँच बजे तक के ये सात घंटे इस तरह बीत गए थे कि उसे पता ही नहीं चल पाया था कि इतना वक्त इतनी आसानी से किस तरह बीत गया।

हाल में बैठे कर्मचारियों के कदमों की आहटें उभरकर ऑफिस के मेन गेट से बाहर जाती हुई साफ सुनाई दे रही थीं। और हाल में बड़ी तेजी से खामोशी छाती चली जा रही थी।

'कितनी जल्दी होती है लोगों को दिन-भर का काम खत्म करके घर लौटने की !' रंजीत होंठों-ही-होंठों में बड़बड़ाया, 'अपने-अपने घर पहुँचकर ये सब लोग अपने बीवी-बच्चों में गुम हो जाएँगे। और फिर खाते-पीते, हँसते-हँसाते सोने की बेला आ जाएगी। लेकिन रंजीत साहब, तुम्हें तो रात के ग्यारह बजे से पहले नींद नहीं आती और शाम के पाँच-छह बजे से लेकर रात के ग्यारह बजे तक के पाँच-छह घंटे तुम्हारे लिए फिर प्रॉब्लम बन जाएँगे।–अकेले घर में कैसे गुजार पाओगे पाँच-छह घंटों के लम्बे तन्हा वक्त को ?'

'माँ-बाप बचपन में ही इस भरी दुनिया में तन्हा छोड़कर चले गए। वहाँ, जहाँ से जाने के बाद आज तक कभी कोई लौटकर नहीं आया–माता-पिताजी की मौत के बाद बाबा ने उसे पढ़ाया-लिखाया था। इलेक्ट्रिकल इंजीनियर की डिग्री दिलवाई थी। लेकिन जैसे ही उसे इस ऑफिस में सर्विस मिली, बाबा ने यह समझकर कि आज उनका यह आखिरी फर्ज भी पूरा हो गया, हमेशा-हमेशा के लिए आँखें मूँद लीं। और आज इस लम्बी-चौड़ी दुनिया में–जिसकी आबादी में हर सेकिंड की दर से पन्द्रह हजार इंसानों की बढ़ोतरी हो जाती है, तुम अकेले हो...तन्हा हो...आखिर क्या मकसद है इस जिन्दगी का ?–इससे तो यही बेहतर होगा कि सब कुछ छोड़कर संन्यास ले लूँ...'

"बिरादार...!" अचानक देर से अधखुले दरवाजे को पूरा खोलकर अन्दर आते हुए दुर्रानी ने कहा—"बुजुर्गों ने फर्माया है कि तन्हाई में खुद से हम-कलाम होना बहुत ही खतरनाक किस्म का लाइलाज मर्ज है।"

"सब लोग चले गए, तुम नहीं गए दुर्रानी ?" रंजीत ने चौंककर अपनी चेयर पर सीधे बैठते हुए पूछा।

"आप तो जानते ही हैं बिरादर," दुर्रानी ने एक खाली कुर्सी पर बैठते हुए कहा, "स्कूल से कॉलेज और कॉलेज से यूनिवर्सिटी तक और यूनिवर्सिटी से लेकर इस ऑफिस तक हम दोनों हमेशा साथ-साथ आते-जाते रहे हैं। फिर आपको ऑफिस में तन्हा छोड़कर कैसे जा सकता था।...खैर, यह बात छोड़िए...आप अपने आपसे जो कुछ मन-ही-मन कह रहे थे मैं सुन चुका हूँ। अगर जनाब मुनासिब समझें तो मैं एक मशवरा पेश करूँ।"

"मशवरा ?"

"हाँ बिरादर, दरअसल तन्हा जिन्दगी खुद अपने आपमें एक नामुराद मर्ज है। लेकिन यह मर्ज उस वक्त और भी ज्यादा खतरनाक हो जाता है जब किसी नौजवान को अपने नामुराद पंजों में जकड़ लेता है।"

"तुम ठीक कह रहे हो दुर्रानी," रंजीत ने सँभलकर बैठते हुए कहा, "मैंने जहाँ फ्लैट किराए पर लिया है, उसके आसपास कोई भी ऐसा शख्स नहीं है जिसके साथ एक-दो घंटे गुजारे जा सकें। आखिर कोई आदमी कब तक हारमोनियम बजाता-गाता रहेगा या किताबें पढ़ता रहेगा। छह बजे से रात के ग्यारह बजे तक का वक्त गुजारना मुश्किल हो जाता है।"

"इसके लिए तो बिरादर, नाचीज़ दुर्रानी एक शानदार मशवरा पेश कर सकता है...जनाब की खिदमत में।" दुर्रानी ने जेब से पानों की डिब्बी निकालते हुए कहा।

"आखिर, जनाब का मशवरा क्या है ?" रंजीत ने दुर्रानी के चेहरे पर नजरें गड़ाते हुए पूछा।

"मेरा मशवरा यह है कि तन्हाई के इस मर्ज को हमेशा-हमेशा के लिए खत्म करने के लिए आप एक अंजीर खा लीजिए—सिर्फ एक अंजीर !"

"अंजीर...?"

"जी हाँ अंजीर।" दुर्रानी ने अपनी बात पर जोर देते हुए कहा।

"लेकिन दुर्रानी अंजीर का तन्हाई से क्या ताल्लुक है ?"

"बहुत ही गहरा ताल्लुक है बिरादर," दुर्रानी ने कहा और फिर अपने लहजे को राज़दाराना बनाते हुए रंजीत की ओर मुँह बढ़ाकर बोला, "इधर अंजीर खाई

और उधर जनाब की प्रॉब्लम साल्व हुई।''

''मेरी प्रॉब्लम हल होना आसान नहीं है दुर्रानी,'' रंजीत ने फिर अपनी पीठ अपनी चेयर की बैक से टिकाई, ''तुम तो मेरे बचपन के दोस्त हो, स्कूल से लेकर यूनिवर्सिटी तक हम लोग साथ-साथ पढ़ते ही नहीं रहे हैं बल्कि बीसियों बार हम दोनों ने सुख-दुख में साथ-साथ हिस्सा लिया है। मुझे तुम्हारी दोस्ती पर नाज़ है। इसीलिए आज तुम्हें अपने मन की बात बता रहा हूँ। घर से ऑफिस आने के बाद सुबह दस बजे से पाँच बजे तक का वक्त तो जैसे पंख लगाकर उड़ जाता है लेकिन ऑफिस के बाद जब घर लौटता हूँ तो रात के ग्यारह बजे तक का वक्त गुजारना मुश्किल हो जाता है। सोच रहा हूँ, फिर अपने उसी पुराने मुहल्ले में कोई मकान तलाश करके इस फ्लैट से शिफ्ट हो जाऊँ।''

''बिरादर, मुम्बई में नौकरी और छोकरी तो आसानी से मिल जाती है लेकिन सिर छिपाने के लिए एक अदद छत बड़ी मुश्किल से नसीब होती है। आपको शिफ्ट करने की फिलहाल कोई ज़रूरत नहीं है। आपको सिर्फ जरूरत है एक अदद अंजीर की।''

''अंजीर की जरूरत है !'' रंजीत हैरान हो उठा, ''मैंने तो सुना है अंजीर उस वक्त खाई जाती है जब क़ब्ज हो जाता है और फिर एक अंजीर मेरी प्रॉब्लम को कैसे हल कर सकती है।''

''बिरादर, दरअसल आप परेशान हैं, अपने घर के सूनेपन से—अपनी तन्हाई से। और आपके घर का यह सूनापन, आपकी यह तन्हाई उसी वक्त खत्म होगी जब आप अंजीर खा लेंगे—एक अंजीर—सिर्फ एक अंजीर...''

''लेकिन दुर्रानी...!'' रंजीत ने दुर्रानी की बात काटते हुए कहना चाहा।

''यही तो आपके साथ सबसे बड़ी परेशानी है बिरादर। आप कभी किसी की पूरी बात सुनते ही नहीं। और अगर सुनते भी हैं तो किसी की बात पर अमल नहीं करते—दरअसल आपकी परेशानियों का इकलौता जवाब यही है कि आप अंजीर खा लीजिए—सिर्फ एक अंजीर—और आपका मसला हल।''

''पहेलियाँ मत बुझाओ दुर्रानी, साफ-साफ बताओ, सिर्फ एक अंजीर खा लेने से मसला कैसे हल हो जाएगा ?''

''ठीक उसी तरह बिरादर, जिस तरह आदम और हव्वा का हुआ था !''

''आदम और हव्वा...? यह अंजीर के साथ-साथ आदम और हव्वा...तुम्हारी बात मेरी समझ में नहीं आ रही।''

''सीधी सी बात है बिरादर, दुनिया में सबसे पहले आदम और हव्वा ने ही अंजीर खाई थी, बहिश्त के बाग़ से तोड़कर !'' दुर्रानी ने किस्सागो के अन्दाज़

में सुनाना शुरू किया, ''हुआ यूँ बिरादर, कि खुदा ने आदम और हव्वा को बनाया और उन दोनों को बहिश्त के उस खुशनुमा बाग़ में रहने की इजाजत दी जिसमें बेशुमार अंजीर के दरख्त थे।—अब खुदा ने उन्हें अंजीर के दरख्तों से भरे बहिश्त के बाग़ में रहने की इजाज़त तो दे दी लेकिन इस बन्दिश के साथ कि वे अंजीरों के बाग़ में रह तो सकते हैं लेकिन अंजीर तोड़कर खा नहीं सकते।''

''खुदा ने यह बन्दिश क्यों लगाई दुर्रानी ?...यह तो ऐसी बात हुई कि किसी को मिठाइयों की दुकान का मालिक बनाने के बाद उस पर यह बन्दिश आयद कर दी जाए कि वह मिठाई न खाए।''

''यही तो अल्लाह मियाँ का जुल्म था उन दोनों पर,'' दुर्रानी ने कम्युनिस्टों के अन्दाज़ में कहा, ''लेकिन बिरादर, मुझे तानाशाह हिटलर की एक साफगोई इस वक्त बड़ी शिद्दत से याद आ रही है—उसने 'मीन कैंफ' में एक जगह साफ-साफ लिखा है कि हर समझौता तोड़ने के लिए किया जाता है...और उस हिटलर की इसी साफगोई के पेशे-नजर यह बात भी साफ हो जाती है कि हर कानून और हर बन्दिश का मकसद भी यही होता है कि उसे तोड़ डाला जाए, उसकी खिलाफ-वर्जी की जाए—तो एक दिन हव्वा ने आदम को खुदा की इस बन्दिश को तोड़ डालने के लिए इतनी बुरी तरह उकसाया, भड़काया कि आदम ने खुदा की बन्दिश को वालाए-ताक़ रखकर एक अंजीर तोड़ ली...सिर्फ एक अंजीर...''

''फिर...? फिर तो खुदा को बहुत गुस्सा आया होगा, आदम और हव्वा की इस हुक्मउदूली पर, जरूर उन्होंने उन दोनों को सख्त सजा दी होगी।''

''फिर बिरादर, शायद आपको मालूम नहीं, उस जमाने में न तो हथ-करघे थे और न मिल के कपड़े। बेचारे आदम और हव्वा बहिश्त के बाग में नंगे बदन ही रहा करते थे। लेकिन जैसे ही आदम और हव्वा ने अंजीर खाया, गजब हो गया।''

''क्या गजब हो गया ?'' रंजीत की दिलचस्पी बढ़ती चली जा रही थी।

''आदम ने अंजीर हव्वा को दे दिया। लेडीज फर्स्टवाला रिवाज उन दिनों लागू था। हव्वा ने अपने दाँतों से आधा अंजीर काट लिया और बाकी आधा आदम को दे दिया। अंजीर बेहद लज़ीज़ और मीठा था। दोनों जायका लेकर खाने लगे। और जैसे ही अंजीर खत्म हुआ, इतने अरसे तक साथ-साथ रहने के बाद उन्हें पहली मर्तबा महसूस हुआ कि उन दोनों के जिस्म पर एक भी कपड़ा नहीं है—वे दोनों नंगे हैं। हव्वा को बड़ी शर्म आई, शर्म आदम को भी आ गई और उन दोनों ने जल्दी से अंजीर के पत्ते तोड़कर अपने-अपने जिस्म के उन मखसूस हिस्सों को छिपा लिया, जिन्हें देखकर एक जवान मर्द और एक जवान औरत को बेहद शर्म महसूस होती है और कोई भी मर्द या औरत रात के अँधेरे के सिवा दिन के उजाले

में एक-दूसरे के सामने उन हिस्सों को हरगिज बेपर्दा नहीं रखता।...और इस शर्म ने ही उन्हें यह बात भी याद दिला दी कि वे खुदा की औलाद तो बाद में हैं पहले एक मर्द और एक औरत हैं। और उस बात का अहसास होते ही हव्वा ने आदम के सीने में अपना शरमाया हुआ चेहरा छिपा लिया और आदम ने एक मर्द होने के नाते हव्वा को अपने बाजुओं में कैद कर लिया—और उसके बाद वही हुआ जो होना चाहिए था...जो उसी दिन से हर आदम और हव्वा के दरम्यान होता आया है—और उसी मुकद्दस दिन और मुकद्दस शर्मीले जज्बे का अंजाम हैं हम लोग—दुनिया में ये करोड़ों इंसान—जो हर सेकेंड में कम-से-कम दस हजार की दर से बढ़ते चले जा रहे हैं।''

''यानी वे दोनों...!''

''हाँ बिरादर, सिर्फ एक अंजीर के खाते ही उनकी मुद्दत से सोई हुए अकल बेदार हो गई। वे एक-दूसरे को अच्छी तरह जान गए, पहचान गए...और इस जान-पहचान ने सिर्फ उनकी तन्हाई ही दूर नहीं की बल्कि इस लम्बी-चौड़ी दुनिया के कोने-कोने को अपनी औलादों से भर दिया।''

''हूँ !'' रंजीत कुछ संजीदा हो उठा था।

''तो बिरादर, अंजीर के असर से आप वाक़िफ हो ही चुके हैं। अब आप जल्दी से एक अदद हव्वा तलाश लीजिए।''

''और अंजीर...?''

''जब आप हव्वा तलाश कर लेंगे तो अंजीर खुद-ब-खुद आपके होंठों तक पहुँच जाएगी !'' दुर्रानी अपनी हिदायतें खत्म करके उठ खड़ा हुआ। और घड़ी पर नजर डालकर बोला, ''आइए अब चलें, साढ़े पाँच बज गए। बेचारा गंगादीन चपरासी हम दोनों के जाने के इन्तजार में बाहर स्टूल पर बैठा सोच रहा होगा कि आज देर से घर पहुँचने के बारे में अपनी हव्वा को क्या जवाब देगा।''

रंजीत को दुर्रानी की इस बात पर हँसी आ गई।

दोनों दोस्त ऑफिस से निकले और साइकिल स्टैंड की ओर बढ़ गए।

❐

''एक अदद...सिर्फ एक अदद अंजीर और एक हव्वा...!'' रंजीत ने साइकिल के पैडल घुमाते हुए कहा, ''वाह मियाँ दुर्रानी, जवाब नहीं है तुम्हारा...!''

'लेकिन दुर्रानी ने कहा है कि पहले हव्वा की तलाश जरूरी है। और जब हव्वा की तलाश पूरी हो जाएगी तो अंजीर खुद-ब-खुद मिल जाएगी।' रंजीत अपने आपसे कहने लगा, 'इसका मतलब है...इसका मतलब है कि...'

रंजीत अभी यहीं तक सोच पाया कि अचानक उसकी साइकिल एक धक्के के साथ उछली और उसे लिये-लिये फुटपाथ पर जा गिरी। और उसी के साथ किसी लड़की की एक दर्द-भरी हल्की-सी चीख सुनाई दी।

उसकी साइकिल के पीछे आनेवाली कार ने इतनी जोर से हॉर्न बजाया था कि उसने हड़बड़ाकर अपनी साइकिल फुटपाथ पर चढ़ा दी थी और फुटपाथ पर चढ़ते ही वह आगे जानेवाली एक साइकिल से जा टकराई थी।

किसी लड़की की हल्की-सी चीख सुनकर रंजीत ने वहाँ खड़े-खड़े ही इधर-उधर नजरें दौड़ाईं। उसने देखा, उसकी साइकिल के करीब ही एक ज़नानी साइकिल पड़ी थी जिसका अगला पहिया फुटपाथ पर खड़े एक दरख्त से टकराकर टेढ़ा हो गया था और एक निहायत खूबसूरत और जवान लड़की उससे दो हाथ की दूरी पर फुटपाथ पर पड़ी दोनों साइकिलों के बीच मौजूद थी। उसका गुलाबी दुपट्टा बड़ी तेजी से रंजीत की साइकिल के तेजी से घूमते पहिए में लिपटता चला जा रहा था। शलवार-कमीज पहने उस लड़की का सीना दुपट्टे के बिना खुला रह गया था। वी-शेप की कमीज के गले से उसके सीने की खूबसूरत सुर्ख-सफेद गोलाइयों के आधे-आधे दायरे साथ दिखाई दे रहे थे।

लड़की ने रंजीत की नजरें अपने सीने पर गड़ी देखकर जल्दी से दोनों बाँहों से अपना खुला सीना ढक लिया और गुस्से से तड़पकर बोली, "बदतमीज...!"

"जी, क्या आपने मुझसे कुछ फर्माया ?" रंजीत ने चौंकते हुए कहा।

"आँखें हैं या बटन," लड़की गुर्राई, "देखकर साइकिल नहीं चलाते !"

"बटन...?" रंजीत फिर चौंक पड़ा और फटी-फटी आँखों से अपनी शर्ट के बटनों की ओर देखने लगा। वाकई उसकी शर्ट का एक बटन टूट गया था। बटन टूट जाने की वजह से उसके सीने के बाल भी शर्ट के बीच से साफ-साफ दिखाई देने लगे थे। उसने जल्दी से शर्ट के दोनों किनारे पकड़कर उन्हें मिलाते हुए कहा, "आपने ठीक ही फर्माया, वाकई मेरी शर्ट का एक बटन टूट गया है।"

"शटअप...!" लड़की एक बार फिर गुर्राई।

उन दोनों की वहाँ पड़ी साइकिलों की वजह से सड़क पर भीड़ इकट्ठी हो गई थी। ट्रैफिक जाम हो गया था। कारों-टैक्सियों और स्कूटरों के हॉर्नों की आवाजें गूँज रही थीं।

"उठिए...उठिए...ट्रैफिक..." एक आदमी ने लड़की की ओर बढ़ते हुए कहा, "ट्रैफिक जाम हो रहा है।"

"ट्रैफिक जाम हो रहा है तो होने दो," रंजीत ने जल्दी से उठते हुए कहा, "लेकिन जामवन्तजी, इस लड़की की साइकिल मेरी साइकिल से टकराई थी। और

साइकिलों से टकराने से ही यह सड़क पर जा गिरी थी। इसके घुटनों और कुहनियों में जो चोटें आई हैं उनकी वजह भी मैं ही हूँ। एक्सीडेंट मैंने किया है, इसलिए मैं ही उन्हें उठाऊँगा...आप अलग हट जाइए।''

रंजीत ने आसपास खड़े लोगों की परवाह न करते हुए लड़की के दोनों बाजू पकड़कर उठा लिया और अपनी साइकिल पर बैठा लिया। फिर लड़की की टूटी हुई साइकिल दाएँ कन्धे से लटका ली और बाएँ हाथ से हैंडिल पकड़कर, साइकिल की सीट पर जा बैठा। पहिए में लिपटा दुपट्टा उसने निकालकर जेब में ठूँस लिया। और फिर उसकी साइकिल तेजी से आगे बढ़ने लगी।

रंजीत ने जो कुछ भी किया था, इतनी तेजी से किया था कि उस लड़की को एतराज करने का मौका ही नहीं मिला।

जब साइकिल कुछ दूर निकल गई तो लड़की को जैसे होश आया। रंजीत के सीने से चिपटी अपनी पीठ को आगे की ओर झुककर दूर हटाने की कोशिश करती हुई बोली, ''मुझे उतार दीजिए। मेरे घुटनों में इतनी चोट नहीं आई है कि मैं अपने घर तक न जा सकूँ!''

''मिस साब,'' रंजीत ने पैडल तेजी से घुमाते हुए कहा, ''अगर आपकी साइकिल ठीक-ठाक होती तो मैं आपको जरूर उतार देता। लेकिन मैं अच्छी तरह जानता हूँ कि अपनी टूटी हुई साइकिल को घसीटते हुए पैदल घर पहुँचना बहुत मुश्किल है।''

''लेकिन यह हिमाकत...आखिर आपकी हिम्मत कैसे पड़ी मुझे उठाकर अपनी साइकिल पर बैठाने की?'' लड़की ने गुस्से से कहा, ''उतार दीजिए मुझे...रोकिए...साइकिल रोकिए।''

''आप जिसे हिमाक़त कह रही हैं वह मेरी शराफत है मिस साब,'' रंजीत और तेजी से पैडल घुमाने लगा, ''आप...आप चुपचाप सीधी बैठी रहिए वरना दोबारा एक्सीडेंट हो जाएगा...अब तो मेरी साइकिल आपके दौलतखाने के दरवाजे पर पहुँचकर ही रुकेगी।''

लड़की कसमसाकर रह गई।

रंजीत की साइकिल की रफ्तार और बढ़ गई।

❒

कुछ दूर जाने पर लड़की ने बड़ी नरमी से कहा, ''बस यहीं रोक दीजिए, मेरा घर आ गया।''

रंजीत ने साइकिल रोक दी।

"कौन सा है आपका घर ?" उसने लड़की की साइकिल कन्धे से उतारकर उसके सामने खड़ी कर दी।

"वही, जिसकी बाल्कनी में सुर्ख फूलों की बेल दिखाई दे रही है।" लड़की ने इशारे से बताया और अपनी टूटी साइकिल घसीटती हुई उस मकान की ओर चल पड़ी।

रंजीत खड़ा-खड़ा उसे गेट के अन्दर जाते हुए देखता रहा और फिर अचानक ही उसे जैसे कुछ याद आ गया। माथे पर हाथ मारकर बोला, 'लड़की ने ठीक ही कहा था। तुम वाकई पैदायशी अहमक़ हो रंजीत। इतनी देर उसे सीने से चिपकाए साइकिल दौड़ाते रहे लेकिन तुमने उसका नाम तक नहीं पूछा। अब क्या नाम लेकर तुम उसे याद किया करोगे...खैर कोई बात नहीं। उसका नाम न सही उसका गुलाबी दुपट्टा तो अपने पास है ही। दिल की तसल्ली के लिए फिलहाल यही काफी है।'

रंजीत फिर अपनी साइकिल पर सवार हो गया और किसी फिल्मी गीत की शोख धुन गुनगुनाते हुए तेजी से अपने घर की ओर चल पड़ा।

रंजीत अपने फ्लैट में पहुँचा तो बेहद खुश था। जो घर उसे रोजाना सूना-सूना वीरान नजर आता था, वही आज बेहद खूबसूरत और खुशनुमा दिखाई दे रहा था।

साइकिल खड़ी करके उसने हाथ-पैरों पर लगी कालिख साफ की। कपड़े बदले। पतलून की जेब से उस लड़की का गुलाबी दुपट्टा निकालकर शोपीस की तरह एक कोने में रखे ऊँचे स्टूल पर सजा दिया और मेज के पास रखी कुर्सी पर आ बैठा।

उसने मेज की दराज़ से अपनी डायरी और कलम निकाली और डायरी के पन्ने पर लिखने लगा, "आज ऑफिस से लौटते हुए मेरी साइकिल एक लड़की की साइकिल से जा टकराई। हम दोनों ही अपनी-अपनी साइकिलों के साथ सड़क पर जा गिरे। लड़की के घुटनों और कुहनियों में काफी चोट आई। लेकिन वह बच गई। हाँ, उसकी साइकिल जरूर टूट गई।

"भीड़ बड़ी ज़ालिम चीज है। खासतौर पर जब किसी लड़की को इस हालत में देखती है तो और भी जालिम हो उठती है। भीड़ कहने लगी—चलो थाने...अगर लड़की मर जाती तो ? हमने कहा—परवाने नहीं जाते थाने...हमारी इस बात पर लड़की हँस दी...लड़की हँस तो दी लेकिन सवाल यह है कि फँसे कब ?...हमारे दोस्त हरीश की शादी होनेवाली है, बारात उसी मुहल्ले में जाएगी, जिस मुहल्ले में उस लड़की का घर है...मेरा अन्दाजा है उस लड़की के घर के आसपास ही वह

घर है जहाँ हरीश की बारात जाएगी, हो सकता है हरीश की शादी में शमा-परवाने की फिर टक्कर हो जाए ! अगर एक बार और टककर हो जाए तो शायद काम बन जाए अपना।"

डायरी में इतना लिखने के बाद रंजीत ने उस लड़की का दुपट्टा उठा लिया और पूरा खोलकर कहने लगा, 'जालिम, तू मेरी साइकिल के पहियों में उलझा क्यों ? इससे तो अच्छा होता कि मेरे गले में उलझ जाता। खैर, कोई बात नहीं ! उम्मीद पर दुनिया कायम है...अपन भी उम्मीद का दामन नहीं छोड़ेंगे...आज हमें यह दुपट्टा मिला है तो कल उस जालिम हसीना के दामन तक भी हमारे ये दस्ते मुबारक पहुँच ही जाएँगे...'

रंजीत ने दुपट्टे को सीने से लगाया, चूमा और फिर स्कार्फ की तरह गले से लपेटकर डायरी बन्द कर दी।

डायरी और कलम मेज की दराज में रखने के बाद उसने सामनेवाले होटल से खाना मँगाया। खाया और फिर बिस्तर पर जा लेटा।

और फिर अभी दस भी नहीं बजे थे कि उसके खर्राटे बेडरूम की खामोश दीवारों से टकराकर गूँज उठे।

न जाने कितने अरसे के बाद आज इतनी जल्द और बिस्तर पर लेटते ही उसे नींद आ गई थी।

और सुबह जब उसकी आँख खुली तो ठीक छह बज रहे थे। दीवार पर लगे क्लॉक को देखते-देखते उसके होंठों पर एक अजीब सी—नशीली सी मुस्कान दौड़ गई।

—आगाज़ अगर इतना खूबसूरत है तो अंजाम कितना हसीन होगा...उसने शायराना अन्दाज में अपने दोस्त दुर्रानी की तरह कहा और पलंग से कूदकर बाथरूम में चला गया।

❐

"खुदा खैर करे बिरादर !" दुर्रानी ने रंजीत के चेहरे पर मचलती मुस्कुराहट को देखते हुए कहा, "यकीन नहीं आता कि हम इस वक्त जिस चेहरे को देख रहे हैं यह चेहरा हमारे दोस्त रंजीत का ही चेहरा है।...कहीं हमारी आँखें धोखा तो नहीं खा रहीं ?"

"नहीं दुर्रानी, यह चेहरा आपके अजीज-तरीन दोस्त रंजीत का ही चेहरा है," रंजीत ने अपने केबिन की ओर बढ़ते हुए कहा, "चलो, अन्दर चलो..."

हैरानी में डूबा दुर्रानी रंजीत के पीछे-पीछे उसके केबिन की ओर चल दिया।

रंजीत को आते देख ऑफिस के कर्मचारी अपनी सीट से उठ खड़े हुए। आज रंजीत ने उन्हें 'गुड मॉर्निंग सर' कहने का मौक़ा न देकर खुद ही पहल की। किसी से हाथ मिलाया। किसी की पीठ पर प्यार भरी थपकी दी। दोनों स्टेनो टाइपिस्ट लड़कियों के ड्रेस की तारीफ की और अपने केबिन में चला गया।

ऑफिस में काम करनेवाले हैरानी-भरी नजरों से एक-दूसरे के चेहरे की ओर देखने लगे।

गंगादीन चपरासी ने ठेठ मधुबनी स्टाइल में खैनी रगड़ते हुए कहा, "बड़का बाबू, हम जान गइल। हमार मनीजर साब का मन का गुलाब फूट गइल...!"

हर वक्त खामोशी और उदासी की चादर से लिपटी रहनेवाली दीवारें उन सबकी हँसी से झनझना उठीं जैसे किसी चतुर सितारबाज़ ने सितार के तमाम तारों पर एक साथ मिजराव फेर दी हो।

❐

"हाँ तो बिरादर, अब आपके होंठों पर थिरकती यह मुस्कान और आँखों की पुतलियों की सतह पर तैरनेवाले ये हसीन ख्वाब इस नाचीज के दिले-नातवाँ की बेकरारी में इजाफा करते चले जा रहे हैं !" दुर्रानी ने रंजीत के केबिन में पहुँचते ही बोलना शुरू कर दिया, "और बिरादर, अब यह बेकरारी बर्दाश्त को लाँघकर काफी दूर निकल गई है। बताइए न आखिर ये माजरा क्या है ?"

"मेरे दोस्त, माजरा नहीं खुशखबरी है," रंजीत ने दुर्रानी को बैठने का इशारा करते हुए अपनी चेयर की ओर बढ़ते हुए कहा, "कल आपने आदम और हव्वा की दास्तान सुनाई थी। और कल शाम ही हव्वा से अचानक मुलाकात हो गई। लेकिन दोस्त अब जरूरत है एक अंजीर की...सिर्फ एक अदद अंजीर की।"

"अरे वाह," दुर्रानी खुशी से चहकती आवाज में बोला, "हव्वा से मुलाकात हो गई ? लेकिन कहाँ और कैसे ? जरा तफसील से सुनाइए।"

रंजीत ने अपने पोर्ट-फोलियो में से डायरी और दुपट्टा निकालकर मेज पर रखते हुए कहा, "यह रही हव्वा की निशानी..."

दुर्रानी हैरत से आँखें फाड़-फाड़कर उस गुलाबी दुपट्टे को देखने लगा जिस पर कहीं-कहीं साइकिल के पहिए के दाग़ लग रहे थे।

"या अल्लाह, जिस नाज़नीं का दुपट्टा इतना खूबसूरत है, खुदा जाने वह कितनी हसीन होगी," दुर्रानी के होंठों से बेसाख्ता निकला, "आप बहुत ही खुश नसीब हैं बिरादर...अपना तो नसीब ही खोटा है। जनाब को तो दो मीटर लम्बा खूबसूरत दुपट्टा निशानी के तौर पर नसीब हो गया लेकिन बदबख्त दुर्रानी को

तो आज तक किसी बदसूरत लड़की का बालिश्त-भर का फटा-पुराना रूमाल तक नसीब नहीं हुआ। आपकी खुशबख़्ती पर इस नाचीज़ को रश्क हो रहा है बिरादर, खैर उनका नाम-पता मालूम किया ?''

रंजीत ने साइकिलों के टकराने की पूरी कहानी सुनाने के बाद कहा, ''दुर्रानी, जब मैं उस हसीना को अपनी साइकिल पर बैठाकर उसके घर की तरफ ले जा रहा था तो उसकी पीठ सड़क के हर धचके पर मेरे सीने से टकरा जाती थी... दूसरे ही पल मेरे पूरे जिस्म में...सिर से लेकर पाँव तक गुदगुदी-सी दौड़ जाती थी। दिल-ओ-दिमाग़ में नशा-सा भर जाता था। मैं महसूस कर रहा हूँ कि जब खुदा की लगाई बन्दिश को तोड़ने का जुर्म आदम और हव्वा ने किया और खुदा ने नाराज होकर उन दोनों को बहिश्त के खुशनुमा बाग से निकालकर इस वीरान धरती पर पटका होगा तो आदम और हव्वा को बहिश्त के बाग से निकाले जाने का रत्ती-भर भी ग़म नहीं हुआ होगा बल्कि खुशी हुई होगी। ठीक वैसी ही खुशी मैंने उस उक्त महसूस की थी जब दोनों साइकिलों के टकराने के बाद हम दोनों फुटपाथ पर जा गिरे थे।''

''घर आप देख ही आए हैं तो फिर देर काहे की। जल्दी से दोनों मिलकर अंजीर खा डालिए !'' दुर्रानी ने बुजुर्गाना अन्दाज में कहा।

''यार दुर्रानी, हरीश को तो आप भूले नहीं होंगे—जो हमारे साथ बी.एस.सी. फाइनल में था।'' रंजीत ने याद दिलाया।

''हाँ-हाँ, भला हरीश को मैं कैसे भूल सकता हूँ। कहाँ है वह ?'' दुर्रानी ने जल्दी से पूछा।

''कोल्हापुर से ट्रांसफर होकर यहीं आ गया है। मेरे पड़ोस में ही उसने एक फ्लैट खरीद लिया है।'' रंजीत ने बताया।

''लेकिन आदम और हव्वा के फसाने में यह हरीश भाई कहाँ से आ टपके ?''

''हरीश की शादी होनेवाली है। बस एक हफ्ता रह गया है। उसने मुझसे पते पूछ-पूछकर अपने सभी दोस्तों को बारात में शामिल होने की दावत दी है। आपके नाम का कार्ड भेजा है। आज या कल मिल जाएगा।''

''वह तो ठीक है। लेकिन बिरादर वह लड़की...!''

''जनाव, आप पूरी बात तो कहने नहीं देते। मैं यही तो बताने जा रहा था कि हरीश की बारात जिस घर में जा रही है शायद उसके साथवाले मकान में ही वह लड़की रहती है,'' रंजीत ने बताया, ''और मुझे पूरी-पूरी उम्मीद है...मेरा दिल बार-बार कह रहा है कि हरीश की शादी के मौके पर उस हसीना से मुलाकात होगी और जरूर होगी।''

"तब तो मैं जरूर चलूँगा हरीश की बारात में !" दुर्रानी ने कहा और खुशी से कूदते हुए केबिन से निकल गया।

मुम्बई में हरीश के दोस्तों की कमी नहीं थी। कॉलेज के साथियों के अलावा महानगर में और भी कई दोस्त थे। उसने मुम्बई आते ही रंजीत से अपने सभी दोस्तों के बारे में पूछ-ताछ कर ली थी। चार-छह को छोड़कर बाकी सभी दोस्त अपनी पढ़ाई पूरी करके या तो मुम्बई में ही सर्विस कर रहे थे या फिर किसी कारोबार में लग गए थे।

रंजीत से अक्सर सभी दोस्तों की मुलाकात होती रहती थी। इसलिए उसे सभी के पते-ठिकाने मालूम थे। हरीश ने उससे पते पूछकर सभी दोस्तों को अपनी शादी के कार्ड भेज दिए थे। उसने उन सबसे आग्रह किया था कि वे सब उसकी बारात में शामिल हों।

इसलिए हरीश की बारात में सगे-सम्बन्धियों के अलावा उसके दोस्तों की तादाद भी काफी थी।

❒

हरीश की बारात बड़ी धूमधाम से वधू के घर की ओर रवाना हुई। हरीश के दोस्तों को इस शादी से बड़ी खुशी हो रही थी, क्योंकि हरीश के पिता अपने बेटे की शादी उसी लड़की के साथ करने के लिए राजी हो गए थे जिसे हरीश प्यार करता था। और हरीश और उसकी प्रेमिका आशा दो भिन्न-भिन्न प्रान्तों के ही रहनेवाले नहीं थे बल्कि उनकी जातियाँ भी अलग-अलग थीं। हरीश के पिता की हठधर्मी और संकीर्णता पर प्यार की इस जीत ने हरीश के दोस्तों में इतना उत्साह भर दिया था कि खुशी से पागल होकर नाचते हुए बारात में सबसे आगे-आगे टोली बनाकर चल रहे थे। वे नाच रहे थे, गा रहे थे। और बैंडवाले बड़ी उमंग और उत्साह से उनका साथ दे रहे थे।

रंजीत नाचनेवाले दोस्तों की टोली का मुखिया था।

जब बारात वधू के द्वार पर पहुँची तो रंजीत और उसके साथियों ने और भी तेजी से नाचना शुरू कर दिया। घर की बाल्कनी में और दरवाजे के पास खड़ी लड़कियाँ नृत्य संगीत की धुन पर तालियाँ बजाने लगीं।

विवाह संस्कार सम्पन्न हो जाने के बाद हरीश के दोस्त और आशा की सहेलियाँ एक हाल में आ बैठे।

तभी अचानक दुर्रानी को कुछ याद आ गया। वह हारमोनियम उठा लाया

और रंजीत के पास आकर बोला, ''बिरादर, आज अपने दोस्त हरीश की शादी की खुशी में कोई ऐसी चीज सुना दो कि यह हाल, और यह घर ही नहीं सारी कायनात झूम उठे !''

''जरूर दुर्रानी, भला यह कैसे मुमकिन हो सकता है कि हरीश की शादी के मौके पर रंजीत खामोश बैठा रहे। लेकिन दुर्रानी...'' रंजीत ने कहा और फिर आशा की सहेलियों की ओर इशारा करके बोला, ''अगर उधर से भी मेरा कोई साथ दे तो मज़ा आ जाए दुर्रानी।''

दुर्रानी ने दोनों हाथ जोड़कर आशा की सहेलियों की ओर देखते हुए कहा, ''क्या मेरे हारमोनियम के साथ आप में से कोई ढोलक बजा सकेंगी ?''

''हाँ-हाँ, क्यों नहीं !'' सब लड़कियाँ एक साथ बोल उठीं।

''देखिए मिस्टर हारमोनियम, सिर्फ आपके दोस्त की ही शादी नहीं है हमारी सहेली की भी शादी है। इस खुशी में आशा की सहेलियाँ आपसे पीछे क्यों रहेंगी,'' आशा की सहेली सुरैया ने कहा, ''आप शुरू तो कीजिए। फिर देखिए मेरी ढोलक और मेरी सहेलियों के गाने का कमाल !''

जिस लड़की की साइकिल से रंजीत की साइकिल टकराई थी वह लड़की आशा की सहेली थी और अपनी सहेलियों के झुरमुट में बैठी रंजीत की ओर टकटकी बाँधे देख रही थी। उस दिन के एक्सीडेंट की एक-एक बात, एक हफ्ते के बाद आज उसे फिर याद आने लगी थी।

उसका नाम था शारदा। हालाँकि अभी तक रंजीत की नजर लड़कियों के झुरमुट में बैठी शारदा पर नहीं पड़ी थी। लेकिन शारदा ने उसे तभी पहचान लिया था जब वह दूल्हे की घोड़ी के आगे अपने दोस्तों के साथ मस्ती में झूमते हुए नाच रहा था। शादी के इस हंगामे में रंजीत यह भी भूल गया था कि शारदा आशा के बराबरवाले घर में ही रहती है और वह यहाँ जरूर आई होगी।

दुर्रानी ने जैसे ही हारमोनियम पर उँगलियाँ दौड़ाईं रंजीत को शारदा की याद आ गई। वह बेसाख्ता गा उठा :

लड़की साइकिलवाली—
दे गई रस्ते में एक प्यार भरी गाली।
हो लड़की साइकिलवाली...

रंजीत ने उस दिन की घटना याद दिला दी थी। शारदा अपने आपको रोक नहीं पाई। उसने अपनी सहेलियों के झुरमुट में से आगे बढ़कर रंजीत के टप्पे का जवाब दिया :

भोली थी वो लड़की,
गाली पर छोड़ दिया
तुझसे दीवाने का
सिर क्यों नहीं फोड़ दिया !

शारदा के दुपट्टे को अपने पहले-पहले प्यार की निशानी मानकर रंजीत उसे हर पल रूमाल की तरह अपनी जेब में रखने लगा था। शारदा को देखते ही उसकी खुशी का बाँध टूट गया। उसने जल्दी से शारदा का दुपट्टा जेब से निकाला और उसे लहराते हुए गा उठा :

उलफत की कहानी है
सीने से लगा रक्खी है
ये उसकी निशानी है !

दुपट्टे को देखते ही शारदा का चेहरा शर्म से लाल हो उठा। वह उत्तर नहीं दे पाई।

उसे लजाते देख रंगीत गा उठा :

इक चाँद-सा मुखड़ा है
जिसके दुपट्टे का
ये रेशमी टुकड़ा है !

अपने दुपट्टे को देखते ही शारदा के दिल की धड़कनें आसमान को चूमने के लिए बेताब हो उठीं। लेकिन दूसरे ही पल वह संजीदा हो उठी। उसे लगा जैसे रंजीत उसे बदनाम करने पर तुल गया है–उसने गम्भीर अन्दाज में जवाब दिया :

बदनाम न कर वालिए
तू भी रुस्वा होगा
रुस्वाई से डर वालिए

शारदा की संजीदगी ने रंजीत का हौसला बढ़ा दिया :

काहे को यह बोले
रुस्वाई से डर मत
तू मेरे संग हो ले–

शारदा को हँसी आ गई :

मुमकिन यह मेल नहीं
बी.ए. पास हूँ मैं
कोई दसवीं फेल नहीं !

रंजीत के दोस्त शारदा के इस जवाब पर खुशी से पागल हो उठे। शारदा की सहेलियाँ एक साथ गा उठीं :

क्या नाम तुम्हारा है
उम्र तो खासी है
अब तक तू कुँवारा है...

रंजीत की शोखी जाग उठी। हाथ उठाकर बोला :

उम्मीद तो पूरी है
मैं तेरा—तू मेरी
फिर क्यों ये दूरी है ?

रंजीत और शारदा के इस जवाबी हमले ने माहौल में मस्तियाँ और शोखियाँ उँड़ेल दीं। हाल में मौजूद लोगों के मस्ती-भरे ठहाकों से सारा माहौल खुशी से झूम उठा था।

गाते-गाते लड़के-लड़कियाँ बिल्कुल करीब आ गए थे। हँसी-कहकहों से माहौल में मस्ती छा गई थी। रंजीत और शारदा के सवाल-जवाब और टप्पों ने एक अजीब समाँ बाँध दिया था।

तभी अन्दर से कुछ लड़कियों ने मिठाइयाँ और नमकीन से भरी प्लेटें लाकर दोनों टोलियों के बीच खाली जगह में रख दीं। शारदा रंजीत के ठीक सामने बैठी थी। रंजीत ने बर्फी का एक टुकड़ा उठाया और हँसती हुई शारदा के मुँह में ठूँस दिया।

शारदा ने जल्दी से अपने होंठ भींच लिये। लड़के-लड़कियाँ खुशी से उछल पड़े और उस वक्त तो उनकी तालियों और कहकहों से सारा हाल गूँज उठा जब रंजीत ने जल्दी से मुँह आगे बढ़ाकर शारदा के होंठों से निकली आधी बर्फी को अपने दाँतों से काट लिया और जल्दी-जल्दी खाने लगा।

हाल में हँसी-कहकहों का तूफान मचल उठा।

''खा लिया...भई खा लिया !'' दुर्रानी ने हारमोनियम के सारे सुरों पर बड़ी तेजी से उँगलियाँ फेर दीं। ''खा लिया, भई खा लिया, अंजीर खा लिया !''

''मियाँ दुर्रानी, यह अंजीर नहीं बर्फी है,'' शारदा की एक सहेली ठहाका भरकर बोली।

''नहीं मिस साब,'' दुर्रानी जल्दी से बोला, ''माफ कीजिए, यह बर्फी आपके लिए होगी। लेकिन मेरे लिए और मेरे दोस्त के लिए तो यह बर्फी खुदा की बहिश्त के बाग़ की वह लजीज़ अंजीर है जो रंजीत जैसे खुशनसीब नौजवान के मुकद्दर में ही लिखी होती है।''

दुर्रानी की इस बात पर एक बार फिर कहकहों का तूफान मचल उठा। लेकिन

रंजीत अंजीर का नाम सुनते ही एक पल के लिए संजीदा हो उठा।

"बिरादर, यह संजीदगी और खामोशी का वक्त नहीं है खुशी का वक्त है, हँसो बिरादर, खुशियाँ मनाओ। आखिर आपको बहिश्त की अंजीर खाने को मिल ही गई। पूरी अंजीर नहीं, आधी अंजीर...?"

रंजीत के ज़हन में दुर्रानी की सुनाई हुई आदम और हव्वा की कहानी गूँज उठी। वह शरारत-भरी नजरों से शारदा को देखते हुए हँस पड़ा।

वाकई आज आदम और हव्वा ने मिलकर आधी-आधी अंजीर खा ली थी।

❐

अपने ऑफिस से निकलकर रंजीत शारदा के घर की ओर चल दिया। वह इस मसले को अधिक दिनों तक टालते रहना नहीं चाहता था। उसने निश्चय कर लिया था कि आज इस मसले को हल करके ही रहेगा।

शारदा को पाना उसकी जिन्दगी का पहला और आखिरी मकसद बन गया था। वह अच्छी तरह जान चुका था कि शारदा के बिना उसकी जिन्दगी अधूरी है। वह शारदा को उसी दिन प्यार करने लगा था जिस दिन उसकी साइकिल अचानक ही शारदा की साइकिल से जा टकराई थी। और जब उसने शारदा को फुटपाथ पर से उठाकर अपनी साइकिल पर बैठाया था तो उसके शरीर के स्पर्श से उसके रोम-रोम से शहनाइयों के सुर फूट पड़े थे। उस दिन कितना सुख मिला था उसे शारदा को अपने आगे साइकिल पर बैठाकर, साइकिल चलाते हुए। जब भी शारदा का नर्म-नाजुक नादान जिस्म उसके सीने से छू जाता था, वह रोमांचित हो उठता था। पूरे शरीर पर एक अजीब-सा नशा छा जाता था। जी चाहता था शारदा को इसी तरह साइकिल पर बैठाए जिन्दगी-भर साइकिल चलाता रहे।

हर साँस के साथ शारदा के नादान जिस्म की खुशबू उसके दिल और दिमाग़ में भरती चली गई थी। उस खुशबू से उसका तन और मन ही नहीं, उसका छोटा-सा फ्लैट भी महक उठा था। उसकी जिन्दगी महक उठी थी।

शारदा सुन्दर थी, नादान थी, पढ़ी-लिखी थी। और एक इज्जतदार सम्पन्न परिवार की लड़की थी। हरीश की पत्नी आशा से वह बातों-ही-बातों में शारदा के बारे में बहुत कुछ जान चुका था। उन दोनों के बीच धर्म और जाति की भी कोई बाधा नहीं थी।

शारदा की उम्र शादी के लायक़ हो चुकी थी। उसके पिता को उसकी शादी तो करनी ही थी। वह शारदा के लिए निहायत उपयुक्त वर साबित हो सकता था। एम.एस-सी. करने के बाद उसने इलेक्ट्रिकल इंजीनियर की डिग्री भी ले ली

थी। हालाँकि उसने इस कम्पनी में एक सेल्समैन की हैसियत से दाखिला लिया था लेकिन उसकी योग्यता को देखकर कम्पनी के डायरेक्टरों ने उसे मुम्बई ब्रांच का मैनेजर बना दिया था। आज उसे इतनी पगार मिल रही थी, जितनी पाने की उसने कभी कल्पना भी नहीं की थी।

वह स्वस्थ था, सुन्दर था, उसके व्यक्तित्व में चुम्बकीय शक्ति भरी थी। जो भी उससे एक बार मिल लेता था, हमेशा-हमेशा के लिए उसका बनकर रह जाता था।

आशा की शादी की रात गाने की महफिल खत्म हो जाने के बाद जो घटना हुई थी, हालाँकि उस वक्त शारदा रंजीत के दोस्त दुर्रानी की बात की गहराई में छिपे मतलब को समझ नहीं पाई थी लेकिन अपने घर आकर बिस्तर पर लेटते ही दुर्रानी के शब्द उसके कानों में गूँज उठे। उसे इस बात पर हैरानी हुई थी कि दुर्रानी ने बर्फी को अंजीर क्यों बताया था ?

सोचते-सोचते उसे आदम और हव्वा की कहानी याद आ गई। दूसरे ही पल उसके समूचे बदन में एक अजीब-सी गुदगुदी-भरी सिहरन दौड़ गई।

दुर्रानी ने सच ही तो कहा था। वाकई वह बर्फी नहीं थी, बहिश्त के बाग़ की वह अंजीर ही थी, जिसे आधी-आधी खाते ही आदम और हव्वा एक-दूसरे को पाने के लिए बेकरार हो उठे थे, शारदा ने मन-ही-मन कहा। दूसरे ही पल उसका सिर्फ चेहरा ही नहीं समूचा बदन शर्म से सिन्दूरी आम की तरह चमक उठा।

उसे उस दिन के साइकिल एक्सीडेंट से लेकर अब तक की एक-एक बात याद आती चली गई।

उसे लगा वाकई वह रंजीत को प्यार करने लगी है। वरना इस तरह तो उसकी साइकिल न जाने कितनी बार लड़के-लड़कियों की साइकिलों से टकरा चुकी थी। रंजीत की साइकिल से टकराते ही उसके दिल और दिमाग़ में रंजीत को लेकर ऐसे जज्बात कैसे जाग उठे...

रंजीत पहला नौजवान था जिसने उसे फुटपाथ पर से उठाकर अपनी साइकिल पर अपने सामने बैठाया था। वहाँ से लेकर घर के करीब तक उसका बदन रंजीत के चौड़े-चकले सीने से टकराता रहा था। उसकी गर्म-गर्म साँसों को वह अपने बालों, गर्दन और चेहरे पर महसूस करती रही थी। और रंजीत के बदन की छुअन और उसकी गर्म-गर्म साँस की तपिश उसके अछूते बदन में एक अजीब-से नशे को भरती चली गई थी।

घर पहुँचकर भी वह उसके हाथों और सीने के स्पर्श को भूल नहीं पाई थी। और फिर जब किसी तरह एक हफ्ते में वह उसे थोड़ा-बहुत भूल पाई थी तो आशा की शादी में दोबारा फिर रंजीत से मुलाकत हो गई थी। उस रात उसने महसूस

किया था कि जो अहसास उसे बेचैन किए हुआ था उसकी तपिश रंजीत भी महसूस कर रहा था। आशा की शादी में वह अपने दिल की सारी हालत बयान कर गया था। और शारदा भी कहाँ रोक पाई थी अपने आपको। वह भी लगातार उसके सवाल का जवाब देती चली गई थी।

और फिर रंजीत ने जब उसके होंठों में दबी बर्फी को अपने दाँतों से काट लिया था तो रंजीत के होंठ उसके होंठों से टकरा गए थे। न जाने कैसा लगा था तब उसे। जी चाहा था कि बर्फी को जल्दी से निगलकर रंजीत के होंठों को अपने होंठों से भर ले। रंजीत के होंठों की छुअन ने उसके तन-मन में एक अजीब-सी दीवानगी भर दी थी। अजीब-सा अहसास जगा दिया था उसके दिलो-दिमाग़ में और फिर वह अहसास उसके दिल की गहराइयों में बैठता चला गया था।

'रंजीत उसके घर को देख चुका है। आशा उसके दोस्त की पत्नी है। अब तक तो उसने आशा से मेरे बारे में सब कुछ जान लिया होगा लेकिन मैं तो यह भी नहीं जानती कि वह क्या है ? किस कम्पनी में काम करता है ? उसका घर कहाँ है ? किस जाति का है ? कहाँ का रहनेवाला है ? उससे कहाँ हो सकती है मुलाकात ?'

आशा अभी तक अपनी ससुराल से आई नहीं थी। लेकिन वह अपनी ससुराल का पता और टेलीफोन नम्बर दे गई थी। उसने तय कर लिया कि कल वह आशा को जरूर फोन करेगी और बातों-बातों में रंजीत के बारे में जानकारी हासिल करने की कोशिश करेगी।

और यह सोचते ही उसका दायाँ हाथ पलंग के सिरहाने मेज पर रखे टेलीफोन की ओर गया। लेकिन उसने दूसरे ही पल अपना हाथ खींच लिया। इतनी रात गए फोन करना ठीक नहीं है। फोन की आवाज पापा की नींद में खलल डाल देगी क्योंकि डॉक्टर ने उन्हें कम्प्लीट रेस्ट की सलाह दी है इसलिए अगर वह जाग गए तो उनकी तबीयत फिर खराब हो जाएगी, यह सोचकर उसने अपना बढ़ा हुआ हाथ पीछे खींच लिया और अपने बदन को सीने तक चादर से ढँककर आँखें मूँद लीं।

और फिर रंजीत के बारे में सोचते-सोचते उसकी मुँदी पलकें नींद से बोझिल होती चली गईं।

❐

रंजीत ने अपने घर से अपने ऑफिस जाने के रास्ते को बदल दिया था। साइकिल

से शारदा के घर के सामने से गुजरकर ऑफिस पहुँचने में काफी वक्त लग जाता था इसलिए उसने एक सेकेंड हैंड कार खरीद ली थी।

किसी-न-किसी बहाने वह अपनी कार शारदा के घर के आसपास रोक देता था और शारदा की एक झलक पाने के लिए बड़ी बेचैनी और उत्सुकता से उसके मकान की ओर ताकता रहता था। लेकिन शारदा की हल्की-सी भी झलक उसे कभी दिखाई नहीं दी।

शारदा को देखने की चाहत उसके सिर पर जुनून बनकर सवार हो गई थी। रात-दिन वह उसी के बारे में सोचता रहता था। हरीश की पत्नी आशा से उसे इतना पता तो चल गया था कि शारदा की माँ का कुछ बरस पहले देहान्त हो चुका है। एक भाई है जो अमेरिका में पढ़ रहा है। वह अपने पिता के साथ अकेली ही रहती है। घर में अकेली होने की वजह से वह घर से बहुत कम निकलती है।

रंजीत की बेकरारी बढ़ती चली जा रही थी। उसकी आँखों के आगे सोते-जागते शारदा का मुस्कुराता हुआ चेहरा नाचता रहता था। शारदा को हासिल करना उसका पहला और आखिरी मकसद बन गया था। रह-रहकर वह दुर्रानी का यह शेर गुनगुनाने लगता था :

अल्लाह मेरी चाहत में तू ऐसा असर पैदा कर दे...
मंजिल की तरफ दो गाम चलूँ और सामने मंजिल आ जाए !

हालाँकि वह जानता था कि उसके और शारदा के इश्क की तरह दुर्रानी के इस शेर में भी दुर्रानी का हिस्सा फिफ्टी पर्सेंट ही है फिर भी यह शेर उसके दिल की, उसकी ख्वाहिश और चाहत की तर्जुमानी करता था और इसीलिए वह इसे गुनगुनाता रहता था।

वह शारदा से मिलने के तरह-तरह के बहाने सोचता, लेकिन कोई भी बहाना कारगर नजर नहीं आ रहा था। वह समझ नहीं पा रहा था कि आखिर ऐसी बात क्या है जो वह लगातार शारदा की ओर खिंचता चला जा रहा है। ऐसी बात नहीं थी कि शारदा से पहले उसने कोई लड़की देखी नहीं थी। कॉलेज में उसके साथ बहुत-सी लड़कियाँ पढ़ती थीं। उनमें से कई एक ने उसके करीब आने की कोशिश की थी लेकिन वह उनसे दूर-दूर ही भागता रहा था। हरीश की शादीवाले दिन शारदा के साथ और भी कई लड़कियाँ थीं, लेकिन उसे शारदा से बढ़कर और कोई भी सुन्दर दिखाई नहीं दी थी।

हरीश की बारात से लौटने के बाद शारदा से दोबारा मुलाकात होने पर रंजीत को बेहद खुशी हुई थी। लेकिन वह खुशी कुछ घंटों के बाद ही फिक्र और संजीदगी में बदल गई थी।

रंजीत को आज पहली बार इस बात का अहसास हुआ था कि अच्छी खासी नौकरी, अच्छी खासी पगार और इज्जत होने के बावजूद उसकी जिन्दगी इस कदर सूनी-सूनी और वीरान क्यों थी। दुर्रानी ने ठीक ही कहा था। आदम और हव्वा तो साथ-साथ रहते थे। न जाने कितने अरसे से साथ-साथ रह रहे थे फिर भी उन दोनों के दरम्यान एक दूरी थी। ठीक वैसी ही दूरी रंजीत अपने और शारदा के दरम्यान महसूस कर रहा था।

''इस दूरी को किस तरह खत्म किया जाए ?'' वह इसी सवाल का जवाब तलाश कर रहा था कि तभी केबिन का दरवाजा खोलकर दुर्रानी ने केबिन में कदम रखा। कुछ देर दरवाजे के पास खड़ा-खड़ा वह रंजीत के चेहरे को देखता रहा फिर आगे बढ़ते हुए बोला, ''क्या बात है बिरादर...आपकी एक आँख में खुशी झलक रही है और दूसरी आँख में फिक्र नजर आ रही है।''

''क्या बताऊँ दुर्रानी, मुझे इश्क हो गया है !'' रंजीत ने एक लम्बी साँस लेकर कहा।

''इश्क हो गया है ?'' दुर्रानी हैरत से उछल पड़ा, ''किससे हो गया इश्क ? क्या उस ढोलकवाली लड़की से ?''

''तुमने ठीक पहचाना दोस्त,'' रंजीत बोला था, ''शायद तुम्हें मालूम नहीं दुर्रानी। उस दिन मेरी साइकिल जिस लड़की की साइकिल से टकराई थी यह वही लड़की थी, उसका नाम शारदा है।''

''बड़ा प्यारा नाम है बिरादर—एकदम वेजीटेरियन,'' दुर्रानी ने कुर्सी पर बैठते हुए कहा, ''अगर इजाजत हो तो दो लाइनें पेश करूँ—''

''बशौक,'' रंजीत मुस्कुरा उठा, ''दो नहीं चार लाइनें सुनाइए !''

''ठीक है बिरादर तो फिर चार लाइनें पेश करता हूँ :

उनको देखा तो याद आया हमें।
हम तो मुद्दत से उनके आशिक हैं।
अजनबी हम जिन्हें समझते थे
वो तो बरसों से हमसे वाक़िफ हैं।''

''सुभान अल्लाह,'' रंजीत ने दिल खोलकर दाद दी, ''इन चार लाइनों में आपने हमारे दिल की हालत बयान कर दी है दुर्रानी।''

''शुक्रिया बिरादर, शुक्रिया,'' दुर्रानी ने उठकर फर्शी सलाम किया और फिर कुर्सी पर बैठते हुए बोला, ''लेकिन बिरादर बात कहाँ तक पहुँची ?''

''फिफ्टी पर्सेंट कामयाबी तो मिल गई है दोस्त।''

''फिफ्टी पर्सेंट ? क्या मतलब ?''

"मतलब यह है कि अपनी तरफ से तो बात फिफ्टी पर्सेंट पक्की हो गई। अब सिर्फ उसकी तरफ से बाकी फिफ्टी पर्सेंट पक्का होना बाकी है।"

"तो फिर जो बाकी रह गया है उसे भी पक्का कर डालो बिरादर।"

"उसी के बारे में तो सोचता हूँ दोस्त," रंजीत ने कहा और फिर एक बार संजीदा हो उठा।

दुर्रानी बड़ी बेताबी से उसके चेहरे को देखता रहा।

अचानक रंजीत बड़ी फुर्ती से अपनी चेयर से उठ खड़ा हुआ और केबिन के दरवाजे की ओर बढ़ते हुए खुशी-भरे अन्दाज़ में बोला, "उस फिफ्टी पर्सेंट को पूरा करने की तरकीब मेरे दिमाग में आ गई।"

और इससे पहले कि दुर्रानी कोई सवाल करता, रंजीत लगभग दौड़ता हुआ केबिन से निकल गया।

❒

दुर्रानी को हैरत में डूबा छोड़कर रंजीत ऑफिस से बाहर आया और पार्किंग पर खड़ी अपनी कार में जा बैठा।

उसने बड़ी फुर्ती से कार स्टार्ट की और शारदा के घर की ओर जानेवाली सड़क की ओर मोड़ दी।

आज वह शारदा से स्पष्ट शब्दों में बात कर लेना चाहता था। शुरू करने से पहले वह यह भी जान लेना चाहता था कि जो आग उसके सीने में पिछले एक-डेढ़ हफ्ते से सुलग रही है क्या प्यार की नन्ही-सी भी चिनगारी शारदा के दिल में मौजूद है या नहीं।

शारदा के कॉटेज के गेट के सामने जब रंजीत की कार रुकी तो शारदा गेट बन्द करके अन्दर की ओर जा रही थी। वह अपने खयालों में इस कदर गुम थी कि उसने गेट के सामने रुकनेवाली कार की ओर कतई ध्यान नहीं दिया।

उसे जाते देख रंजीत ने कार का हॉर्न बजाया। हॉर्न की आवाज सुनकर शारदा ने पलटकर देखा। और कार से उतरते हुए रंजीत पर जैसे ही उसकी नजरें पड़ीं, उसका चेहरा खुशी से चमक उठा। होंठों पर एक रसीली प्यार-भरी मोहक मुस्कान थिरक उठी। वह जल्दी से पलटी और लगभग दौड़ती हुई गेट पर पहुँच गई।

उसका जी चाहा रंजीत को अपनी बाँहों में भरकर अपने दिल की गहराइयों में छिपा ले। पिछले कई दिन से हर पल जिसके खयालों में डूबी रहती थी वह उसके सामने खड़ा था। उसके बिल्कुल करीब।

गेट पर दोनों बाजू टिकाए वह खुशी और हैरत-भरी नजरों से रंजीत को इस तरह देखने लगी जैसे उसे यकीन न हो पा रहा हो कि गेट के पार उसके सामने जो खड़ा है वह रंजीत ही है।

''क्या मुझे पहचाना नहीं शारदा ?'' रंजीत ने शारदा को टकटकी बाँधे अपनी ओर देखते हुए पूछा, ''मैं रंजीत हूँ। वह साइकिल एक्सीडेंट...और...!''

''ओह,'' शारदा जैसे सोते-सोते जाग उठी। गेट खोलते हुए बोली, ''तुम...!''

लेकिन दूसरे ही पल उसे लगा जैसे उससे कोई भूल हो गई हो। जल्दी से अपने आपको सँभालती हुई बोली, ''आप...।''

''नहीं, शायद आप नहीं तुम ही रहने दो !'' रंजीत ने खुद बढ़कर गेट खोलते हुए कहा, ''आखिर एक न एक दिन...और मेरा खयाल है वह दिन दूर नहीं है, जब हमें आपसे तुम पर आना ही पड़ेगा।''

''आइए !'' शारदा ने कॉटेज के बरामदे की ओर बढ़ते हुए कहा, ''आज इधर का रास्ता कैसे भूल गए ?''

''रास्ता भूला नहीं हूँ शारदा। भूलने की कोशिश तो बहुत की थी लेकिन भूल नहीं पाया,'' रंजीत ने कहा, ''बुजुर्गों ने जो कुछ भी कहा है वह सेंट-परसेंट सच है, सच के अलावा और कुछ नहीं।''

''क्या कहा है बुजुर्गों ने ?'' शारदा ने ड्राइंगरूम में कदम रखते हुए पूछा।

''बुजुर्गों ने न जाने कब कहा होगा। लेकिन वह आज भी उतना ही सच है जितना सच उनके जमाने में रहा होगा,'' रंजीत ने ड्राइंगरूम पर चारों ओर नजरें दौड़ाते हुए कहा, ''बुजुर्गों ने कहा था कि दुनिया का कोई भी इंसान भले ही वह औरत हो या मर्द अपनी जिन्दगी के पहले-पहले प्यार को कभी नहीं भूल पाता है। मैं तुम्हें अपने दिल की गहराइयों से प्यार करने लगा हूँ शारदा।''

''वैसे आपने यह कार कब खरीद ली ?'' शारदा ने एकदम बात ही बदल दी।

''यही कोई दो हफ्ते पहले...क्यों ?'' रंजीत ने कहा, ''क्यों ? कोई खास बात...नई तो खरीद नहीं सकता था, इसलिए...''

''जानते हैं कुदरत और किस्मत का दस्तूर क्या है ?'' शारदा ने शोखी से पूछा।

''नहीं, मैं नहीं जानता। तुम बताओ,'' रंजीत ने बड़े भोलेपन से पूछा, ''भला किस्मत का सेकेंड हैंड कार से क्या रिश्ता हो सकता है ?''

''हो सकता नहीं है...है...बहुत ही करीबी और गहरा रिश्ता है...एक ऐसा लम्बा रिश्ता जो आखिरी साँस तक कायम रहता है !'' शारदा ने बड़े दार्शनिक अन्दाज में कहा।

‘‘मैं समझा नहीं।’’

‘‘पता नहीं कम्पनीवाले कितने बेवक़ूफ थे कि आपको ब्रांच मैनेजर बना दिया,’’ शारदा ने शरारत के अन्दाज में कहा, ‘‘क्या आप इतना भी नहीं जानते कि जिस शख़्स के पास सेकेंड हैंड कार होती है उसे बीवी भी सेकेंड हैंड ही मिलती है।’’

‘‘ग़लत ! बिल्कुल ग़लत,’’ रंजीत ने अपने सिर को जोर से हिलाते हुए कहा, ‘‘मैं तुम्हें दिखाऊँगा कि किस्मत का यह दस्तूर एकदम ग़लत है। भले ही मेरे पास सेकेंड हैंड कार है लेकिन मुझे बीवी मिलेगी फर्स्ट हैंड फर्स्ट ! आई लव यू शारदा...एंड यू आलसो लव मी...इसलिए हमारी शादी हो जानी चाहिए। मैं आज तुम्हारे पास इसीलिए आया हूँ शारदा।’’

‘‘आप मुझे प्यार करते हैं चलिए मान लेती हूँ। लेकिन आपने यह कैसे समझ लिया कि मैं भी आपको प्यार करती हूँ। और इसलिए...?’’

‘‘तुम भी मुझे प्यार करती जो इस बात का यकीन तो हरीश की शादीवाली रात को ही हो गया था,’’ रंजीत ने कहा। फिर एक पल खामोश रहकर कहने लगा, ‘‘शारदा, जिस दिन हम दोनों की साइकिलें एक-दूसरी से टकराई थीं, असल में उस दिन हमारी सिर्फ साइकिलें ही नहीं हमारे दिल भी टकरा गए थे। शारदा ! मैं इस तन्हा जिन्दगी से तंग आ चुका हूँ, मुझे एक साथी की जरूरत है, मुझे एक हमसफर की जरूरत है...बोलो शारदा, क्या तुम मेरा साथ दोगी ? मैं तुम्हें अपनी जान से भी बढ़कर प्यार करता हूँ, बताओ शारदा क्या तुम मेरे साथ शादी करोगी ?’’

शारदा ने कोई उत्तर नहीं दिया। वह रंजीत के चेहरे को देखती रही। रंजीत के चेहरे पर हर वक्त नाचती रहनेवाली मुस्कुराहट अब बड़ी तेजी से सिमटती जा रही थी। उसकी पुतलियों की सतह पर बेकरारी और फिक्र के साए उभरते चले जा रहे थे।

‘‘शारदा, मैं अच्छी तरह जानता हूँ...और सिर्फ जानता ही नहीं हूँ बल्कि मुझे पूरा-पूरा यकीन है...मेरा दिल कभी झूठ नहीं बोलता...इसने कभी मुझे धोखा नहीं दिया, मेरा दिल पुकार-पुकारकर कह रहा है कि मैं तुम्हें जितना प्यार करता हूँ उससे कहीं ज्यादा तुम मुझे प्यार करती हो। हरीश की शादीवाली रात तुम्हारे टप्पों ने इस बात का सुबूत दे दिया था।’’

‘‘आपकी गलतफहमी भी तो हो सकती है यह...’’ शारदा ने बड़ी संजीदगी से कहा।

‘‘मेरा दोस्त दुर्रानी ठीक ही कहा करता है...’’ रंजीत कहते-कहते रुक गया।

“वही हारमोनियमवाले दुर्रानी साहब ?...क्या कहते हैं ?”

“भले ही मैं कम्पनी का जनरल मैनेजर या डायरेक्टर बन जाऊँगा, मुझमें बिज़नेस की सेंस तो है लेकिन किसी लड़की को समझ पाने की समझ मुझमें नहीं है,” रंजीत ने एक लम्बी साँस ली, “और वह यह बात तभी से कहता चला आ रहा है जब हम दोनों कॉलेज में पढ़ा करते थे।”

“इसका मतलब है कि आप कॉलेज में पढ़ने के लिए नहीं बल्कि लड़कियों को समझने के लिए पढ़ा करते थे, मेरा मतलब है उन्हें पटाने...”

“तोबा, तोबा,” रंजीत ने अपने दोनों गालों को पीट डाला, “यह क्या कह रही हो शारदा, मैं तो शुरू से ही लड़कियों से कोसों दूर भागता रहा था लेकिन...”

“लेकिन क्या ?”

“पता नहीं साइकिल एक्सीडेंट के बाद से मुझे क्या हो गया है। शारदा यकीन करो, मैंने कभी किसी लड़की की तरफ आँख उठाकर भी नहीं देखा था। जिन्दगी में पहली-पहली बार सिर्फ तुम्हें देखा था, तुम्हें छुआ था और प्यार भी सिर्फ तुम ही को किया है,” रंजीत ने कहा, “बताओ शारदा, हमारी शादी का फैसला कौन करेगा ? तुम या तुम्हारे डैडी ?”

शारदा कुछ देर खामोश रही, फिर बोली, “रंजीत बाबू, आप इस बात को तो अच्छी तरह जानते ही होंगे कि मैं एक हिन्दुस्तानी लड़की हूँ और हिन्दुस्तानी लड़कियाँ अपने लिए खुद लड़के पसन्द नहीं किया करतीं। उन्हें अपनी पसन्द से शादी करने का कोई अधिकार नहीं होता, उनकी शादी तो उनके माँ-बाप की मर्जी से होती है। मेरी मम्मी तो कई साल हुए इस दुनिया को छोड़कर दूसरी दुनिया में चली गईं। बड़े भैया अमेरिका में रहते हैं। सिर्फ डैडी हैं। आपके इस सवाल का जवाब वही दे सकते हैं।”

“कहाँ हैं डैडी, मैं उन्हीं से इजाजत ले लेता हूँ,” रंजीत जल्दी से उठकर खड़ा हो गया।

❐

कार के हॉर्न की आवाज और फिर रंजीत और शारदा के ड्राइंगरूम में आते हुए कदमों की आवाज सुनकर शारदा के डैडी दिलीप सिन्हा जान गए थे कि घर में कोई आया है। वह उसी वक्त उठकर सीढ़ियों की ओर चल दिए थे।

लेकिन जब उन्होंने एक नौजवान को शारदा की दोनों बाँहें थामे बात करते हुए देखा, और उसकी और शारदा की बातों के कुछ टुकड़े उनके कानों तक पहुँचे तो उन्होंने अपने कदम पीछे खींच लिये और ऊपरी सीढ़ी पर खम्भे

की आड़ में खड़े-खड़े उन दोनों की बातें सुनने लगे।

उन दोनों की बातों से उन्हें जहाँ उस अजनबी नौजवान के बारे में बहुत कुछ पता चला, वहाँ वह यह भी जान गए कि यह नौजवान ही सिर्फ उनकी बेटी शारदा को प्यार नहीं करता बल्कि शारदा भी उसे प्यार करती है।

मन-ही-मन कुछ निश्चय करके उन्होंने अगली सीढ़ी पर कदम रखते हुए ऊँची आवाज में पूछा, ''कौन आया है शारदा ?''

लेकिन इससे पहले कि शारदा रंजीत के बारे में कुछ बता पाती, रंजीत तेजी से सीढ़ियों की ओर बढ़ा और जैसे ही दिलीप सिन्हा ने आखिरी सीढ़ी पर क़दम रखा, रंजीत ने झपटकर उनके दोनों पैर पकड़ लिये और फिर उन पर माथा टिकाकर बोला, ''डैडी ! मैं रंजीत हूँ...रंजीत सिन्हा...शारदा की सहेली आशा के हस्बैंड का दोस्त।''

''ओह, तभी मेरी आँखें मुझसे कह रही थीं कि मैंने तुम्हें कहीं न कहीं देखा जरूर है।'' दिलीप सिन्हा ने रंजीत के दोनों कन्धे पकड़कर उठाते हुए कहा, ''उस दिन मैंने बैंड बाजे के साथ तुम्हें भँगड़ा करते हुए भी देखा था और फिर तुम्हें लड़कियों के साथ गाते हुए भी देखा-सुना था। सचमुच तुम बहुत अच्छा गाते हो, बहुत ही सुरीला है तुम्हारा गला ! आओ, इधर बैठकर बातें करें।''

दिलीप सिन्हा रंजीत का हाथ थामे अपनी ईज़ी चेयर के पास आ गए। उसे सोफे पर बैठाने के बाद शारदा की ओर मुड़कर बोले, ''शारदा, रंजीत बाबू आज पहली बार हमारे घर आए हैं। इन्हें कुछ खिलाओ-पिलाओ बेटी।''

''जी डैडी।'' शारदा ने कहा और तेजी से किचन की ओर चली गई।

''कहाँ के रहनेवाले हो रंजीत बाबू ?'' दिलीप सिन्हा ने अपनी ईज़ी चेयर पर बैठते हुए पूछा।

''जी, मैं रहनेवाला तो दिल्ली का हूँ,'' रंजीत बताने लगा, ''दिल्ली में इलेक्ट्रिकल गुड्स बनानेवाली एक बहुत बड़ी कम्पनी है। मैं उसकी बोम्बे ब्रांच का मैनेजर हूँ।''

''इस छोटी-सी उम्र में ही तुमने काफी तरक्की कर ली बेटे, बड़ी खुशी की बात है...तुम्हारे माता-पिता यहाँ बोम्बे में हैं या दिल्ली में ही रहते हैं ?''

''वे दोनों अब इस दुनिया में नहीं हैं डैडी,'' कहते-कहते रंजीत के चेहरे पर उदासी छा गई। ''अकेला ही हूँ। भाई-बहन भी कोई नहीं है।''

तभी शारदा एक ट्रे में मिठाई और चाय लेकर आ गई।

''शारदा, यहाँ बैठो, मेरे पास,'' दिलीप सिन्हा ने हाथ पकड़कर शारदा को अपने पास एक कुर्सी पर बैठा लिया।

"शारदा बेटी, तुम पढ़ी-लिखी आज के मॉडर्न जमाने की लड़की हो। सच-सच बताओ, रंजीत बाबू ने जो कुछ बताया है क्या वह सच है ? मेरा मतलब है कि जिस तरह रंजीत बाबू तुम्हें प्यार करते हैं क्या तुम भी उन्हें उतना ही प्यार करती हो ?"

शारदा ने शरमा कर अपना चेहरा झुका लिया और अपना हाथ छुड़ाने की कोशिश करने लगी।

"मैंने तुम दोनों की बातें सीढ़ियों में खड़े-खड़े सुन ली थीं। सच पूछो तो तुम दोनों की साइकिलों के एक्सीडेंट से तुम दोनों को उतना फायदा नहीं हुआ जितना मुझे हुआ है। मैं एक बहुत बड़ी जहमत से बच गया। मुझे घर बैठे ही अपनी बेटी के लिए एक लायक लड़का मिल गया जो मेरी बेटी को भी पसन्द है...वरना मुझे शारदा के लिए लड़के की तलाश में न जाने कहाँ-कहाँ की खाक छाननी पड़ती...रंजीत, मैं कल ही पंडितजी को बुलवाकर शादी का मुहूर्त निकलवा लूँगा। तुम बारात की तैयारी करो।"

रंजीत ने जल्दी से उठकर दिलीप सिन्हा के पैर छू लिये।

दिलीप सिन्हा ने उसके सिर पर हाथ फेरते हुए प्लेट में से एक रसगुल्ला उठाया और रंजीत के मुँह में ठूँस दिया।

शारदा को मौका मिल गया। वह तेजी से उठी और भागती हुई अपने कमरे में चली गई।

❑

अपने फ्लैट में पहुँचते ही रंजीत ने अपनी डायरी निकाली और आज के पूरे दिन की घटनाएँ लिखने के बाद फिर मेज की दराज में रख दी।

उसने टेलीफोन नम्बरोंवाली डायरी उठा ली और सबसे पहले अपने दोस्त दुर्रानी का नम्बर डायल किया।

"हैलो...किससे बात करना है ?" दूसरी ओर से दुर्रानी ने झुँझलाए अन्दाज में कहा, "बड़ी मुश्किल से तो जहन में एक मिसरा उभरा था लेकिन तुमने फोन करके सब चौपट कर दिया।"

"दुर्रानी, मैं रंजीत बोल रहा हूँ, रंजीत सिन्हा।"

"ओह," दुर्रानी का लहजा एकदम बदल गया, "तो आप हैं बिरादर, फर्माइए इस वक्त इस नाचीज को कैसे याद फर्माया ?"

"भई दुर्रानी फिफ्टी पर्सेंट का जो मसला था अभी-अभी उसी को हल करके लौटा हूँ। सोचा सबसे पहले तुम्हीं को खबर दे दूँ !" रंजीत ने कहा।

"फिफ्टी पर्सेंट का मसला ?" दुर्रानी ने अपने जहन पर जोर देते हुए कहा, "मैं समझा नहीं बिरादर। दरअसल इस वक्त मेरा मूड जरा शायराना हो रहा है। कारोबारी कोई भी बात इस वक्त जहन में बैठ पाना मुमकिन नहीं है। कल ऑफिस में बता देना, किस नए कस्टमर के साथ हुआ है एग्रीमेंट।"

"यार दुर्रानी, मैं कारोबार की बात नहीं कर रहा," रंजीत हँस पड़ा, "शाम की बात याद करो। तुम ही ने तो मशवरा दिया था कि शारदा के साथ फिफ्टी पर्सेंट प्यार को जल्दी-से-जल्दी सेंट-पर्सेंट में बदल दिया जाए। और...और दोस्त शारदा ने ही नहीं, उसके डैडी ने भी शादी की इजाजत दे दी।"

"हुर्रे...।" दुर्रानी ने फोन पर जोर से नारा लगाया, "बिरादर, यह जानकर माबदौलत को बेहद खुशी हुई। कोई तारीख मुकर्रिर हुई ?"

"तारीख कल तय हो जाएगी। तुम बारात की तैयारी करो ! मेरा खयाल है शायद इसी हफ्ते में कोई तारीख तय हो जाए। कल पता चल जाएगा।"

"ठीक है, और कोई काम, खिदमत ?" दुर्रानी ने पूछा।

"मैं सोच रहा हूँ बाकी सारे काम—मतलब जेवर, कपड़े वगैरह खरीदने का काम शारदा की सहेली आशा को सौंप दिया जाए। वह अपनी सहेली की पसन्द से अच्छी तरह वाक़िफ होगी। क्या ख़याल है ?"

"बहुत मुनासिब खयाल है बिरादर।"

"तो अब मैं फोन डिस्कनेक्ट कर रहा हूँ।" रंजीत ने कहा और फोन डिस्कनेक्ट करके हरीश का फोन नम्बर डायल करने लगा।

❑

रंजीत की बारात बड़ी धूमधाम से शारदा के कॉटेज की ओर जा रही थी। उसके तमाम दोस्त और ऑफिस में काम करनेवाले लोग बारात में शामिल थे। रंजीत सिर पर सेहरा बाँधे घोड़ी पर सवार था। आगे-आगे बैंड बजता चला जा रहा था।

अचानक रंजीत को कोई बात याद आ गई। उसने सेहरे की लड़ियाँ एक हाथ से लपेटकर घोड़ी के साथ-साथ चलते अपने दोस्तों पर एक नजर डाली और फिर दबी जबान में लेकिन कड़ककर बोला, "अबे सालो, तुम लोग बारात में हो या मातम मनाने आए हो...नाचो, वरना मैं आता हूँ नीचे।"

"नहीं बिरादर, बड़ी मुश्किल से आपको घोड़ी पर चढ़ना नसीब हुआ है। आप वहीं तशरीफ रखिए !" दुर्रानी ने उसे पकड़कर रोक दिया और फिर अपने दोस्तों के साथ भँगड़ा शुरू कर दिया।

❑

शारदा के पिता दिलीप सिन्हा ने अपने रिश्तेदारों और दोस्तों के साथ बारात का बड़े उल्लास से स्वागत किया। उनके बेटे ने तो अमेरिका में ही एक अमेरिकन लड़की के साथ शादी कर ली थी। इसलिए बेटे की शादी के अरमान धरे-के-धरे रह गए थे। उन अरमानों को उन्होंने अपनी बेटी की शादी में पूरा करने का निश्चय कर लिया था।

स्वागत के बाद दूल्हे और उसके साथियों को पंडाल के एक छोर पर बैठा दिया गया। दूसरे छोर पर शारदा अपनी सहेलियों से घिरी बैठी थी।

रंजीत कुछ परेशान दिखाई दे रहा था। उसके माथे पर पसीने की बूँदें छलक रही थीं। वह आँखें फाड़े उल्लू की तरह पंडाल के दूसरी ओर दुल्हन के वेश में बैठी शारदा और उसकी सहेलियों की ओर देख रहा था।

"रंजीत, क्या बात है, कुछ परेशान नजर आ रहे हो ?" हरीश ने रंजीत के माथे पर झलकती पसीने की बूँदों को देखते हुए पूछा।

"परेशानी की तो बात है हरीश," रंजीत ने धीरे से कहा, "समझ नहीं पा रहा कि शादी के बाद क्या करना पड़ेगा।"

"अबे इतना भी नहीं जानता ?" दूसरे दोस्त संजीव ने ठहाका मारकर कहा, "वही करना जो सब करते आए हैं। क्यों हरीश ?"

"अबे वैसे तो बड़े तीसमारखा बनते थे," एक दोस्त हँसकर बोला, "अभी तो बीवी को कायदे से देखा भी नहीं है। जब देखोगे तो पता नहीं क्या हाल होगा तुम्हारा।"

"शादी के बाद सुहागरात होती है !" एक दोस्त ने बड़ी संजीदगी से बताया।

"सुहागरात, मुझे तो पंडितजी जैसे-जैसे बताते गए, करता गया। सुहागरात की बात तो सुनी है लेकिन सुहागरात को मुझे क्या करना होगा, यह पंडित जी ने बताया ही नहीं !"

"अबे तू मरा क्यों जा रहा है," हरीश ने कहा, "हम बताते हैं ध्यान से सुन—और जो कुछ हम लोग बताएँ उसे अच्छी तरह गाँठ बाँध ले।"

"तो फिर जल्दी बता।"

"बिरादर, शादी की पहली रात—यानी सुहागरात इंसान की जिन्दगी की सबसे ज्यादा हसीन रात होती है। लेकिन निहायत नाजुक रात भी होती है। समझे !" दुर्रानी ने कहा। फारसी में एक शायर ने कहा है...

"क्या कहा है ?" रंजीत ने बेताबी से पूछा।

"शायर ने कहा है—गुर्वा कुश्तन रोज़े अव्वल..." दुर्रानी ने शायराना अन्दाज में बताया।

"गुर्वा कुश्तन रोजे अव्वल...? इसके माने भी तो बता यार, अपनी समझ में तो कुछ आया नहीं।"

"इसका सीधा-सादा मतलब है," दुर्रानी बुजुर्गों के अन्दाज में बोला, "इसका मतलब है कि बिल्ली को पहली रात ही मार लेना चाहिए। और बिरादर अगर पहली रात ही बिल्ली नहीं मारी तो जिन्दगी-भर पछताते रहोगे।"

एक दोस्त ने अपने कोट की भीतरी जेब से एक किताब निकाली, वह किताब थी कविराज हरनाम दास बी.ए. की 'हिदायतनाभा खाविन्द !' रंजीत को देते हुए बोला, "इस किताब को पढ़ ले और किला फतह।"

रंजीत किताब लेकर उसके पन्ने खोलने लगा।

दुर्रानी ने झपटकर किताब छीन ली और उसकी गोद में पटककर बोला, "बिरादर इसे रख लो...अगर इसे पढ़ोगे तो करोगे क्या ? हम बताते हैं कि सुहागरात को क्या-क्या करना पड़ेगा।"

"मियाँ दुर्रानी अभी तक तुम भी कुँवारे हो। फिर सुहागरात के बारे में जब तुम्हें कोई तजुर्बा ही नहीं तो बताओगे क्या ?" हरीश ने कहा, "हमारी शादी हो चुकी है। हम बताएँगे कि सुहागरात को तुम्हें क्या-क्या करना पड़ेगा।"

"अमाँ रहने दो, हमारी शादी नहीं हुई तो क्या हुआ, बारातें तो दर्जनों कर चुके हैं !" दुर्रानी ने शान से कहा।

"मियाँ दुर्रानी, शादी, सुहागरात और बारात में बहुत बड़ा फर्क होता है," हरीश कहने लगा, "सुनो रंजीत, देखो, तुम्हारी बीवी, यानी शारदा, सुहागरात के संजे-सजाए कमरे में फूलों से सजे पलंग पर इस तरह बैठी होगी, घूँघट काढ़े।"

हरीश ने रूमाल से सिर ढँककर बताया।

सारे दोस्त खिलखिलाकर हँस पड़े।

"हाँ रंजीत, इस तरह घूँघट काढ़े, लजाई-लजाई, कपड़ों की गठरी बनी।" हरीश ने इशारों से बताया।

"और अब पहला लेसन, हम बताते हैं बिरादर," दुर्रानी ने हरीश को मौक़ा न देकर कहा, "अब तुम्हें कमरे में दाखिल होना है...ठीक किसी मुगल शहंशाह के अन्दाज में...गुलाब का फूल सूँघते हुए।"

"यार दुर्रानी जरा रुको," रंजीत ने जल्दी से जेब से डायरी निकालते हुए कहा, "मैं बातें नोट कर लूँ।"

"हाँ-हाँ, जरूर नोट करो। यह बात बहुत ही जरूरी है।" हरीश ने दुर्रानी का समर्थन किया।

रंजीत जल्दी-जल्दी डायरी में नोट करने लगा।

"इसके बाद...?"

"जब तुम शाहाना अन्दाज से सुहागरात के कमरे में दाखिल होगे तो बीवी शर्मीली नजरों से पहली बार तुम्हें देखेगी।"

रंजीत नोट करने लगा डायरी में—"गुलाब का फूल—सूँघते हुए एंट्री—और फिर—उसी वक्त...बीवी की शर्मीली नजरें उठेंगी...हाँ, फिर...?"

"तब तुम धीरे से मुस्कुराओगे।" दुर्रानी ने बताया।

"धीरे से—मुस्कुराया..." रंजीत ने नोट करके कहा, "हाँ नोट कर लिया, अब आगे बोलो।"

"गुलाब का फूल बीवी के करीब पहुँचकर प्रेजेंट करना, कहना—सिर्फ तुम्हारे लिए..."

"ओ.के.।"

"फिर पलंग पर आहिस्ता से बीवी के करीब बैठ जाना।"

"आहिस्ता से...बीवी के करीब...पलंग पर...बैठना।" रंजीत ने डायरी में लिख लिया।

"वह...बीवी, शरमाकर...सकुचाकर पीछे की ओर खिसक जाएगी। तब तुम हाथ बढ़ाकर आहिस्ता से बीवी का हाथ पकड़ लेना," दुर्रानी ने रंजीत का हाथ थामकर बताया, "इस तरह।"

"अब पहला डायलाग," हरीश जल्दी से बोल उठा, "जानेमन ! अब हमसे यह दूरी कैसी ?"

"ठीक है..." रंजीत नोट करने लगा, "अब—हमसे—यह दूरी कैसी ?"

"इस डायलाग को बोलते-बोलते तुम्हारा हाथ बीवी के कन्धे पर पहुँच जाना चाहिए," दुर्रानी बताने लगा, "यह बायाँ हाथ।"

"डायलाग बोलते-बोलते ?" रंजीत ने नोट करते हुए पूछा।

"और क्या...फिर बीवी के कन्धे को आहिस्ता से दबाना...और फिर अपनी जानेमन को हल्के से अपनी तरफ खींचना।"

"सुनो रंजीत," इस मौके पर दो बातें हो सकती हैं," हरीश बोल उठा, "या तो बीवी शर्म के मारे गठरी बन जाएगी और अपने दोनों घुटनों में अपना मुँह छिपा लेगी या..."

"एक मिनट," रंजीत ने हरीश को रोककर कहा, "जरा नोट कर लेने दो।"

"जरूर नोट कर बिरादर," दुर्रानी ने कहा, "अब यह भी नोट कर लो कि या फिर अपनी दोनों आँखें बन्द करके तुम्हारे कन्धे पर अपना सिर टिका लेगी।"

रंजीत ने नोट कर लिया।

"बिरादर, यही सबसे पहला नाजुक लम्हा होगा...दोनों हालात में...अब पहली बार तुम्हें उसे चूमना है।"

"चूमना है ?" रंजीत बुरी तरह चौंक पड़ा और उल्लू की तरह दुर्रानी की ओर देखते हुए डायरी में नोट करने लगा, "बीवी, घुटनों में मुँह छिपाए बैठी हो तो ?" उसने पूछा।

"तब तुम घुटनों के बीच से अपना दाहिना हाथ डालकर उसका मुँह ऊपर कर लेना...इस तरह," दुर्रानी ने अहसान के साथ बताया, "और अब पहली बार उसे चूमकर उसे पान खिलाना।"

"पान...?" रंजीत ने हैरानी से कहा।

दुर्रानी ने जल्दी से रंजीत की गोद में से 'हिदायतनामा खाविन्द' उठा लिया और उसके पन्ने पलटकर बोला, "यहाँ भई पान नोट कर ले...पेज नम्बर तीस पर यह लिखा है।"

रंजीत नोट करने लगा, "रिफर पेज नम्बर तीस, लेकिन दुर्रानी, यह पान कहाँ से आएगा ?"

"अरे बिरादर, वहाँ सब कुछ रखा होगा—पान, पानी, दूध...इसके बाद बीवी तुम्हें पान खिलाएगी...और यही मौक़ा होगा बिरादर, तुम कोहनी का सहारा लेकर पलंग पर अधलेटे हो जाना। तब बीवी तुम्हारे आगोश में आ जाएगी...बस, फिर क्या है...?"

"फिर ?" रंजीत ने बड़ी सादगी से पूछा, "फिर क्या करना है।"

"अरे यार वही दुनियादारी की बातें--जो हर दूल्हा-दुल्हन सुहागरात को करते हैं," हरीश ने कहा, "और बस, बेड़ा पार..."

"और बिरादर, कहीं अटको तो यह किताब खोलकर देख लेना !" दुर्रानी ने किताब रंजीत को दे दी, "मैंने जरूरी जगहों पर पन्ने मोड़ दिए हैं।"

रंजीत के माथे पर छलकती पसीने की बूँदों में और इजाफा हो गया।

"और देखो बिरादर, पहली रात जो बिल्ली मार ले प्यारे—वह जिन्दगी भर मौज करता है, इस बात को खासतौर पर नोट कर ले दोस्त।"

"पहली रात--बिल्ली को मारना !" रंजीत ने नोट करके डायरी जेब में रख ली।

अब उसके चेहरे पर हल्का-हल्का इत्मीनान झलकने लगा था।

उसने जेब से रूमाल निकाला और माथे का पसीना पोंछने लगा।

❐

रंजीत और शारदा की शादी बड़ी धूमधाम से सम्पन्न हो गई।

रंजीत ने अपने दूर-पास के सभी रिश्तेदारों को बुला लिया था इसलिए घर में काफी भीड़-भाड़ थी। उनमें रंजीत के दोस्तों की पत्नियाँ तथा उनकी बहनें और अड़ोस-पड़ोस की लड़कियाँ भी थीं।

उन औरतों के घेरे में दुल्हन बनी शारदा सिमटी-सिकुड़ी बैठी थी। एक लड़की ने शारदा का घूँघट उठाकर देखा तो शारदा के चेहरे पर पसीने की बूँदें मोतियों की तरह छलछला रही थीं। आँखों में एक अनजाने भय की छाया थी।

''क्या बात है भाभी, अभी से घबरा गईं।'' उस लड़की ने हँसते हुए शरारत भरे लहजे में कहा, ''अभी तो सुहागरात है...कमरे में पहुँचने में एक-डेढ़ घंटा बाकी है।''

''लगता है सुहागरात के खयाल से ही हमारी बन्नो इतनी डरी-डरी, सहमी-सहमी दिखाई देती है !'' एक शादीशुदा औरत हँसते हुए बोली।

''आजकल की लड़कियाँ तो कॉलेज से ही सब कुछ सीख लेती हैं, तुमने कुछ नहीं सीखा बन्नो !'' दूसरी महिला ने शारदा को गुदगुदाते हुए कहा।

''इन्होंने कुछ सीखा हो या न सीखा हो--चिन्ता की कोई बात नहीं है। रंजीत बाबू पल-भर में सब कुछ सिखा देंगे !'' तीसरी युवती बोल उठी। लेकिन दूसरे ही पल आवाज धीमी करके राजदाराना अन्दाज में बोली, ''लेकिन बन्नो, रंजीत बाबू के हाथ रखते ही मोम की तरह पिघल मत जाना...समझीं।''

''थोड़ा-सा जरूर सताना-तड़पाना,'' चौथी महिला ने मशवरा दिया, ''अगर एकदम बाँहों में चली गईं तो गईं काम से। फिर तुम्हें जिन्दगी-भर उन्हीं बाँहों में बँधे रहना पड़ेगा।''

शारदा की घबराहट उन महिलाओं की बातें सुनकर कुछ कम हो गई। होंठों पर भीनी-भीनी मुस्कुराहट तैरने लगी थी।

''और बन्नो, जब वह प्यार करने के लिए पास आएँ तो पहली बार इस तरह मुँह घुमा लेना...नजाकत से...'' उस युवती ने मुँह घुमाते हुए बताया।

''समझ गईं बन्नो ?''

''मुझे तो बड़ा डर लग रहा है।'' शारदा ने डरी-डरी धीमी आवाज में कहा।

''डर काहे का बन्नो ?''

''जब वह कमरे में आएँगे...मैं पलंग पर बैठी होऊँगी...'' शारदा ने धीरे से कहा, ''मेरी तो साँस रुक जाएगी।''

''सुन बन्नो ! सुहागरात के कमरे में कदम रखते ही मैं तो डर से काँपने लगी थी। मैं पलंग की ओर न जाकर खिड़की की ओर बढ़ गई। पलंग सूना पड़ा रहा।

मैंने खिड़की खोली और वहीं खड़ी हो गई। चाँदनी रात थी। मैं तो चाँद को देखती रही,'' एक युवती ने राजदाराना अन्दाज में बताया, ''जब मैं सुहागरात के कमरे में पहुँची थी वहाँ कोई भी नहीं था। वह अपने दोस्तों से घिरे दूसरे कमरे में बैठे थे।''

''फिर क्या हुआ ?'' एक लड़की ने बड़ी उत्सुकता से पूछा, ''क्या सारी रात खिड़की के आगे खड़ी-खड़ी चाँद को देखती रहीं।''

''नहीं,'' युवती ने कहा, ''कुछ देर बाद वह आए तो मैंने इस तरह जताया जैसे उनके आने का मुझे पता ही न चला हो—बस, वह अपने आप मेरे पास आ गए। वह भी मेरे साथ खिड़की पर खड़े हो गए। हम दोनों बड़ी देर तक चाँद को देखते रहे...चाँदनी में नहाए पेड़, पौधों और इमारतों को देखते रहे...और फिर धीरे-धीरे मेरी साँसें ठीक हो गईं, और डर रफूचक्कर...!''

''हाँ बन्नो, तुम भी ऐसा ही करना...आज भी पूनम की रात है। आसमान पर पूनम का पूरा चाँद जगमगा रहा है, घबराना मत...औरत की जिन्दगी इसी रात पूरी होती है बन्नो ! और एक-दूसरे के लिए अपने आपको सौंपने की कहानी यहीं से शुरू होती है। कोई गलती मत कर बैठना शारदा !'' उस युवती ने बड़े प्यार से शारदा को समझाया।

तभी कमरे के दरवाजे के बाहर रंजीत के कदमों की आवाज सुनाई दी। शारदा को घेरे बैठीं औरतों ने गर्दन घुमाकर उस दरवाजे की ओर देखा और जल्दी से उठ खड़ी हुईं।

उन सबने प्यार-भरी नजरें शारदा पर डालीं और बड़ी तेजी से दूसरे दरवाजे से निकल गईं।

शारदा के होठों पर मुस्कुराहट दौड़ गई। वह दरवाजे से अन्दर आते हुए रंजीत को देखती रही।

उसके दिल की धड़कनें बदन में मचलती सिहरन के साथ बढ़ती चली जा रही थीं।

❐

अपने मित्रों के मशवरे के मुताबिक रंजीत ने एक हाथ में गुलाब लिया और दूसरे हाथ में 'हिदायतनामा खाविन्द' और अपनी डायरी ले ली, और ठीक मुगल शहंशाह के अन्दाज में सुहागरात के कमरे में दाखिल हुआ।

कमरे में पहुँचते ही उसकी नजर कमरे के बीचोबीच फूलों से सजे पलंग पर पड़ी। पलंग सूना पड़ा था। शारदा पलंग पर नहीं थी। सूना पलंग देखकर रंजीत

एकदम चौंक पड़ा। और फिर घबराकर पीछे पलटते हुए बुदबुदाया, "यारो, यहाँ तो बिस्तर ही खाली पड़ा है।...लो विस्मिल्लाह ही गलत हो गई।"

कमरे की खिड़की के पास खड़ी शारदा रंजीत के कमरे में आने के अन्दाज और उसकी घबराहट तथा हड़बड़ाहट देखकर हँस पड़ी।

शारदा की हँसी सुनकर रंजीत ठिठककर रुक गया और पलटकर उस ओर देखने लगा जिस ओर से शारदा के हँसने की आवाज आ रही थी।

उसने जल्दी से डायरी निकाली और उसे खोलकर पन्ने पलटते हुए चिन्तित स्वर में बोला, "इस बारे में—इस बारे में तो यारों ने कोई हिदायत दी नहीं थी। खैर 'हिदायतनामा खाविन्द' में देखता हूँ शायद कहीं कोई हिदायत लिखी हो।"

उसने डायरी फिर जेब में रख ली और 'हिदायतनामा खाविन्द' के पन्ने पलटने लगा। लेकिन उसमें भी कहीं यह नहीं लिखा था कि सुहागरात के कमरे में पत्नी पलंग पर बैठने के बजाय खिड़की के सामने खड़ी हो तो पति को क्या करना चाहिए।

वह धीरे-धीरे चलता हुआ शारदा के पास जा खड़ा हुआ। घबराहट के कारण उसका गला खुश्क हो गया था। उसने मन-ही-मन दोस्तों का बताया पहला डायलाग याद किया और जब उसे बोलने लगा तो खुश्क गले से आवाज ही नहीं निकली। उसके खुश्क होंठ बस फड़फड़ाकर रह गए।

शारदा बड़े गौर से उसकी सब हरकतों को देख रही थी। वह धीरे से थोड़ी सी आगे खिसक गई।

शारदा खिड़की के पार आकाश की सतह पर जगमगाते चाँद को देख रही थी। रंजीत भी अपने हाथ की उँगलियाँ चटकाते हुए चाँद को देखने लगा।

काफी देर बाद उसने घबराहट-भरे खुश्क गले से कहा, "शारदा...चलो... वहाँ...वहाँ...पलंग पर बैठते हैं।"

शारदा खामोश खड़ी चाँद की ओर देखती रही। उसके होठों की मुस्कुराहट और भी गहरी हो उठी थी।

जब रंजीत ने शारदा को वहीं खड़े देखा तो अपने खुश्क होठों पर जबान फेरते हुए अटक-अटककर बोला, "हाँ, यहीं ठीक...रहेगा, अपनी बातें...शुरू करते हैं।"

"यहीं ठीक रहेगा ?" शारदा ने धीरे से कहा।

"वैसे शारदा—वहाँ ज्यादा ठीक रहेगा...बिस्तर पर।" रंजीत हकलाकर बोला।

शारदा शरमाती हुई मुड़ी और धीरे-धीरे चलती हुई पलंग पर आ बैठी।

रंजीत ने पलंग का एक चक्कर लगाया और दरवाजे के सामने जा खड़ा हुआ।

एक पल दरवाजे पर खड़ा वह कुछ याद करने की कोशिश करता रहा फिर गुलाब का फूल हाथ में लिये पलंग की ओर बढ़ने लगा।

शारदा शर्मीली नजरों से रंजीत की इन ऊलजलूल हरकतों को देख रही थी। अचानक रंजीत के इस उल्लूपन पर वह अपनी हँसी रोक नहीं पाई। खिलखिलाकर हँस पड़ी।

शारदा की खिलखिलाती हँसी सुनकर रंजीत को फौरन याद आ गया कि अब उसे क्या करना चाहिए।

वह मुस्कुराते हुए शाहाना अन्दाज से चलता हुआ पलंग के पास पहुँच गया और गुलाब के फूल को शारदा की ओर बढ़ाते हुए बोला, ''कहना...सिर्फ तुम्हारे लिए।''

शारदा ने हाथ बढ़ाकर फूल ले लिया।

''नहीं-नहीं, मैं गलत बोल गया...कहना नहीं था,'' रंजीत हड़बड़ा उठा, ''सिर्फ तुम्हारे लिए।''

शारदा फूल सूँघकर रंजीत की ओर देखते हुए बोली, ''इसमें तुम्हारी खुशबू है।''

शारदा की बात सुनकर रंजीत हड़बड़ा उठा। उसके दोस्तों ने उसे यह नहीं बताया था कि अगर शारदा यह डायलाग बोले तो उत्तर में उसे क्या कहना है !

उसने हड़बड़ाते हुए जल्दी से अपनी डायरी निकाली और उसे खोलकर पढ़ने लगा, ''बीवी थोड़ी-सी पीछे खिसक जाएगी...लेकिन यह तो खिसकी ही नहीं।''

वह परेशान-सा पलंग पर बैठ गया।

शारदा उसके परेशान चेहरे को देखती हुई और नजदीक खिसक आई और उसने अपना सिर रंजीत के कन्धे पर टिका लिया।

रंजीत फिर हड़बड़ा उठा। शारदा की आँख बचाकर उसने जेब से डायरी निकाली और पढ़ने के बाद जेब में ठूँसते हुए बोला, ''जानेमन...जानेमन...अब हमसे यह दूरी कैसी !''

शारदा उसकी बात समझ नहीं पाई। हैरान होकर बोली, ''मैं तुमसे दूर कहाँ हूँ।''

शारदा के शब्द सुनकर रंजीत के बदन से पसीना फूट पड़ा, हडबड़ाकर बोला, ''हाँ-हाँ...दूर कहाँ हो ?...तुम मुझसे दूर कहाँ हो ?...तुम तो मेरे एकदम नजदीक हो।''

उसने जल्दी से डायरी निकाली और पढ़ते हुए बोला, ''दायाँ हाथ कन्धे पर– ।''

रंजीत ने डायरी के मुताबिक दाएँ हाथ में शारदा का हाथ पकड़ लिया और उसे सीने पर सरकाकर जैसे-तैसे बाँया हाथ उसके कन्धे पर रख दिया। शारदा उसके सीने से लगी बैठी रही।

अचानक रंजीत को खाँसी आ गई। शारदा बड़ी शोखी से उसके होंठों पर उँगली फेरने लगी।

रंजीत शारदा की उँगली की छुअन से हड़बड़ा उठा। उसने जल्दी से डायरी निकालकर देखी। और फिर जल्दी से जेब में रख ली। क्योंकि ऐसी परिस्थिति आ जाने पर उसे क्या करना चाहिए, डायरी में कोई हिदायत नहीं लिखी थी।

उसने शारदा की नजर बचाकर दो-तीन बार डायरी निकालकर उसके पन्ने जल्दी-जल्दी उलटे-पलटे और निराश होकर डायरी फिर जेब में रख ली।

एक लम्बी साँस भरकर वह अब शारदा की ओर देखने लगा।

''क्यों...? क्या हुआ...?'' रंजीत को परेशान देखकर शारदा ने पूछा।

डायरी में जिस पोज में आने के लिए लिखा था, उसी पोज में आकर रंजीत कहने लगा...''नहीं...नहीं–कुछ नहीं...वह...वह...पहली-पहली शादी की है... इसलिए थोड़ा-सा कन्फ्यूज्ड हूँ।''

रंजीत अपने आपको सँभालने लगा। फिर उसने डायरी में बताए गए पोज के मुताबिक शारदा को सँभालकर बाएँ कन्धे से चिपका लिया और गहरी साँस लेते हुए मन-ही-मन बोला, ''हाँ–अब ठीक है।''

शारदा उसे प्यार-भरी नज़रों से देखने लगी।

रंजीत एक पल शारदा के चेहरे को देखता रहा फिर उसके होंठ धीरे-धीरे शारदा के होंठों की ओर बढ़ने लगे।

और तभी पड़ोसी के मुर्गे ने जोर से बाँग दी–कुकडूँकूँ...!

''धत्तेरे की'' रंजीत चौंककर सीधा बैठ गया।

''सवेरा हो गया।'' शारदा उसके सीने से हटकर बैठ गई।

मुर्गे की बाँग सुनकर रंजीत को गुस्सा आ गया था। उसने झल्लाकर जेब से 'हिदायतनामा खाविन्द' और डायरी निकालीं और जमीन पर पटक दीं।

''हम तो बेकार ही हिसाब-किताब में पड़े रह गए। इसी झंझट में सुबह हो गई।'' रंजीत ने झुँझलाकर कहा, ''रात दीवाली की हो या शादी की, अपने ही नुस्खे अपने काम आते हैं।''

और फिर उसने झपट्टा मारकर शारदा को बाँहों में भर लिया।

शारदा सकपका उठी। लेकिन रंजीत ने उसे बिस्तर पर झुका लिया और अपने मुद्दत के प्यासे होंठ शारदा के होंठों पर रख दिए।

और तभी खिड़की के पार से सवेरे के सूरज की किरणें अन्दर आईं और उन दोनों पर बिखरती चली गईं।

❒

एक-दूसरे को प्यार करते-करते रंजीत और शारदा को नींद आ गई। उन दोनों के मिले-जुले खर्राटे कमरे की दीवारों और छत से टकराकर गूँज रहे थे। कुछ देर बाद रंजीत की आँख खुल गई। उसने बिस्तर को आँखें मूँदे-मूँदे टटोलकर देखा। बिस्तर खाली पड़ा था। शारदा बिस्तर पर नहीं थी।

रंजीत ने जल्दी से बिस्तर के सिरहाने से डायरी निकाली और पन्ने खोलकर पढ़ने लगा।

"लिखा था—जो आदमी पहली रात को बिल्ली मार लेता है वह जिन्दगी-भर मौज करता है।" रंजीत ने पढ़ा। और तभी दीवार पर लगे क्लॉक के घंटे बज उठे।

दस बज चुके थे।

"चलो रात तो गुजर गई...देर हो गई...कोई बात नहीं...रात न सही, आज सवेरे-सवेरे बिल्ली मार लेते हैं !" रंजीत ने कहा और फिर डायरी छिपाकर जोर से पुकार उठा, "ऐ बीवी, कहाँ चली गई...इधर आओ !" और फिर डायरी निकालकर पढ़ने लगा।

तभी चाय की ट्रे लिये शारदा आ गई। उसने ट्रे मेज पर रख दी और रंजीत को हँसते-मुस्कुराते डायरी पढ़ते देख पूछा, "क्या बात है ?...यह पढ़-पढ़कर बड़ा हँस रहे हो ? आखिर हँसी की ऐसी क्या बात लिखी है इस डायरी में ?"

"शारदा, मेरे दोस्तों ने बताया था कि अगर पहली रात को बिल्ली मार लो...तो...," रंजीत डायरी पढ़कर फिर हँस पड़ा।

"हमें भी बताओ न, क्या बताया था दोस्तों ने ?" शारदा ने प्यालों में चाय उँड़ेलते हुए पूछा।

"बताऊँ ?"

"हाँ बताओ।"

"ऐ बीवी !" अचानक रंजीत नाटकीय अन्दाज से चीख उठा।

"जी मेरे सरताज," शारदा ने भी ड्रामाई अन्दाज में उत्तर दिया।

"ऐ बीवी...रात को...?"

"रात को क्या मेरे प्राणनाथ ?"

"रात को तुम्हारा ढेर सारा प्यार मिलना चाहिए। वरना..."

"जी, वरना...ऐसा मत कहिए सरताज, आपको जी भरकर प्यार मिलेगा !" शारदा हँसते हुए बोली।

"ऐ बीवी !" रंजीत फिर चीख उठा।

"क्या है पतिदेव ?"

"कल सुबह-सुबह हमें दौरे पर जाना है। नहाने के लिए ठीक पाँच बजे हमें गर्म पानी मिलना चाहिए। वरना !"

"मैं तो तंग आ गई तुम्हारे इस वरना से," शारदा ने झुँझलाकर कहा। और फिर चीखकर बोली, "वरना क्या ?"

रंजीत का सारा जोश ठंडा पड़ गया। भीगी बिल्ली बनकर बोला, "वरना मैं ठंडे पानी से ही नहाकर चला जाऊँगा।"

रंजीत के चेहरे पर मचल उठी मासूमियत को देखकर शारदा खिलखिलाकर हँस पड़ी।

रंजीत ने उसे बाँहों में भरकर अपने सीने से लिपटा लिया और फिर दोनों साथ-साथ हँस पड़े।

शारदा की आँखों में हँसते-हँसते आँसू आ गए थे। साड़ी के छोर से पोंछकर बोली, "तो क्या इसी को कहते हैं बिल्ली मारना ?"

शारदा के साथ रंजीत भी हँस पड़ा। फिर चेहरे को मासूम बनाकर बोला, "शायद यही होता होगा—चले थे बिल्ली मारने लेकिन बिल्ला मर गया।"

शारदा एक बार फिर खिलखिलाकर हँस पड़ी।

रंजीत भी उसके साथ-साथ हँसने लगा।

❒

रंजीत और शारदा की शादी हुए आठ वर्ष बीत गए। इन आठ वर्षों के हर दिन उन दोनों को ऐसा महसूस होता रहा जैसे कल ही उनकी शादी हुई हो। उन्हें हर रात सुहागरात से भी ज्यादा सुहानी लगती थी।

इन आठ सालों में सिर्फ इतनी ही तब्दीली हुई कि रंजीत ने छोटा फ्लैट छोड़कर एक बड़ा फ्लैट खरीद लिया और वे दो से तीन हो गए थे। यानी परिवार में एक बेटे की वृद्धि हो गई। दोनों ने बड़े प्यार से बेटे का नाम रखा—रिंकू।

लेकिन एक बच्चे को जनम देने के बाद भी शारदा की सुन्दरता में कोई अन्तर नहीं आया था। आज भी उसे देखकर लोग यही समझा करते थे कि वह

किसी कॉलेज की स्टूडेंट है—कुँवारी है। इस धोखे में कई नौजवान उसके सामने शादी का प्रपोजल रख बैठते थे। लेकिन जब शारदा उन्हें बताती कि वह कुँवारी नहीं शादीशुदा है और एक बच्चे की माँ भी है तो शादी का प्रपोजल रखनेवाले नौजवान के जहन को एक जोरदार धक्का लगता था। आँखें हैरत से फटी रह जाती थीं। और उस बेचारे की हालत देखकर शारदा खिलखिलाकर हँसने लगती थी।

आठ वर्ष बीत जाने के बाद भी उनके प्यार में जो गर्मी शादी से पहले थी, वह आज भी बरकरार थी। वही जोश, वही जज्बा।

❐

शारदा किचन में सुबह का नाश्ता तैयार कर रही थी। रंजीत अभी-अभी बाथरूम से निकला था और रिंकू स्कूल जाने की तैयारी कर रहा था।

स्कूल की ड्रेस पहनने के बाद रिंकू ने बैग पीठ से लटका लिया और जूते पहनने लगा।

लेकिन वह जूते पहन नहीं पा रहा था।

''क्या बात है रिंकू,'' रंजीत ने उसे परेशान देखकर कहा, ''ठीक से जूते पहनो, इतनी भी क्या जल्दी है। स्कूल बस आने में अभी देर है।''

''जूते छोटे हो गए हैं डैडी, नए ला दो न।'' रिंकू ने जूते पहनने की कोशिश करते हुए कहा।

तभी रिंकू के लिए टिफिन लेकर शारदा आ गई। उसने रिंकू की बात सुन ली थी। जल्दी से बोली, ''ला देंगे बेटे, ला देंगे...यह लो अपना टिफिन...बस आने ही वाली होगी।''

रिंकू ने टिफिन बैग में रख लिया। शारदा ने उसे जूते पहना दिए।

तभी स्कूल बस का हॉर्न सुनाई दिया।

रिंकू शारदा और रंजीत के बीच आ खड़ा हुआ।

''डैडी—मम्मी...पप्पी...!'' रिंकू ने बारी-बारी उन दोनों की ओर देखते हुए कहा।

रंजीत और शारदा उसे चूमने के लिए जैसे ही एक साथ झुके, रिंकू उन दोनों के बीच से निकलकर दरवाजे की ओर भाग गया। और रंजीत तथा शारदा के खुले हुए होंठ एक-दूसरे से टकरा गए।

रंजीत ने शारदा को अपनी बाँहों में भर लिया। और एक बार फिर शारदा के होंठों पर अपने होंठ रख दिए।

शारदा के तन-मन पर मदहोशी छाती चली गई, उसने आँखें मूँदकर अपने

आपको रंजीत के हवाले कर दिया।

लेकिन रिंकू दरवाजे से निकलकर पर्दे की आड़ में हो गया था। उसने धीरे से पर्दा हटाया और अपना हाथ उठाकर बोला, "ओ.के. डैडी...ओ.के. मम्मी !" और फिर भागता चला गया।

"बिल्कुल तुम पर गया है !" शारदा ने रंजीत की बाँहों से निकलकर साड़ी के छोर से अपने होंठ पोंछते हुए कहा।

"मगर हम तो ठंडे पानीवाले पति हैं।" रंजीत ने उदास लहजे में कहा।

"वरना वाले नहीं ?" शोखी से मुस्कुराई शारदा।

"कहाँ जी, हम तो पालतू पति हैं !" रंजीत ने शारदा को फिर अपने बाजुओं में भर लिया।

"तुम और पालतू," शारदा ने अपने आपको छुड़ाने की कोशिश करते हुए कहा, "अब छोड़ो भी, बहुत काम पड़ा है।"

"देखो, सीधी तरह मान जाओ, वरना..."

"वरना क्या ?" शारदा ने सख्ती से पूछा।

"कुछ नहीं," रंजीत ने मेज पर रखा अखबार उठा लिया, "वरना मैं पेपर पढ़ने लगूँगा।"

शारदा हँसती हुई किचन में चली गई।

लेकिन किचन के दरवाजे पर पहुँचते-पहुँचते उसकी नजर क्लॉक पर पड़ गई। जल्दी से पलटकर बोली, "तुम जल्दी से तैयार हो जाओ, मैं नाश्ता लेकर आती हूँ।"

रंजीत ने पेपर टेबल पर रख दिया और ऑफिस जाने की तैयारी करने लगा।

शारदा नाश्ता ले आई। रंजीत जल्दी-जल्दी नाश्ता करने लगा।

"आराम से नाश्ता करो। इतनी जल्दी भी क्या है," शारदा ने टोका।

"तुम्हारे चक्कर में सब कुछ भूल जाता हूँ डार्लिंग," रंजीत ने उठते हुए कहा, "मुझे ऑफिस जाकर कुछ जरूरी पेपर तैयार कराने हैं। कल सुबह पाँच बजे की ट्रेन से जाना है दौरे पर—याद है न..."

"मुझे तो याद है।"

"मेरी घड़ी।"

शारदा ने टेबल पर रखी घड़ी उठाकर दे दी।

रंजीत कलाई पर जल्दी-जल्दी घड़ी बाँधने लगा तो घड़ी छूटकर नीचे जा गिरी।

"धत्तेरे की।"

शारदा ने झुककर घड़ी उठाकर रंजीत को दे दी, ''हर काम में जल्दबाजी मत किया करो।''

''नहीं करूँगा...वादा !'' रंजीत ने कहा और दरवाजे की ओर बढ़ने लगा।

''तुम कुछ भूल रहे हो।'' शारदा ने टोका।

''ओह...हाँ,'' रंजीत जल्दी से पलटा, ''मेरा कोट।''

शारदा ने कोट हैंगर से उतार कर दे दिया।

रंजीत ने जल्दी-जल्दी कोट पहना और दरवाजे की ओर मुड़ गया।

''जरा रुको।'' शारदा ने रोका।

''क्या कुछ और भी भूल गया ?''

''कोट का यह बटन।'' शारदा ने बटन बन्द कर दिया।

रंजीत मुस्कुराते हुए फिर दरवाजे की ओर मुड़ा तो शारदा बोली, ''तुम फिर कुछ भूल गए।''

रंजीत चौंका और फिर पलटकर उसने शारदा को अपनी बाँहों में भरकर चूमते हुए कहा, ''क्या करूँ शारदा, यह भूलने का रोग तुम्हीं ने दिया है। अजीब हालत हो गई मेरी...दफ्तर में तुम हावी रहती हो और घर में दफ्तर हावी रहता है।''

रंजीत ने मुस्कुराते हुए हाथ हिलाया और दरवाजे की ओर चल दिया।

''इतने मत खो जाया करो दफ्तर में !'' शारदा ने पीछे-पीछे आते हुए कहा।

''अच्छा डार्लिंग–बाय !'' रंजीत ने हाथ उठाते हुए कहा और पोर्टिको में खड़ी अपनी कार की ड्राइविंग सीट पर जा बैठा।

कार गेट से निकलकर सड़क पर पहुँच गई। लेकिन दरवाजे में खड़ी शारदा तब तक हाथ हिलाती रही जब तक रंजीत की कार नजरों से ओझल नहीं हो गई।

❐

रंजीत के दोस्त और शारदा की सहेलियों को इस बात पर गहरा आश्चर्य था कि शादी को आठ साल बीत जाने के बाद भी रंजीत और शारदा के प्यार और लगाव को देखकर ऐसा नहीं लगता था कि उन दोनों की शादी हुए इतना अरसा बीत चुका है। हँसी-खुशी के बीच उनकी जिन्दगी गुजर रही थी। रिंकू की पैदाइश का भी उन दोनों के प्यार की गर्मी पर कोई असर नहीं पड़ा था। बल्कि रिंकू की शरारतें उन्हें गुदगुदाकर एक-दूसरे के करीब ले आती थीं।

रंजीत कोई लोकप्रिय फिल्मी धुन गुनगुनाते हुए बाथरूम से निकला तो शारदा बेड पर लेटी 'स्त्री-पुरुष' से सम्बन्धित एक किताब पढ़ रही थी। किताब

पढ़ते-पढ़ते उसे लेखक की बातों पर हँसी आ रही थी। रंजीत को बाथरूम से निकलते देख उसकी हँसी जोरों से फूट पड़ी। रंजीत हैरानी से उसकी ओर देखने लगा।

"क्या बात है शारदा, किताब पढ़ते-पढ़ते तुम इस तरह क्यों हँस रही हो ? लगता है इस किताब में जरूर कोई दिलचस्प बात लिखी है। क्या यह चुटकुलों की किताब है ?" रंजीत ने पलंग की ओर आते हुए पूछा।

"यह किताब बहुत ही मजेदार है।" शारदा ने हँसते हुए उत्तर दिया।

"चुटकुलों की...?"

"नहीं, किताब का नाम है—स्त्री-पुरुष ?"

"क्या लिखा है ?"

"लिखा है...लिखा है...," कहते-कहते शारदा फिर खिलखिलाकर हँस पड़ी।

"अच्छा...पहले जी भरकर हँस लो, फिर बताना।"

"अजीब-अजीब सी बातें लिखी हैं इस किताब में।" शारदा ने हँसते हुए कहा।

"क्या अजीब-अजीब बातें लिखी हैं ?" रंजीत पलंग पर शारदा के करीब आ बैठा।

"लिखा है, जो पति-पत्नी एक-दूसरे को बेहद-बेहद प्यार करते हैं...एक वक्त ऐसा भी आ जाता है जब उन दोनों की शक्लें एक जैसी दिखाई देने लगती हैं। ठीक भाई-बहन की तरह !" शारदा ने पढ़ते हुए बताया और फिर खिलखिलाकर हँस पड़ी।

"भाई-बहन की तरह ?" रंजीत ने हैरानी-भरे लहजे में कहा, "यार, कहीं तुम मेरी कलाई में राखी मत बाँध बैठना।"

शारदा और भी जोर से खिलखिलाकर हँस पड़ी। रंजीत ने शारदा को पकड़ लिया। हँसती हुई शारदा रंजीत की बाँहों में आ गई।

"सुनो, इसमें एक बात और भी मजेदार लिखी है।"

"अरे छोड़ो बहनजी—बड़ी बकवास होती हैं ये किताबें !" रंजीत ने पलंग पर लेटी शारदा को अपनी बाँहों में समेटते हुए कहा।

"छोड़ो मुझे...और सो जाओ। सुबह तुम्हें पूना जाना है न।" शारदा ने अपने आपको रंजीत की बाँहों के घेरे से आजाद करते हुए कहा। और फिर पास ही मेज पर रखी घड़ी उठाकर बोली, "पता नहीं कितनी रात बीत चुकी है।"

"रातें तो बीतती ही रहती हैं रानी," रंजीत ने बड़ी लापरवाही से कहा, "देखो, घड़ी क्या बजा रही है।"

"यह तो बन्द पड़ी है !" शारदा ने घड़ी देखकर कहा।

"अरे," रंजीत ने शारदा के हाथ से घड़ी ले ली। "यह तो नौ बजा रही है—यह भी तो सो रही है।"

रंजीत ने कई झटके देकर घड़ी कान से लगा ली, सुबह गिर गई थी न, उस वक्त नौ ही बजे थे, तभी से बन्द पड़ी है।

"यह तो बड़ी मुश्किल हो गई। क्लॉक भी बन्द पड़ी है। अब वक्त का पता कैसे चलेगा ?"

"मुझे तो दफ्तर में कामों के झंझट में घड़ी देखने का मौका ही नहीं मिला। लेकिन तुमने क्लॉक की ओर ध्यान क्यों नहीं दिया ?" रंजीत ने घड़ी मेज पर रखते हुए कहा।

"मुझे तो टाइम देखने की जरूरत ही नहीं पड़ती। मेरी घड़ी तो तुम हो।"

रंजीत ने जल्दी से अपना चेहरा शारदा की ओर बढ़ा दिया, "लो, मेरा चौखटा देखकर बताओ—कितने बजे हैं ?"

शारदा हँस पड़ी, "बारह...बारह बज रहे हैं।"

"यार, तुम तो बिल्कुल बेकार बीवी हो, टाइम बताने में भी मदद नहीं कर सकतीं।" रंजीत ने कहा और खामोश होकर कुछ सोचने लगा।

"किस सोच में पड़ गए ?"

"कुछ नहीं—जरा मेरा हारमोनियम देना।"

"इतनी रात गए तुम्हें यह क्या सूझी है ?" शारदा ने हारमोनियम उठाकर रंजीत के आगे रख दिया।

"अभी बताता हूँ !" रंजीत ने कहा और उठकर पड़ोसी के मकान के सामनेवाली खिड़की खोल दी।

शारदा हैरानी से उसे देखने लगी।

रंजीत की उँगलियाँ हारमोनियम के सुरों से खेलने लगीं और फिर उसने बैजू बावरा फिल्म का गीत ठीक मुहम्मद रफी के स्टाइल में गाना शुरू कर दिया :

ओ दुनिया के रखवाले
सुन दर्द भरे मेरे नाले...

शारदा को रंजीत के गाने पर हँसी आ गई।

रंजीत गीत के अन्तिम बोल मुहम्मद रफी की तरह ही गाने लगा :

अब तो नीर बहा ले
अब तो नीर बहा ले...
ओ दुनिया के रखवाले...

रात के सन्नाटे में उसकी आवाज दूर तक गूँजती चली जा रही थी कि तभी

पड़ोस के दो-तीन फ्लैटों की खिड़कियों के खुलने की आवाजें आईं। और फिर एक पड़ोसी बड़बड़ाया, "कमबख्त सोने भी नहीं देते।"

लेकिन रंजीत ने इसकी ओर कोई ध्यान नहीं दिया। वह और भी तेजी से हारमोनियम बजाते हुए और भी ऊँची आवाज में गाने लगा—

अब तो नीर बहा ले...

अब तो...

"ऐ रंजीत साहब," एक पड़ोसी ने अपने बेडरूम की खिड़की से गर्दन निकालकर गुस्से-भरी आवाज में कहा, "रात के बारह बजे से ही चालू हो गए।"

"माफ कीजिएगा पोपटलालजी," रंजीत ने हारमोनियम एक ओर खिसकाकर ऊँची आवाज में कहा, "क्या ठीक बारह बज रहे हैं ?"

"जी हाँ, रंजीत साहब, ठीक बारह बजे हैं," पड़ोसी पोपटलाल ने बताया।

रंजीत ने हाथ बढ़ाकर खिड़की बन्द करते हुए कहा, "थैंक्यू पोपटलालजी।"

पड़ोसी पोपटलाल ने भी अपने बेडरूम की खिड़की बन्द कर ली।

हारमोनियम के बन्द होते ही अन्य पड़ोसियों की खिड़कियाँ भी एक-एक कर बन्द होती चली गईं।

"शारदा, घड़ी मिला लो—ठीक बारह बजे हैं !" रंजीत ने कहा और हारमोनियम एक ओर खिसकाकर लेट गया।

शारदा हैरानी-भरी नजरों से रंजीत की हरकतें देखती रही, फिर उसने घड़ी मिलाई और हारमोनियम मेज पर रखकर रंजीत की बगल में आ लेटी।

थोड़ी देर बाद उन दोनों के खर्राटे बेडरूम की छत और दीवारों से टकराकर गूँजने लगे।

❐

दफ्तर और घर की जिन्दगी मजे से चल रही थी। शादी हो जाने के बाद इन आठ सालों में रंजीत अपनी पर्सनल लाइफ में जिस तरह नहीं बदला था, उसी तरह उसके आफीशियल रुटीन में भी कोई तब्दीली नहीं आ पाई थी। हालाँकि वह अब सीनियर मैनेजर हो गया था लेकिन ऑफिस में काम करनेवाले कर्मचारियों के साथ उसका वही व्यवहार था, जो पहले था।

❐

उसने कार ऑफिस के सामने रोक दी और ब्रीफकेस निकालकर ऑफिस के दरवाजे की ओर चल दिया।

उसे आते देख सब लोग उठकर खड़े हो गए।

"गुड मॉर्निंग सर !" एक साथ कई आवाजें सुनाई दीं। उन आवाजों में दुर्रानी की आवाज सबसे ज्यादा ऊँची थी।

रंजीत सबके गुड मॉर्निंग का मुस्कुराकर सिर हिलाते हुए उत्तर देता अपने केबिन की ओर बढ़ने लगा।

"गुड मॉर्निंग सर !" केबिन के दरवाजे के करीबवाली सीट पर बैठनेवाली टाइपिस्ट रोज़ी ने जल्दी से उठकर कहा।

रंजीत के कदम ठिठककर रुक गए। रोज़ी आज बहुत ही खूबसूरत दिखाई दे रही थी। सिल्क की सफेद टी शर्ट के साथ उसने गहरे सुर्ख रंग की स्कर्ट पहन रखी थी। इस ड्रेस ने उसके जवान और खूबसूरत बदन को और भी आकर्षक बना दिया था।

"वैरी गुड मॉर्निंग हनी...यह ड्रेस...आज तो तुम बहुत ही खूबसूरत दिखाई दे रही हो !" रंजीत ने उसके सिर से पाँव तक गहरी नजर डाली।

"थैंक्यू सर !" रोज़ी ने शरमाकर नजरें झुका लीं।

मुस्कुराते हुए रंजीत ने केबिन के अन्दर कदम रखा तो दुर्रानी उसके पीछे-पीछे अन्दर आ गया।

रंजीत ने ब्रीफकेस एक ओर रख दिया और अपनी चेयर पर बैठते हुए दरवाजे से अन्दर आते हुए दुर्रानी की ओर देखने लगा।

"आइए शायरे आज़म, कोई खास बात ?" रंजीत ने मेज पर रखी फाइल खोलते हुआ कहा, "तशरीफ रखिए।"

"एक शेर अर्ज करना चाहता हूँ जनाब की खिदमत में !" दुर्रानी ने खड़े-खड़े कहा।

"इरशाद।"

"जनाब, अर्ज किया है," दुर्रानी ने शायराना अन्दाज में शेर पढ़ा :

बीवी वगैर अपनी तो जिन्दगी है बंजर
बिस्तर को सूना देखके चुभता है दिल में खंजर !

"वल्लाह, क्या खंजर चुभोया है, मरहवा दुर्रानी साहब, मरहवा !" रंजीत ने हँसते हुए दाद दी।

"यह शेर रात की तन्हाई में कहा था बिरादर।"

"भई दुर्रानी, आखिर यह तन्हाई कब तक चलती रहेगी ?"

"भाईजान, हमने तो तन्हाई के दिन उसी दिन से गिनने शुरू कर दिए थे जिस दिन आपकी शादी हुई थी। एक-एक कर आठ बरस गुजर गए। आपने तो

अपना इन्तजाम कर लिया। लेकिन हम आज तक कुँवारे-के-कुँवारे ही हैं !'' दुर्रानी मुँह लटकाए कुर्सी पर बैठ गया।

''इसी गम में इतने दुबले हो गए हो दुर्रानी--क्या हाल बना रखा है, जरा अपनी सेहत का ख्याल रखो !'' रंजीत ने उसके सिर से लेकर पाँव तक सरसरी नजर डाली। ''जरा अपनी सेहत-वेहत बनाओ, उसे देखकर हो सकता है कोई लड़कीवाला लड़का तलाश करते हुए तुम तक पहुँच जाए।''

''बिरादर, मर्द की सेहत तो शादी के बाद बनती है...'' दुर्रानी ने कहा। फिर एक ठंडी साँस भरकर बोला, ''अब तो इतना काफी वक्त गुजर गया। सोचता हूँ अगर कोई कुँवारी नहीं मिलती तो किसी बेवा से ही शादी कर डालूँ।''

''बेवा से ?'' रंजीत ने हैरानी से कहा।

''जी हाँ।''

''बहुत ही नेक खयाल है दुर्रानी,'' रंजीत मुस्कुरा उठा, ''वैसे तो तुमने जैसी सेहत बना रखी है, इस हाल में जिससे भी शादी कर लोगे—साल-दो साल में वह खुद ही बेवा हो जाएगी।''

रंजीत की इस बात पर दुर्रानी हँसते हुए उठा और केबिन से निकल गया।

❒

दुर्रानी अपनी सीट पर बैठकर फाइलों के पन्ने पलटने लगा लेकिन काम में मन नहीं लगा। जिस दिन से रंजीत की शादी हुई थी दुर्रानी अपने आपको और ज्यादा तन्हा महसूस करने लगा था। दफ्तर में तो साथियों के साथ हँसते-बोलते वक्त गुजर जाता था लेकिन शाम को घर पहुँचकर सूना घर उसे काटने के लिए दौड़ने लगता था। इस भरी दुनिया में वह अकेला रह गया था। दूर या पास का कोई ऐसा सगा-सम्बन्धी भी नहीं था जो उसके लिए कोई लड़की तलाश करता और उसकी शादी करा देता। और उसके दोस्त थे कि आए दिन उनकी शादियाँ होती चली जा रही थीं।

उसने कुर्सी की बैक पर पीठ टिकाकर आँखें मूँद लीं और सोचने लगा कि इस तन्हाई को किस तरह दूर किया जाए।

सोचते-सोचते जिस्म अलसा उठा और उसे जम्हाइयाँ आने लगीं।

अचानक उसने एक लम्बी जम्हाई लेकर आँखें खोल दीं और हाल में बैठे अपने साथियों की ओर देखने लगा। सब लोग अपने-अपने काम में लगे हुए थे।

वह उठ खड़ा हुआ और अपने साथवाली सीट पर बैठे साथी के कन्धे पर हाथ रखकर बोला, ''अमाँ, उठो बिरादर...चाय पीकर आते हैं।''

"नहीं यार, बहुत काम पड़ा है।" साथी ने लाचारी जाहिर की।

"अरे, होता रहेगा काम-वाम। आज पगार का दिन है।" दुर्रानी ने कहा, "भला पगार के दिन भी कोई काम करता है।"

साथी अपने सामने खुली फाइल बन्द करने ही लगा था कि तभी चपरासी ने आकर कहा, "दुर्रानी साहब, आपको साब बुला रहे हैं।"

"मुझे ?" दुर्रानी ने इस तरह पूछा जैसे इस वक्त रंजीत का उसे बुलाना कोई अचम्भे की बात हो।

"जी हाँ।"

"अभी आया।" दुर्रानी ने कहा और रंजीत के केबिन की ओर चल दिया।

"बिरादर, आपने हमें याद फर्माया ?" दुर्रानी ने केबिन में कदम रखते ही पूछा।

रंजीत सामने रखे एक बिल को चैक कर रहा था। दुर्रानी की आवाज सुनकर सिर उठाकर बोला, "यह बिल तुमने तैयार किया है ?"

दुर्रानी ने बिल पर एक सरसरी नजर डाली, "हाँ, कुछ गड़बड़ है क्या बिरादर ?"

"टोटल बनता है–चार हजार सात रुपए पचास पैसे, और तुमने जोड़ा है चार हजार सात–पचास पैसे का फर्क है।"

"बस पचास पैसे का ? यह तो कोई बड़ी बात नहीं है।" दुर्रानी ने कहा और जेब से अठन्नी निकालकर रंजीत के सामने रख दी, "यह लीजिए–हिसाब बराबर।"

"दुर्रानी !" रंजीत ने डाँटा।

"जी–कोई और भी गड़बड़ है क्या ?"

"देखो दुर्रानी, तुम मेरे बचपन के दोस्त हो," रंजीत ने बहुत ही संजीदा लहजे में कहा, "तुम अगर मेरे बचपन के दोस्त न होते तो अब तक बीसियों बार नौकरी से निकाले जा चुके होते–पर मैं भी कब तक बचाऊँगा तुम्हें ? जाओ, नया बिल बनाकर लाओ।"

"जी बिरादर !" दुर्रानी ने बिल और मेज पर पड़ी अठन्नी उठा ली और केबिन से निकल आया।

अपनी सीट पर बैठकर वह नया बिल बना रहा था कि वही साथी आ गया, जिसे वह चाय पीने के लिए अपने साथ लेकर जा रहा था।

"तुम्हारी चाय का क्या हुआ दुर्रानी ?" उसने दुर्रानी के करीब आकर पूछा।

लेकिन दुर्रानी ने उसकी ओर कोई ध्यान नहीं दिया। वह जोड़ता रहा, चार और दो–छह–छह और पाँच–ग्यारह–ग्यारह–ग्यारह..

"दुर्रानी !" साथी ने टोका।

"देखते नहीं, मैं काम कर रहा हूँ।" दुर्रानी झुँझला उठा।

"लेकिन थोड़ी देर पहले तो तुम ही...।"

"वह तो ठीक है बिरादर--पर यह साला डिवीजन का चक्कर है न। हर बार फाँस लेता है।"

"दुर्रानी ?" साथी बोला, "तुम्हारा नाम अब्दुल करीम दुर्रानी ही है न ?"

"हाँ।" दुर्रानी उल्लू की तरह साथी के चेहरे को देखने लगा।

"फिर यह अब्दुल रहीम ख़ानख़ाना की तरह पहेलियाँ क्यों बुझा रहे हो ?"

"बात ही साली ऐसी है," दुर्रानी ने लम्बी साँस ली, "बात यह है बिरादर, कि अपने रंजीत साहब हैं न—वह हैं फर्स्ट क्लॉस फर्स्ट और अपन है थर्ड क्लॉस थर्ड और हम दोनों के बीच अठन्नी का फर्क पैदा हो गया है।"

"फिर वही बात ! यार दुर्रानी तुम्हारी यह थर्ड क्लॉस थर्डवाली पहेली आज तक अपनी समझ में नहीं आई।"

"अब तक समझ में नहीं आई तो आज समझ लो बिरादर—हमारे बैच में जितने लड़के फर्स्ट डिवीजन पास हुए थे उनमें रंजीत साहब की पोजीशन थी फर्स्ट क्लॉस फर्स्ट—और हमारे बैच में जितने लड़के थर्ड डिवीजन पास हुए थे उनमें हमारी पोजीशन थी थर्ड। समझ गए ?" दुर्रानी ने कहा और फिर हिसाब मिलाने लगा, "सात और पाँच ग्यारह—ग्यारह—नहीं-नहीं—बारह—बारह—!"

❒

शाम को ऑफिस के बाद रंजीत अपनी कार से घर लौट रहा था। जब से शादी हुई थी शाम को पाँच बजे के बाद ऑफिस में एक मिनट रुकना भी रंजीत के लिए पहाड़ बन जाता था। वह जल्द-से-जल्द घर पहुँच जाना चाहता था। शारदा के साथ ज्यादा-से-ज्यादा वक्त गुजारने में उसे एक अजीब-सा सुख और सुकून महसूस होता था।

वह मस्ती में गुनगुनाता हुआ अपने घर की ओर चला जा रहा था कि अचानक एक जवान और खूबसूरत लड़की वहीं तेजी से फुटपाथ से उतरी और सड़क के बीचोबीच उसकी कार के ठीक सामने आ खड़ी हुई।

रंजीत ने हड़बड़ाकर जल्दी से ब्रेक लगा दिया। कार उस युवती के करीब पहुँचकर रुक गई।

"क्या बात है मैडम ?" रंजीत ने झल्लाकर कहा, "क्या खुदकुशी के लिए आपको मेरी गाड़ी ही पसन्द आई ?"

रंजीत की बात सुनकर युवती खिलखिलाकर हँस पड़ी, "जी नहीं, इस दुनिया को छोड़कर जाने का फिलहाल मेरा कतई इरादा नहीं है। हाँ, मैं सेंट्रल मार्केट जरूर जाना चाहती हूँ। लगभग घंटे-भर से यहाँ खड़ी हूँ। न तो कोई टैक्सी मिली और न कोई बस इस स्टॉप पर आकर रुकी ? क्या आप मुझे सेंट्रल मार्केट तक लिफ्ट दे सकेंगे ? आपकी बड़ी मेहरबानी होगी।"

युवती की संगीत-भरी आवाज़ सुनकर रंजीत की झल्लाहट दूर हो गई। उसने युवती के सिर से पीठ तक एक गहरी नजर डाली। वह जवान थी, खूबसूरत और आकर्षक थी। उसके बात करने का अन्दाज भी उसकी हँसी की तरह दिलकश था। शारदा के बाद आज पहली बार उसे कोई जवान लड़की पसन्द आई थी। पहली बार किसी जवान लड़की ने उससे लिफ्ट माँगी थी। खुशी की एक तेज लहर उसके तन-मन में दौड़ती चली गई।

उसने बायाँ हाथ बढ़ाकर दरवाजा खोलते हुए मुस्कुराकर कहा, "बाई आलमींस—मैं सेंट्रल मार्केट की ओर ही जा रहा हूँ...आइए।"

"आप मुझे सेंट्रल मार्केट के मोड़ पर ड्राप कर दीजिएगा।" युवती ने कहा और रंजीत के बराबर वाली सीट पर आ बैठी।

रंजीत ने ब्रेक पर से पाँव हटा लिया।

"आज की शाम निहायत हसीन है," रंजीत बोला, "ठीक आप..." वह कहते-कहते रुक गया।

"ठीक आपकी तरह !" युवती ठहाका मारकर हँस पड़ी।

"जी नहीं, आपकी तरह !"

लड़की ने शोखी से कहा, "मैं कहाँ खूबसूरत हूँ। मैंने तो सिर्फ आपका जुमला ही पूरा किया है।"

"लेकिन निहायत खूबसूरती से और बेहद हसीन अन्दाज में पूरा किया है," रंजीत ने युवती के चेहरे पर नजरें गड़ाते हुए कहा, "और जो लड़कियाँ खूबसूरत होती हैं, हसीन होती हैं, उनका जुमला पूरा करने का अन्दाज और सलीका भी उतना ही हसीन और खूबसूरत होता है।"

युवती खिलखिलाकर हँसी तो रंजीत को ऐसा लगा जैसे किसी ने सितार के तारों को झनझना दिया हो।

"आप शायद यकीन न करें," रंजीत बोला, "आपकी यह हँसी तो आपसे भी ज्यादा दिलकश है। ऐसा लगता है जैसे आपको बनानेवाले ने संगीत के सातों सुर आपके गले में सँजो दिए हों।"

"मेरे हस्बैंड भी अक्सर यही कहा करते हैं !" युवती ने बड़े नाज़ से कहा।

“हस्बैंड...?” और हस्बैंड का नाम सुनते ही रंजीत का पाँव फुट ब्रेक पर इस तरह जम गया जैसे उसे फेवीकोल से चिपका दिया हो।

कार एक जोरदार झटके के साथ दौड़ती-दौड़ती सड़क के बीचोबीच रुक गई।

“क्या हुआ ?” युवती बौखलाकर रंजीत की ओर देखने लगी, “आपने कार एकदम क्यों रोक दी ?”

रंजीत एक पल नापसन्दी-भरी नजरों से युवती की ओर देखता रहा, जैसे हस्बैंड का जिक्र करके उस युवती ने उसके गाल पर एक जोरदार तमाचा मार दिया हो।

किसी तरह अपने आपको सँभालते हुए वह बोला, “दरअसल मुझे एक जरूरी काम याद आ गया था...बेहद जरूरी काम...आप यहीं उतर जाइए।”

रंजीत ने युवती के आगे से हाथ सटाते हुए दरवाजा खोल दिया, “उतरिए, जल्दी उतरिए...!”

“लेकिन...लेकिन...,” युवती अपने पेट और सीने के बीच सटे रंजीत के बाजू को देखती हुई बोली, “लेकिन...।”

“लेकिन, वेकिन कुछ नहीं। जल्दी उतरिए--सेंट्रल मार्केट पास ही है। इस सामनेवाले बस स्टॉप से आपको बस आसानी से मिल जाएगी,” रंजीत ने जल्दी-जल्दी कहा, “प्लीज !”

“लेकिन, आप मुझे उतरने कहाँ दे रहे हैं,” युवती हँस पड़ी।

“मैं आपको उतरने नहीं दे रहा ?” रंजीत हैरान हो उठा।

“आपने मुझे जकड़ जो रखा है !” युवती ने मुस्कुराते हुए रंजीत की आँखों में झाँका।

“ओह—सॉरी मैडम, रीयली सारी !” रंजीत ने जल्दी से अपना हाथ हटा लिया।

युवती कार से उतर गई। “शुक्रिया, यहाँ तक लिफ्ट देने के लिए।”

रंजीत ने जल्दी से कार का दरवाजा बन्द किया और युवती के शुक्रिया का उत्तर दिए बिना गाड़ी आगे बढ़ा दी।

वह जल्द-से-जल्द घर पहुँच जाना चाहता था। वह इस तरह डर रहा था जैसे अगर उसने शारदा के पास पहुँचने में थोड़ी सी भी देर कर दी तो शारदा की जिस अमानत को उसने इतने बरसों से सँभालकर रखा है कोई उसे छीनकर ले जाएगा।

❐

रंजीत ने कार कॉटेज के लॉन में रोक दी। जल्दी से उतरा और दौड़ता हुआ दरवाजे पर पहुँच गया।

कार का हॉर्न सुनते ही शारदा दरवाजे पर पहुँच गई।

रंजीत ने धक्का मारकर दरवाजा खोला और शारदा को इस तरह लिपटकर चूमने लगा जैसे बरसों के बाद घर लौटा हो और शारदा को प्यार किए बरसों बीत चुके हों।

शारदा को अपनी बाँहों में भरने की जल्दी में उसकी बगल में दबा हुआ पैकेट जमीन पर गिर गया।

''अरे छोड़ो-छोड़ो...यह क्या कर रहे हो ?'' शारदा ने अपने आपको छुड़ाने की कोशिश करते हुए कहा, ''शादी को इतना लम्बा अरसा बीत गया...एक बेटे के बाप बन गए लेकिन तुम जरा भी नहीं बदले—वैसे के वैसे ही हो...!''

''यार ! मर्द कभी नहीं बदला करते। वे जैसे होते हैं वैसे ही रहते हैं। जिन्दगी कीं आखिरी साँस तक !'' रंजीत ने शारदा के होंठों का एक लम्बा चुम्बन लेते हुए कहा, ''और जिस दिन यह रंजीत बदल जाएगा—समझ लेना वही रंजीत की जिन्दगी का आखिरी दिन होगा।''

शारदा ने जल्दी से उसके होंठों पर हाथ रख दिया।

रंजीत ने एक हाथ झुकाकर फर्श पर पड़ा पैकेट उठाकर शारदा को देते हुए कहा, ''आज पगार मिली थी न। लेकिन यह मत सोचना शारदा कि मैं तुम्हारे लिए कोई प्रेजेंट—मेरा मतलब है साड़ी-वाड़ी लेकर आऊँगा। ये रिंकू के लिए है। तुम्हारा तो बस मैं प्यार लेकर जाता हूँ और प्यार लेकर आता हूँ।''

रंजीत ने एक बार फिर शारदा को बाँहों में भर लिया।

''मैं भी तो यही चाहती हूँ। इसके सिवा और कुछ नहीं।'' शारदा ने कहा और रंजीत के कोट के बटन खोलती हुई बोली, ''जल्दी से कपड़े बदलकर हाथ-मुँह धो आओ—नाश्ता लगाती हूँ।''

''यार, मेरी समझ में एक बात आज तक नहीं आई। रंजीत ने कोट उतारते हुए कहा। जब मैं घर से जाता हूँ—तुम मेरे कोट के बटन बन्द कर देती हो और जैसे ही मैं घर में कदम रखता हूँ तुम सबसे पहले उन्हें खोल देती हो।''

''इसलिए कि घर से बाहर तुम खुद को मेरा कैदी महसूस करते रहो !'' शारदा ठहाका मारकर हँस पड़ी।

''कैदी !''

''हाँ, और जैसे ही तुम घर पहुँचते हो मैं अपने कैदी को आजाद कर देती हूँ—क्या समझे ?''

''अरे वाह—क्या लाजिक है,'' रंजीत हँस पड़ा, ''हम तो जैसे पैदायशी अहमक ही रहे, इतनी छोटी-सी बात को आज तक समझ नहीं पाए।''

"अहमक नहीं उल्लू।" शारदा ने कहा और रंजीत का कोट कन्धे पर डाले दूसरे कमरे में चली गई।

"डैडी !" रिंकू ने दरवाजे में से पुकारा।

"हाँ बेटे !" रंजीत ने कहा और पैकेट खोलकर उसकी ओर बढ़ाते हुए बोला, "लो अपने जूते–पहनकर देख लो, छोटे-बड़े तो नहीं हैं।"

रिंकू ने जूते पहन लिये ! "बिल्कुल ठीक हैं डैडी–एकदम फिट–लेकिन मेरी आइसक्रीम ?"

"तुम्हारी आइसक्रीम तो हम भूल गए रिंकू बेटे–कल ला देंगे।"

"प्रॉमिज ?"

"हाँ प्रॉमिज।"

"आप भूल तो नहीं जाएँगे ?"

"नहीं रिंकू बेटे, हम प्रॉमिज के बहुत पक्के हैं," रंजीत ने कहा और दरवाजे से निकलती शारदा को देखते हुए बोला, "पूछ लो अपनी मम्मी से !"

❐

महीना शुरू हुआ था। पिछले महीने के अधूरे कामों को पूरा करने की कोशिशों में सारा ऑफिस बिजी था। अगर कोई बिजी नहीं था तो दुर्रानी। अभी-अभी एक नए शेर का टुकड़ा उसके जहन में उतरा था। इसलिए उसने फाइल एक ओर सरका दी और शेर मुकम्मल करने के लिए दूसरे मिसरे को बड़ी मेहनत से तलाश करने में जुटा हुआ था।

तभी ऑफिस के दरवाजे को खोलकर किसी लड़की ने अन्दर कदम रखा। दुर्रानी को ऐसा लगा जैसे शेर का मिसरा ही नहीं मुकम्मल ग़ज़ल ही उसके सामने नमूदार हो गई हो। ऐसी और इतनी खूबसूरत ग़ज़ल, जिसकी खूबसूरती बेमिसाल थी–लाजवाब थी।

दरवाजे में खड़ी लड़की ने हाल में बैठे कर्मचारियों पर एक नजर डाली और फिर दुर्रानी की ओर देखने लगी जो कोई काम नहीं कर रहा था।

"फर्माइए, मैं क्या सेवा कर सकता हूँ, आपकी !" दुर्रानी ने बड़ी शिष्टता से पूछा।

"मुझे साहब से मिलना है !" लड़की ने बताया।

"गंगादीन !" दुर्रानी ने रंजीत के केबिन के दरवाजे के पास बैठे चपरासी को पुकारा और फिर लड़की की ओर इशारा करके बोला, "इन्हें साब से मिला दो।"

"जी अच्छा," गंगादीन ने कहा और रंजीत के केबिन की ओर मुड़ते हुए

बोला, ''आइए।''

लड़की चपरासी के पीछे-पीछे केबिन के दरवाजे पर पहुँच गई।

गंगादीन पढ़ा-लिखा था। लेकिन कोई अच्छी नौकरी न मिल पाने पर उसे चपरासी की नौकरी करनी पड़ रही थी। वैसे रंजीत ने उससे वायदा कर लिया था कि जैसे ही मौका मिलेगा उसे क्लर्क बना देगा।

गंगादीन ने केबिन का दरवाजा थोड़ा-सा खोलकर कहा, ''मे आई कम इन सर ?''

''यस...'' रंजीत ने फाइल पर नजरें गड़ाए-गड़ाए कहा।

''आइए।'' गंगादीन ने बाहर की ओर मुड़कर लड़की से कहा।

गंगादीन ने पूरा दरवाजा खोल दिया।

लड़की ने अन्दर कदम रखा तो रंजीत उसे देखकर चौंक पड़ा।

''गुड मॉर्निंग सर !'' लड़की ने आगे बढ़ते हुए कहा।

''आप...?'' रंजीत हैरानी से लड़की के खूबसूरत चेहरे को बड़े गौर से देखने लगा।

''हेड ऑफिस ने सर, आपकी सेक्रेटरी की पोस्ट पर अपॉइंट किया है मुझे। लैटर तो आपको मिल ही गया होगा सर !'' लड़की ने टेबल के करीब पहुँचकर कहा, ''सर, मेरा नाम निर्मला है।''

रंजीत के कानों में जैसे शहनाई के सुर गूँज उठे। लड़की ने क्या कहा वह सुन ही नहीं पाया। बस टकटकी बाँधे उसके सुन्दर आकर्षक चेहरे को एकटक देखता रहा।

लड़की हैरानी से उसे देख रही थी।

''माफ कीजिएगा...क्या नाम बताया आपने ?'' रंजीत ने अपने आपको सँभालते हुए कहा।

''निर्मला !'' लड़की ने दोबारा बताया।

''दैट्स गुड नेम—निर्मला—निर्मला—आप खड़ी क्यों हैं...बैठिए न।''

''जी थैंक्स !'' निर्मला ने कहा और खाली पड़ी कुर्सी पर बैठ गई।

''आज तक आप कहाँ थीं ?'' रंजीत ने बड़े रोमांटिक अन्दाज में कहा।

''जी...?'' निर्मला चौंक पड़ी।

''मेरा मतलब है...पहले आप कहाँ काम करती थीं ?''

''मदंस कॉलेज में...सेक्रेटरीशिप का कोर्स कर रही थी, उससे पहले मैं एक प्राइवेट फर्म में टाइपिस्ट थी।''

''ओह, तो एक तरह से आपकी यह पहली-पहली नौकरी है।''

"जी।"

"आपको नौकरी क्यों करनी पड़ी ?"

"जरूरतें ही ऐसी हैं।"

"यानी आप बेसिकली वर्किंग गर्ल नहीं हैं ?"

"कोई भी हिन्दुस्तानी लड़की बेसिकली वर्किंग गर्ल नहीं होती सर !" निर्मला ने बड़े स्पष्ट शब्दों में कहा।

"आप शायद मेरी बात नहीं समझीं !" रंजीत जल्दी से बोला, "मेरा मतलब है कि आप जवान हैं। आपकी फिगर अच्छी है। दिलकश और खूबसरत भी हैं—कोई ऐसा काम भी तलाश कर सकती थीं जिसमें काम कम होता और पैसा ज्यादा।"

"मतलब...?" निर्मला ने हैरान होकर कहा।

"मतलब...मॉडलिंग !"

"वह तो कर सकती थी।"

"वही तो मैं कह रहा हूँ।" रंजीत ने अनजाने में ही अपनी बैल्ट कसते हुए कहा।

"लेकिन आज तक यह किसी ने नहीं कहा कि मेरी फिगर अच्छी है। आप पहले आदमी हैं सर—जिन्होंने इस नजर से मुझे देखा है।"

"फिगर आपकी वाकई ए वन है..." रंजीत ने थूक निगलकर खुश्क गले को तर करते हुए कहा।

"रियली सर ?" निर्मला ने उत्सुकता से पूछा।

रंजीत की हालत खराब हो गई। गला और भी खुश्क हो गया। थूक निगलकर बोला, "यस...आई मीन इट।"

तभी एक असिस्टेंट ने दरवाजे से झाँककर कहा, "आपके घर फोन लग गया सर !"

"ओ.के. ओ.के..." रंजीत ने कहा और फिर एकदम रुख बदलकर निर्मला से कहने लगा, "आप मन लगाकर काम कीजिए—यहाँ आपको किसी तरह की तकलीफ नहीं होगी।"

तभी फोन की घंटी बज उठी।

रंजीत ने रिसीवर उठाकर कान से लगाते हुए कहा, "यस...हूज स्पीकिंग ?"

"सर, आपकी मिसेज का फोन था। डिस्कनेक्ट हो गया।" टेलीफोन ऑपरेटर ने बताया।

रंजीत ने रिसीवर क्रेडिल पर रख दिया।

"थैंक्स सर, तो अब मैं अपनी सीट पर जाऊँ।" निर्मला ने उठते हुए कहा।

"हाँ, जाइए ! चपरासी से पूछ लीजिए कि पहलीवाली सेक्रेटरी की सीट कौन-सी है ?" रंजीत ने कहा।

निर्मला दरवाजे की ओर चल पड़ी।

"सुनिए !" रंजीत ने कहा।

निर्मला पलटकर उसकी ओर देखने लगी।

"नहीं-नहीं, कुछ नहीं..." रंजीत हड़बड़ा उठा, "ठीक है, आप अपना काम सँभालिए।"

निर्मला बाहर चली गई।

रंजीत की आँखों में एक अजीब-सी चमक जाग उठी थी। वह टेबल पर उँगलियों से जैसे हारमोनियम बजाने लगा। उसके होंठ गुनगुना उठे।

अचानक उसे अपने पेट में दर्द महसूस होने लगा।

उसने जल्दी से घंटी बजाई।

"जी सर !" गंगादीन ने अन्दर आते हुए पूछा।

"एक सोडा ले आओ—जल्दी !" रंजीत ने कहा और अपनी चेयर पर करवटें बदलने लगा।

"अभी लाया सर।" गंगादीन ने कहा और झपटकर बाहर चला गया।

❐

दुर्रानी काफी देर से हाल में इधर-से-उधर चक्कर काट रहा था। उसके चेहरे और हाव-भाव को देखकर ऐसा लग रहा था कि वह किसी शेर को पूरा करने की कशमकश में मुब्तिला है।

अचानक उसके चेहरे पर मुस्कुराहट दौड़ गई। आँखें चमक उठीं। वह तेजी से मुड़ा और टाइपिस्ट रोज़ी के पास आ खड़ा हुआ।

उसने हाथ उठाया, सब लोगों को खामोश रहने का इशारा करते हुए बुलन्द आवाज में कहा, "बिरादरो और बिरादरियो ! अभी-अभी एक शेर कहा है। मुलाहिजा फर्माइए।"

"इरशाद ! इरशाद !" एक साथ कई आवाजें उभरीं।

"अर्ज किया है।" दुर्रानी ने शायराना अन्दाज में कहा :

हम जो मैखाने में पहुँचे, जेब में पैसा न था,
उसने माँगा तो हमने दिल हवाले कर दिया !

"वाह दुर्रानी भाई—वाह..." रोज़ी ने हँसते हुए दाद दी।

तभी दुर्रानी की नजर गंगादीन पर पड़ गई जो सोडे की बोतल लेकर रंजीत

के केबिन की ओर जा रहा था।

''यह क्या बिरादर ?'' दुर्रानी ने सोडे की बोतल की तरफ हाथ उठाकर पूछा।

''साब के पेट में दर्द हो रहा है !'' गंगादीन ने बताया।

''लाओ बिरादर...'' हम ले जाते हैं सोडा। दुर्रानी ने गंगादीन के हाथ से बोतल ले ली और रंजीत के केबिन की ओर चल दिया।

तभी दुर्रानी की नजर निर्मला पर पड़ी जो अपनी सीट पर बैठी टाइपराइटर पर रिबन चढ़ा रही थी।

उसे देखते ही दुर्रानी गुनगुना उठा :

दर्द का दौर शुरू हो गया बिरादर,
ये पेट से दिल तक पहुँचता है बिरादर !

निर्मला ने कनखियों से दुर्रानी की ओर देखा, लेकिन उसके शेर को अनसुना करके अपने काम में लगी रही।

दुर्रानी सोडे की बोतल लिये रंजीत के केबिन में चला गया।

''क्या हुआ बिरादर ?'' दुर्रानी ने सोडे की बोतल मेज पर रखते हुए पूछा।

''पेट-दर्द।'' रंजीत ने कराहते हुए कहा, ''पता नहीं क्यों होने लगा ये दर्द।''

दुर्रानी ने एक नजर रंजीत के चेहरे पर डाली और फिर उसके पेट की ओर देखने लगा।

दूसरे ही पल दुर्रानी के होंठों पर एक अजीब-सी मुस्कुराहट दौड़ गई, ''मैं बताता हूँ बिरादर कि आपके पेटदर्द की वजह क्या है–जरा अपनी बेल्ट ढीली कर लीजिए, बेल्ट ढीली होते ही दर्द अपने आप ठीक हो जाएगा।''

दुर्रानी मुस्कुराते हुए केबिन से निकल गया।

रंजीत अपनी चेयर से उठ खड़ा हुआ। उसने अपनी बेल्ट को महसूस किया, वाकई ज्यादा कसी हुई थी। उसने बेल्ट ढीली की और अपने आप पर हँसते हुए बोला, ''मैं वाकई उल्लू हूँ ! इतनी छोटी-सी बात नहीं समझ पाया।''

❑

हँसता-मुस्कुराता दुर्रानी हाल में पहुँचा तो लोग उत्सुकता से उसकी ओर देखने लगे।

''क्या हुआ मियाँ ?'' एक साथी ने पूछा।

''कुछ नहीं बिरादर, मामूली-सी बात है–फर्स्ट क्लास फर्स्ट हिसाब-किताब में तेज होते हैं और थर्ड क्लास थर्ड दुनियादारी में–तुम अपना-अपना काम करो बिरादर !'' दुर्रानी ने कहा और फिर जैसे ही अपनी सीट की ओर कदम बढ़ाया उसकी नजर निर्मला की ओर उठ गई।

निर्मला अपने टाइपराइटर की सफाई कर रही थी।

''माफ कीजिए बिरादर...'' दुर्रानी ने उसके पास पहुँचकर कहा। लेकिन दूसरे ही पल जुबान काटकर बोला, ''नहीं-नहीं, आप तो बिरादरी हैं।''

''आपकी तारीफ बिरादर ?'' निर्मला ने बड़े शोख लहजे में पूछा।

''जी–बन्दे को अब्दुल करीम दुर्रानी वल्द अब्दुल सलीम दुर्रानी पुकारते हैं !'' दुर्रानी ने बड़ी विनम्रता से कहा, ''अगर बन्दा अपनी बिरादरी की कोई खिदमत कर सके तो बेहद खुशी होगी।''

''जी, बहुत-बहुत शुक्रिया।'' निर्मला रिबन चढ़ाती हुई बोली।

''वैसे आपके बॉस तो रंजीत साब हैं, लेकिन असली बास मैं ही हूँ–काम मुझसे ही पड़ेगा आपको, वह कहते हैं न ?'' दुर्रानी फिर शायराना मूड में आ गया, ''सुनिए–अर्ज किया है :

नीचे के लोग बेहद जरूरी हैं–
हम कान के लिए इत्र की फुरेरी हैं !

दुर्रानी का शेर सुनकर निर्मला खिलखिलाकर हँस पड़ी।

❐

शाम के पाँच बज रहे थे। रंजीत को शाम को चाय पीने की आदत थी। वह खुद ही चाय बनाकर पीता था। केबिन के एक कोने की मेज पर इलेक्ट्रिक केटल और चाय का सारा सामान रखा था।

रंजीत चाय बना रहा था कि तभी निर्मला केबिन में पहुँचकर बोली, ''मैं जाऊँ सर ?''

''क्यों ?'' रंजीत ने उसकी ओर देखा।

निर्मला कुछ घबरा उठी। रंजीत की क्यों का मतलब वह समझ नहीं पाई थी।

अचानक रंजीत को कुछ याद आ गया। वह जल्दी से सँभला और घड़ी की ओर देखते हुए बोला, ''अरे, पाँच बज गए...आज तो वक्त का पता ही नहीं चला। खैर, आप चाय पिएँगी ? मेरी आदत है शाम को चाय पीने की।''

इलेक्ट्रिक केटल में पानी खौल रहा था। निर्मला ने आगे बढ़कर खौलते पानी में चाय की पत्ती डाली और चाय बनाने में रंजीत की मदद करने लगी।

निर्मला ने रंजीत के सामने प्याला रखा और अपना प्याला लेकर टेबल के सामने आ बैठी।

लेकिन चाय पीते-पीते निर्मला ने दो बार अपनी घड़ी देखी। रंजीत को यह बात कुछ जँची नहीं।

चाय पीकर रंजीत और निर्मला केबिन से बाहर आए तो देखा हाल खाली पड़ा है, सब लोग जा चुके हैं। निर्मला ने पर्स से लिपस्टिक निकालकर होंठों पर लगाई, छोटे-से शीशे में देखा और दफ्तरी अन्दाज में बोली, ''गुड ईवनिंग सर... मैं चलती हूँ...''

''क्या मैं तुम्हें कहीं ड्रॉप कर सकता हूँ ?''

''थैंक यू सर...मैं चली जाऊँगी...'' कहते हुए निर्मला ने कसमसाकर अपनी चोली के चिट-बटन को बन्द किया तो रंजीत का सारा ध्यान वहीं केन्द्रित हो गया।

निर्मला आगे बढ़ गई।

रंजीत आकर अपनी गाड़ी में बैठ गया और निर्मला को जाते देखता रहा। उसका ध्यान बार-बार निर्मला की चोली की तरफ जा रहा था, जिसमें अजीब-सा आकर्षण था।

❑

दफ्तर में भी निर्मला अपने काम से काम रखती थी। रंजीत को ताज्जुब हो रहा था कि पहले दिन चाय बनाने की जो निकटता उसने दिखाई थी वह महज दफ्तरी ऐटीकेट था, नहीं तो डिक्टेशन लेने के बाद टाइपवाले कागज तक वह फाइल में रखकर गंगादीन के हाथ भिजवा देती थी। जरूरत पड़ने या बुलाए जाने पर ही रंजीत के केबिन में हाजिर होती थी। लंच टाइम में वह दुर्रानी के साथ कैंटीन में खाना खाने चली जाती थी।

वैसे दुर्रानी का रवैया भी उसे बहुत-बहुत बदला हुआ लगता था। वह ज्यादातर निर्मला की मेज के सामने ही बैठा शेरो-शायरी में मशगूल रहता था। वैसे भी पुरानेवाले दोस्ताना सम्बोधन 'बिरादर' से बदलकर वह अब उसे भाई साहब पुकारने लगा था। एकाध बार रंजीत ने निर्मला को खासतौर से परखना भी चाहा पर पॉपुलर मुहावरे की भाषा में निर्मला ने उसे घास नहीं डाली। रंजीत को ताज्जुब भी होता था कि क्या यह वही ज्वाइन करनेवाले पहले दिनवाली निर्मला है या कोई और...

उस दिन तो रंजीत का पारा सातवें आसमान पर पहुँच गया जब उसे तीन बजे मालूम हुआ कि दुर्रानी सड़क पार रिजर्व बैंक आफिस की कैंटीन में खासतौर से निर्मला को लंच खिलाने ले गया है और अब तक नहीं लौटा है ! यों निर्मला कमसिन तो नहीं थी पर उम्र थोड़ी बड़ी होने के बावजूद उसमें जबर्दस्त आकर्षण था। और एक दिन दुर्रानी ने बातों-बातों में कह ही दिया, ''भाई साहब ! पके फल में ज्यादा नशा होता है...आपने कभी पके फलों को कचराघर में पड़ा देखा

है ? दुकानों पर सजे-सजे जैसे ही फल पकते हैं, दारू बनाने के कारखानों में पहुँच जाते हैं !''

रंजीत ने उस वक्त रिएक्ट तो नहीं किया पर मन ही मन यह तय कर लिया कि वह निर्मला को 'रास्ते पर लाकर रहेगा,' क्योंकि आखिर वह उसकी सेक्रेटरी है।

❒

शारदा बड़ी बेताबी से उसका इन्तज़ार कर रही थी। साढ़े छह बज चुके थे लेकिन आज रंजीत अभी तक घर नहीं लौटा था।

कुछ देर बाद उसे रंजीत की कार आती दिखाई दी। उसने जल्दी से बढ़कर दरवाजा खोला और बाहर बरामदे में आ गई।

रंजीत ने कार कॉटेज के लॉन में रोक दी। कोट के बटन बन्द किए और ब्रीफकेस लेकर गुनगुनाता हुआ दरवाजे की ओर चल दिया।

''क्यों सिन्हा साहब, आज इतनी देर—कब से चाय बनाए बैठी हूँ !'' शारदा ने उसे देखते ही कहा।

''ओ चाय...? आज कुछ बहुत ही जरूरी काम आ गया था। इसीलिए देर हो गई !'' रंजीत ने ड्राइंगरूम में आते हुए कहा और ब्रीफकेस एक ओर रखकर बोला, ''जल्दी चाय बनाओ यार, आज तो चाय पी ही नहीं।''

शारदा चाय बनाने लगी।

रंजीत ने कोट उतारा और चाय का घूँट भरते हुए बोला, ''माई डियर, क्या खयाल है, पाँच हजार रुपए मैंने किसलिए खर्च किए थे ?''

''पाँच हजार—कहाँ ? कब ?'' शारदा ने हैरानी से पूछा।

''उस खिलौने पर !'' रंजीत ने टेलीफोन की ओर इशारा किया।

शारदा के होंठों पर मुस्कुराहट दौड़ गई।

''अजीब हाल है यार। तुमने सारे दिन फोन ही नहीं किया—पूरा दिन सूना-सूना लगता रहा।''

''फोन तो किया था,'' शारदा बोली, ''पर जनाब बहुत बिजी थे।''

''हाँ-हाँ, एक क्लाइंट से बातें कर रहा था उस वक्त !'' रंजीत जल्दी से बोल उठा।

''अब तुम बातें बहुत बनाने लगे हो।''

''हद है यार, वहाँ दिन-भर तुम्हारी याद सताती रही और तुम हमारे जज्बात की कद्र ही नहीं करतीं।''

''कभी-कभी लगता है, तुम नाटक बहुत अच्छा करते हो,'' शारदा ने

उलाहना-भरी आवाज में कहा, "तुम्हें तो एक्टर होना चाहिए था।"

"ओ जानेमन, एक्टर प्यार की एक्टिंग तो कर लेते हैं लेकिन प्यार नहीं कर पाते। वरना रोज-रोज के स्केंडल न होते—अपना तो आठ बरस से एक ही स्केंडल बना हुआ है !" रंजीत ने मुस्कुराते हुए बड़े गर्व के साथ कहा, "लोग ताज्जुब करते हैं और कहते हैं—तुम मियाँ-बीवी एक-दूसरे को अब तक प्यार कैसे कर पा रहे हो।"

शारदा खामोश बैठी चाय पीती रही।

"रिंकू..." रंजीत ने पुकारा।

"जी डैडी !" रिंकू दौड़ता हुआ आ गया।

"चलो नहाते हैं।"

"हाँ-हाँ, चलिए !" रिंकू ने कहा और शर्ट उतारकर फेंकते हुए बाथरूम की ओर भाग गया।

रंजीत ने भी कपड़े उतारे और बाथरूम में रिंकू के साथ नहाने लगा।

दोनों एक-दूसरे के बदन पर साबुन मलते और कभी एक-दूसरे पर पानी उछालते।

अचानक रंजीत को शैतानी सूझी, "रिंकू, अपनी मम्मी को बुलाओ।"

"मम्मी ! ओ मम्मी !" रिंकू ने जोर से पुकारा।

"क्या है ?" शारदा की आवाज किचन से आई और फिर वह हल्दीवाले हाथ साड़ी के पल्लू से पोंछती हुई बाथरूम के दरवाजे पर आ खड़ी हुई।

रंजीत और रिंकू ने झपट्टा मारकर शारदा को पकड़ लिया और बाथरूम में घसीट लिया। शारदा चीखती रह गई।

"अरे-अरे, क्या करते हो," शारदा खुद को छुड़ाने की कोशिश करती हुई चीख उठी, "मेरी साड़ी भिगो दी...छोड़ो मुझे—सब्जी जल जाएगी।"

लेकिन रंजीत और रिंकू ने शारदा को भिगो दिया। शारदा किसी तरह उन दोनों के चंगुल से छूटकर निकल गई। रंजीत और रिंकू, उसी तरह हँसते-हँसाते नहाते रहे।

शारदा ने अलमारी से कैमरा निकाला और बाथरूम के दरवाजे के पास खड़े होकर नहाते हुए बाप-बेटे के कई फोटो ले लिये।

❑

रात को रंजीत अपने बिस्तर पर लेटा तो उसे निर्मला का ध्यान आता रहा। हालाँकि शारदा उसके साथ हीं बिस्तर पर लेटी हुई थी। लेकिन आज रोजाना की

तरह उसने शारदा को प्यार नहीं किया। बिस्तर पर लेटते ही थक जाने का बहाना बनाकर आँखें मूँद लीं।

लेकिन उसकी आँखों में नींद का नाम भी नहीं था। मुँदी आँखों की पुतलियों की सतह पर निरन्तर निर्मला के दफ्तरी पलों और बेरुखी के लमहे एक के बाद एक आते-जाते रहे।

पता नहीं कब उसकी आँख लग गई।

❐

सुबह ऑफिस जाने की तैयारी करते-करते उसने एक योजना बना डाली। और जब ऑफिस के लिए घर से चल पड़ा तो रास्ते में उसने अपनी कार एक केमिस्ट की दुकान के सामने पहुँचकर रोक दी।

उसने केमिस्ट से कुछ दवाइयाँ खरीदीं और उन्हें अपने ब्रीफकेस में भरकर अपनी कार में आ बैठा।

कार फिर ऑफिस की ओर चल पड़ी।

❐

ऑफिस में पहुँचकर उसने ब्रीफकेस से दवाइयों की शीशियाँ निकालीं और शतरंज के मोहरों की तरह सारी शीशियाँ टेबल पर जमा दीं और फिर कालबेल का बटन पुश कर दिया।

गनीमत थी कि घंटी की आवाज सुनते ही निर्मला ने टाइप किए हुए लेटर गंगादीन को नहीं थमाए, खुद उठाए और रंजीत के केबिन में आ गई।

लेकिन रंजीत की टेबल पर दवा की शीशियों को देखकर वह हैरान रह गई। चिन्ता और परेशानी-भरे लहजे में उसने पूछा, ''क्या हुआ सर, आपकी तबीयत तो ठीक है न ?''

रंजीत ने एक लम्बी साँस भरकर अपना सिर चेयर की बैक पर टिका लिया और आँखें मूँदकर कुछ देर खामोश बैठा रहा।

''ओह !'' फिर रंजीत ने आँखें खोल दीं, ''बैठो निर्मला।''

निर्मला धीरे से बैठती हुई बोली, ''सर, ये दवाइयों की शीशियाँ...? आपकी तबीयत ठीक तो है न ?''

''मैं तो बिल्कुल ठीक हूँ निर्मला,'' रंजीत ने अपनी आवाज में ढेर सारी उदासी उँडेलते हुए कहा, ''लेकिन निर्मला, अब आज मैं तुम्हें बता ही दूँ ! मैं बहुत ही बदनसीब आदमी हूँ एक्चुअली, आई एम अ वैरी अनहैप्पी मैन...?''

''क्या बात है सर ?''

रंजीत किसी फिलास्फर के अन्दाज में कहने लगा, ''निर्मला, इस दुनिया में हर एक इंसान अपनी-अपनी तरह से दुखी है—किसी को कोई दुःख है—किसी को कोई दुःख—सुखी कोई नहीं है।''

''आपको ऐसा क्या दुःख है सर ?'' निर्मला ने बड़ी उत्सुकता से पूछा।

''क्या बताऊँ निर्मला, मेरी पत्नी पिछले छह बरस से बिस्तर पर पड़ी है। न उठ सकती है, न बैठ सकती है—हजारों डॉक्टरों से इलाज करवा चुका हूँ। उसका मर्ज किसी की समझ में ही नहीं आ रहा—और निर्मला, अपनी पत्नी का इलाज कराते-कराते मैं खुद डॉक्टर हो गया हूँ, एक तरह से !'' रंजीत ने शीशियों को इधर-से-उधर रखते हुए बताया।

''वैसे उन्हें बीमारी क्या है सर ! ''

''न पूछो तो अच्छा है निर्मला...यह पूछो कि उसे कौन-सी बीमारी नहीं है।''

''ओह...!''

''कुछ समझ में नहीं आता निर्मला—दिमाग फेल होने लगता है,'' रंजीत माथा पकड़कर बोला, ''डॉक्टर, वैद्य-हकीम, ज्योतिषी, नजूमी, ओझा—सबको दिखा चुका हूँ...सब लोग हथियार डाल चुके हैं। ज्योतिषी ने जो कुछ बताया है उसे तो सोचकर ही डर लगने लगता है।''

''क्या बताया है ज्योतिषी ने ?''

''मृत्युयोग—सर्टेन डेथ—बस, दस-ग्यारह महीनों की और मेहमान है शारदा...आई हैव टू फेस इट...मुझे तो सब कुछ सहना ही पड़ेगा, महीनों से—पिछले छह सालों से सहता चला आ रहा हूँ...यह दुःख...यह अकेलापन...और कोई कर भी क्या सकता है इसमें।''

तभी फोन की घंटी बज उठी। रंजीत ने रिसीवर उठाकर कान से लगाया तो टेलीफोन ऑपरेटर ने बताया, ''आपकी मिसेज का फोन है सर।''

''हैलो...'' रंजीत ने कनखियों से निर्मला की ओर देखते हुए कहा। निर्मला का पूरा ध्यान टेलीफोन की ओर लगा हुआ था।

''हाँ-हाँ, कैसी हो ?'' रंजीत ने पूछा और सँभलकर बैठते हुए बोला, ''तुमने पी ली ?''

''क्या ?'' दूसरी ओर से शारदा ने पूछा।

''चाय...'' रंजीत ने कहा और फिर माउथ पीस पर हाथ रखकर निर्मला से बोला, ''बाहर जाकर गंगादीन से कहो एक सोडा ले आए।''

निर्मला उठकर दरवाजे की ओर चल दी।

दूसरी ओर से खाँसी की आवाज आई। रंजीत ने जल्दी से पूछा, ''खाँसी क्यों आ रही है शारदा ?''

''कोई खास बात नहीं, सुपारी खा ली थी, वह अटक गई।''

तभी निर्मला गंगादीन को सोडा लाने को बोलकर केबिन में लौट आई।

रंजीत ने जल्दी से कहा, ''टाइम पर दवा खा लेना,'' और फिर रिसवीर रख दिया।

''सर, आप दुखी न हों, मेरे लिए कोई भी काम हो तो जरूर बता दीजिएगा।'' निर्मला ने हमदर्दी-भरे लहजे में कहा।

''बस थोड़ी-सी खुशी दे देना निर्मला, ज़िन्दा रहने के लिए काफी हो जाएगी।''

निर्मला मुड़कर जाने लगी थी कि तभी दुर्रानी ने भी दरवाजे में कदम रखा। दोनों एक-दूसरे से टकरा गए।

दुर्रानी ने अन्दर आकर रंजीत की मेज पर रखी दवा की शीशियाँ देखीं तो बुरी तरह चौंक पड़ा, ''यह क्या बिरादर—भाई साब, आप तो अस्पताल खोले बैठे हैं ?''

''ऐसे ही, जरा तबीयत ढीली थी।'' रंजीत ने कहा और फिर सारी शीशियाँ समेटकर ब्रीफकेस में रख लीं।

❑

रंजीत के केबिन से निकलकर निर्मला अपनी सीट पर आ बैठी।

तबीयत ढीली होने की बात सुनकर दुर्रानी भी उलटे पाँव लौट आया और अपनी सीट पर आ बैठा। लेकिन उसकी नजरें न जाने क्यों निर्मला पर अटककर रह गई थीं।

निर्मला ने अपने पर्स में से लिपस्टिक निकालकर होंठों पर लगाई, और सिर के बालों को झटके के साथ पीछे की ओर फैलाकर अपने काम में लग गई।

दुर्रानी का शायर फिर बेदार हो उठा :

कारी बदरी जल भर लाई—झरने को छम-छम
कारी बदरी बरसी लेकिन प्यासे रह गए हम

लेकिन हाल में बैठे किसी भी आदमी ने उसकी ओर ध्यान नहीं दिया। सब अपने काम में लगे रहे। झल्लाकर दुर्रानी चीख उठा, ''चपरासी ! एक गिलास ठंडा पानी।''

और उधर केबिन में रंजीत ने मेज पर सोडे से भरे गिलास को उठाया और होंठों से लगा लिया।

फिर गट-गटकर एक ही साँस में गिलास खाली करके मेज़ पर रख दिया।

❑

इतवार का दिन था।

रंजीत की कार के इंजन में कुछ खराबी आ गई थी। उसने कार किसी मैकेनिक को दिखाने के बजाय खुद ही उसे रिपेयर करने का इरादा कर लिया। क्योंकि उसे डर था कि अगर उसने किसी मैकेनिक को बुलाया तो वह कार को गैरेज में ले जाएगा और फिर कई दिन बाद कार वापस मिलेगी।

उसने इंजन खोल डाला। रिंकू को ऐसे कामों में बड़ा मजा आता था। वह भी अपने डैडी के साथ कार ठीक करने में लग गया। दोपहर से शाम हो चली थी। उन दोनों के मुँह, हाथ, पैर और कपड़े जगह-जगह से कालिख और मोबिल आइल से भर गए थे। लेकिन दोनों जी-जान से अपने काम में लगे हुए थे। जब भी रंजीत को किसी औजार की जरूरत पड़ती थी रिंकू उठाकर उसे दे देता था।

शारदा शाम की चाय ले आई। चाय का प्याला रंजीत की ओर बढ़ाती हुई बोली, ''लो, पहले चाय पी लो। फिर इसे ठीक करते रहना लेकिन क्या इसे ठीक कर पाओगे ? मेरी मानो किसी मैकेनिक को बुला लो।''

''नो प्रॉब्लम यार, अभी ठीक कर देते हैं,'' रंजीत ने कहा और चाय का एक घूँट भरकर प्याला एक ओर रखते हुए बोला, ''रिंकू, वह स्पेनर देना।''

''इंजीनियर साहब, दोपहर से—बल्कि सुबह से शाम हो गई, आप इसे ठीक नहीं कर पाए हैं। मैं कहती हूँ मैकेनिक को बुला लो।''

''साली को खोल तो दिया। अब समझ में नहीं आ रहा कि कौन-सा पुर्जा कहाँ फिट होता है।''

''तुम तो कल-पुर्जे ठीक करने में बड़े माहिर थे, फिर आज क्या हो गया ?'' शारदा ने व्यंग्य-भरे अन्दाज में कहा।

''कभी था लेकिन सेल्समैनी करते-करते सब कुछ भूल गया।''

''हूँ।'' शारदा ने बड़ी लापरवाही से कहा।

''यार तुम एक काम करो।''

''हूँ।''

''तुम जाकर मैकेनिक को फोन कर दो, कि अभी आकर गाड़ी ले जाए। कल सुबह तक किसी भी तरह तैयार कर दे।''

''यह मशवरा तो मैंने पहले ही दिया था,'' शारदा बोली, ''अब इतनी जल्दी भी क्या है। सुबह ऑफिस टैक्सी से चले जाना।''

''यार, एक क्लाइंट पर रौब डालना है—पटाना है उसे।''

''जी चाहता है बीजापुर के गोल गुम्बद पर बैठाकर तुम्हारा फोटो लिया जाए और फिर उसे इनलार्ज कराकर न्यूयार्क में स्टेच्यू ऑफ फ्रीडम के पास सजा दिया

जाए !'' शारदा हँसते हुए बोली।

''यार, तुम्हें मजाक सूझ रहा है,'' रंजीत ने चाय का प्याला खाली करके लॉन पर रख दिया, ''मैं तो तंग आ गया हूँ इस खटारे से, जी चाहता है नई गाड़ी खरीद लूँ और इसे किसी कबाड़ी के हाथ बेच दूँ।''

''मैंने तो कई बार कहा है कि नई गाड़ी खरीद लो, लेकिन तुम मेरी बात सुनते ही कहाँ हो—उसे मानना तो बहुत दूर की बात है।'' शारदा ने खाली प्याले ट्रे में रखे और मैकेनिक को फोन करने अन्दर चली गई।

शारदा ने मैकेनिक को फोन कर दिया। कुछ देर बाद आकर मैकेनिक कार का पुर्जा-पुर्जा उठवाकर गैरेज में ले गया।

दूसरे दिन जब रंजीत ऑफिस जाने की तैयारी कर रहा था मैकेनिक कार लेकर आ गया।

कार देखते ही खुशी से रंजीत की बाँछें खिल उठीं।

❐

शारदा के बाद, दफ्तर के कारण निर्मला ऐसी पहली लड़की थी जो रंजीत के इतने निकट थी। इससे पहले रंजीत ने किसी लड़की में कभी कोई दिलचस्पी नहीं ली थी। दिन के लगभग आठ घंटे निर्मला ऑफिस में रहती थी। रंजीत का जी तो यह चाहता था कि वह सुबह ही ऑफिस आ जाए और निर्मला के साथ रात के आठ-दस बजे तक रहे। लेकिन यह सम्भव नहीं था। वह ऑफिस के कर्मचारियों के सन्देह का केन्द्र बन सकता था। इसलिए उसने निश्चय कर लिया कि ऑफिस के आठ घंटों को ज्यादा-से-ज्यादा निर्मला के साथ बिताया जाए और शाम को ऑफिस के बाद दो-तीन घंटे और भी निर्मला के साथ गुजारे जाएँ। इससे ज्यादा वक्त निर्मला के साथ बिताया नहीं जा सकता था। शारदा के मन में सन्देह पैदा हो सकता था कि शाम के इतने घंटे आखिर वह बिताता कहाँ है ? किसके साथ बिताता है ?

वैसे निर्मला पढ़ी-लिखी थी ही। जवान, सुन्दर और आकर्षक थी। उसका बोलने, बात करने का अन्दाज, उठने-बैठने और चलने का अन्दाज, उसके मुस्कुराने की अदा—गर्जे कि निर्मला की एक-एक बात, एक-एक अदा उसके दिल की गहराइयों में बैठ गई थी।

जिस शारदा को वह अपने जीवन का सबसे सुन्दर वरदान मानता था, आज वही वरदान उसके लिए ग़ैर-जरूरी-सा बन गया था। शारदा उसे एक पल के लिए भी अपनी आँखों से ओझल होने देना नहीं चाहती थी। दरअसल घर पर टेलीफोन

लगवाकर उसने एक बहुत बड़ी गलती कर डाली थी। लेकिन जिस समय टेलीफोन के लिए एप्लाई किया था निर्मला उसके दफ्तर और उसकी जिन्दगी में नहीं आई थी। उसने सोचा था कि जब भी उसे काम से फुर्सत मिला करेगी या वह काम के बोझ से थक जाया करेगा, या फिर जब भी शारदा की याद आया करेगी वह शारदा से फोन पर बातें कर लिया करेगा। लेकिन दुर्भाग्य से जिस दिन निर्मला ने उसके केबिन में कदम रखा था, ठीक उसी दिन उसके घर में टेलीफोन लग गया था। निर्मला क्योंकि ज्यादा-से-ज्यादा वक्त तक उसके केबिन में उसके करीब बैठी रहती थी इसलिए अब न तो वह शारदा को फोन कर पाता था और न शारदा के फोन को कायदे से रिसीव ही कर पाता था। कभी-कभी तो टेलीफोन ऑपरेटर से कहलवा दिया करता था कि साहब किसी क्लाइंट के साथ या किसी इम्पॉर्टेंट मीटिंग में बिजी हैं।

❐

कार में बैठते ही उसने आज का कार्यक्रम बना लिया। उसने तय कर लिया कि आज वह कार में निर्मला को कहीं दूर, बहुत दूर ले जाएगा और दो-तीन घंटे उसके साथ बिताएगा। शारदा को वह पहले ही बता चुका था कि आज शाम को उसे किसी क्लाइंट से मिलना है इसलिए उसके घर लौटने में कुछ देर हो जाएगी।

ऑफिस में पहुँचकर उसने वही दवा वाली शीशियों का तयशुदा नुस्खा दोहराया था और शाम को जब ऑफिस के सभी कर्मचारी चले गए, तब वह निर्मला के साथ ऑफिस से निकला था और उसे अपनी कार में लेकर चल पड़ा था।

कार रिपेयर होकर आई थी इसलिए अन्य दिनों की अपेक्षा आज कुछ ज्यादा स्मूथ रफ्तार से बम्बई की चौड़ी और साफ-सुथरी सड़कों पर दौड़ रही थी। इंजन का शोर तो दूर, हल्की सी आवाज तक सुनाई नहीं दे रही थी।

"आपकी गाड़ी तो ऐसी चल रही है जैसे अभी-अभी शोरूम से आई हो !" निर्मला ने खुशी-भरे लहजे में कहा।

"हाँ निर्मला, वरना यह भी मेरी जिन्दगी की तरह ज़ंग खाई पड़ी थी।" रंजीत ने एक गहरी साँस ली।

"और आज ?" निर्मला ने शोखी भरी नजरों से रंजीत की ओर देखा।

"आज देख लो कैसे भाग रही है," रंजीत ने चेहरे पर जबर्दस्ती चिपकाई हुई उदासी को झटककर दूर फेंकने की कोशिश करते हुए कहा, "निर्मला, अब तो मैं अपनी जिन्दगी में भी इस कार की तरह तेज—और भी तेज भागना चाहता

हूँ, पता नहीं तुमने मुझे क्या-क्या दे दिया है। फिर भी...तुम हमेशा मुझसे दूर-दूर रहती हो। और जब तुम मेरे करीब होती हो—मेरे साथ होती हो तब पता चलता है कि जिन्दगी किस तरह जी जाती है। और उसकी हकीकत क्या है।''

''जी...'' निर्मला ने शोखी से कहा।

''हाँ निर्मला, तुम औरत हो, बेहद खूबसूरत हो—तुम्हारा तन ही नहीं तुम्हारा मन भी इतना ही खूबसूरत है। मैंने बहुत कुछ सीखा है तुमसे।''

''क्या-क्या सीखा है, जरा मैं भी तो सुनूँ ?''

''यही कि जिन्दगी हसीन ख्वाबों से भरा एक हसीन सिलसिला है। इठलाती, बलखाती नदी की एक चंचल धारा है जिसे अनवरत, बिना रुके बहते रहना चाहिए।'' रंजीत ने बड़े दार्शनिक अन्दाज में कहा, ''इंसान को हिम्मत नहीं छोड़नी चाहिए। जिन्दगी को जीना चाहिए—हिम्मत, हौसले, खुशी और प्यार से। क्यों मैं ठीक कह रहा हूँ न निर्मला ?''

निर्मला ने कोई उत्तर नहीं दिया। क्योंकि गाड़ी उसके घर के सामने पहुँच चुकी थी।

निर्मला गाड़ी से उतरी और धीरे से बोली, ''सर ! एक प्याला चाय...?''

रंजीत ने जल्दी से अपनी कलाई घड़ी पर नजर डाली और हड़बड़ाकर बोला, ''नहीं—नहीं, वाइफ को दवा देने का टाइम हो गया है, ओ.के. कल मिलेंगे ऑफिस में।''

रंजीत ने कार स्टार्ट की और तेजी से घर की ओर चल दिया।

निर्मला फुटपाथ कर खड़ी देर तक हाथ हिलाती रही।

❒

रात का खाना खाने के बाद रंजीत शारदा और रिंकू को साथ लेकर ड्राइव पर निकल गया।

रंजीत ने कार स्टार्ट की ओर मेरीन ड्राइव की ओर चल दिया।

मेरीन ड्राइव के दोनों ओर फुटपाथ के किनारे लगे मर्करी बल्बों की रोशनी से पूरा एरिया जगमगा रहा था। बल्वों की रोशनी-भरी परछाइयाँ समुद्र की चंचल लहरों से अठखेलियाँ कर रही थीं। पानी में तरह तरह-तरह की आकृतियाँ बनतीं और फिर मिट जातीं। उन्हें देखकर रिंकू बहुत खुश हो रहा था। रह-रहकर ताली बजाने लगता था।

''यार मजा आ गया,'' रंजीत बोला, ''अब रोजाना रात को खाना खाने के बाद हम लोग ड्राइव पर चला करेंगे इसी तरह—क्यों शारदा ?''

“हाँ-हाँ, घर में पड़े-पड़े बोर हो जाते हैं !” शारदा खुशी से चहक उठी, “आज कितना अच्छा लग रहा है।”

“ओह डियर,” रंजीत ने शारदा की कमर में बायाँ हाथ डालकर उसे अपनी ओर खींच लिया, “जिन्दगी भी क्या चीज है। कितनी हसीन और कितनी खूबसूरत–क्यों शारदा !”

“वाकई, जिन्दगी हसीन और खूबसूरत ही नहीं दिलचस्प भी है।”

“शारदा, आज इस दुनिया में मुझसे ज्यादा खुशनसीब और कौन होगा–बेहद...बेहद प्यार करनेवाली बीवी है...प्यारा-प्यारा एक बेटा है, इनके अलावा वह हर चीज जो जिन्दगी के लिए जरूरी होती है।”

“हाँ, हमारे पास तो सब कुछ है। वाकई हम बहुत खुशनसीब हैं।”

तभी रंजीत ने गाड़ी से मुँह निकाला और इस तरह बोलने लगा जैसे सड़क से गुजरनेवाले लोगों से कह रहा हो–सालो ! तुम सब आँखें खोलकर देखो, कान खोलकर सुनो–दुनिया का सबसे खुशनसीब आदमी अपनी बीवी और अपने बच्चे के साथ सैर पर निकला है–देख लो सालो !

“पागल हो गए हो !” शारदा ने खुशी और प्यार-भरे लहजे में झिड़का, “सीधे गाड़ी चलाओ।”

“चल बेटा, चल,” रंजीत ने गाड़ी की रफ्तार बढ़ा दी, अचानक तभी गुरगुराकर इंजन बन्द हो गया। झटके के साथ गाड़ी रुक गई। बड़ी मुश्किल से रंजीत ने गाड़ी फुटपाथ की साइड में लगा दी।

वे तीनों चिन्तित हो उठे।

“इस वक्त रात में कोई मैकेनिक नहीं मिलेगा। गाड़ी को यहाँ छोड़ा भी नहीं जा सकता।” रंजीत ने सोच भरी आवाज में कहा।

“फिर ?” शारदा चिन्तित हो उठी थी।

“फिर क्या ?” रंजीत ने रिंकू की ओर देखकर कहा, “रिंकू बेटे, तुम ड्राइविंग सीट पर जा बैठो। बस स्टेयरिंग सँभाले रहना। मैं और तुम्हारी मम्मी गाड़ी को पीछे से धक्का देते हैं।”

“ठीक है डैडी।” रिंकू ड्राइविंग सीट पर जा बैठा।

“वह तो गनीमत है कि घर के पास पहुँचकर ही गाड़ी खराब हुई...” शारदा ने सड़क की ओर देखते हुए कहा, “धक्का देकर धीरे-धीरे घर तक पहुँच ही जाएँगे।”

रंजीत और शारदा पीछे से धक्का लगाने लगे। गाड़ी धीरे-धीरे घर की ओर बढ़ने लगी।

फिर जब गाड़ी कॉटेज के गेट पर पहुँची, रंजीत और शारदा पसीने से तर हो चुके थे। दोनों बुरी तरह हाँफ रहे थे।

''गेट के अन्दर मोड़ लो बेटे।'' रंजीत ने धक्का देते हुए कहा।

रिंकू ने स्टेयरिंग घुमाया और गाड़ी गेट के अन्दर पहुँच गई।

''अब ब्रेक लगाओ रिंकू बेटे,'' रंजीत ने हाँफते हुए कहा।

रिंकू ने लान में पहुँचते ही ब्रेक लगा दिए।

''सुनो रंजीत, इस कचरे को बेच दो। अब मैं और पैसा खराब नहीं करूँगी इस खटारे की मरम्मत पर !'' शारदा ने झल्लाकर कहा और पाँव पटकती हुई अन्दर चली गई।

''यार,'' रंजीत ने हाँफते हुए कहा, ''यह भी एक तरह का रोमांस है—मजा आ गया गाड़ी को ठेलते-ठेलते। है न रिंकू बेटे !''

''हाँ डैडी !'' रिंकू ने कहा और कूदता-फाँदता अन्दर चला गया।

❐

निर्मला ने अपना बैग अपनी मेज की दराज में रखने से पहले बैग से छोटा-सा आईना निकालकर अपने चेहरे को बड़े ध्यान से देखा। होंठों पर हल्की-सी लिपस्टिक लगाई। चेहरे पर हाथ फेरा और फिर बैग दराज में रखकर उठ खड़ी हुई।

उसने ट्रे में से पिछले दिन टाइप किए हुए लेटर उठाए और बड़े अन्दाज से रंजीत के केबिन की ओर चल दी।

अपनी सीट पर बैठा दुर्रानी बड़े गौर से उसे देख रहा था।

निर्मला जब रंजीत के केबिन में पहुँची तो हैरान रह गई।

रंजीत अपनी चेयर पर नहीं था। उसकी टेबल पर रखी ऐश ट्रे अधजली सिगरेटों से भरी पड़ी थी। सिगरेट के कुछ टोंटे ऐश ट्रे से बाहर पड़े थे। माचिस की तीलियाँ टेबल और फर्श पर बिखरी पड़ी थीं। दवा की शीशियाँ टेबल पर रखी थीं। चाय के दो-तीन खाली प्याले पड़े थे।

निर्मला ने हैरान होकर केबिन के कोने में रखी टेबल की ओर देखा, जिस पर चाय बनाने का सामान रखा रहता था।

रंजीत एक प्याले में चाय छान रहा था।

निर्मला खामोश खड़ी रही। कुछ देर बाद हाथ में चाय का प्याला लिये रंजीत अपनी टेबल की ओर मुड़ा तो निर्मला ने देखा, आज अन्य दिनों की अपेक्षा रंजीत कुछ ज्यादा ही उदास और दुखी था। उसकी आँखों की पलकें भारी-भारी दिखाई

दे रही थीं। लगता था जैसे वह सारी रात एक पल के लिए भी सो न पाया हो।

''क्या बात है सर, आज आप बहुत ज्यादा परेशान और उदास दिखाई दे रहे हैं ?'' निर्मला ने रंजीत की ओर बढ़ते हुए पूछा।

''क्या बताऊँ निर्मला, सारी रात जागता ही रहा हूँ—एक पल के लिए भी पलक नहीं झपकी।'' रंजीत ने चाय का प्याला मेज पर रख दिया, ''चाय पियोगी ?''

''जी नहीं !'' निर्मला के चेहरे पर भी उदासी छा गई, ''यह तो बताइए कि हुआ क्या ?''

''होना क्या था। कल रात वाइफ की तबीयत अचानक बहुत ज्यादा खराब हो गई। मेरी तो कुछ समझ में नहीं आया कि उसे किसी हॉस्पिटल या नर्सिंग होम में ले जाऊँ या अपने फेमिली डॉक्टर को बुलाऊँ—जैसे-तैसे रात गुजरी है। समझ में नहीं आ रहा कि क्या करूँ, ऐसी साँसत में जान है कि न तो जी सकता हूँ, न मर सकता हूँ...दम घुटने लगा है—चारों ओर अँधेरा-ही-अँधेरा दिखाई दे रहा है...उम्मीद और जिन्दगी की हल्की-सी रोशनी तक कहीं दिखाई नहीं दे रही। अगर यही हाल रहा तो...''

बोलते-बोलते रंजीत अपनी चेयर पर धम से बैठ गया। मेज पर दोनों कुहनियाँ टिका लीं और दोनों हाथों में सिर थामकर सुबक उठा।

''सर !'' निर्मला का दिल जैसे दर्द से चीख उठा था।

''निर्मला...अब सर मत कहा करो, बहुत परायापन लगता है...तुम नाम लेकर बात किया करो, दफ्तरी जरूरत की बात दूसरी है...''

''जी...''

''कभी-कभी तो हिम्मत टूटने लगती है निर्मला,'' रंजीत ने दुख-भरे स्वर में कहा, ''मन करता है रेल के सामने कूदकर जान दे दूँ या नदी में डूब मरूँ ?''

रंजीत की यह बात सुनकर निर्मला की आँखें छलक उठीं। भर्राई हुई आवाज में बोली, ''नहीं रंजीत...ऐसा मत कहो।''

निर्मला ने बढ़कर रंजीत को थाम लिया, ''हिम्मत रखो रंजीत, इस तरह हिम्मत हारने से काम कैसे चलेगा।''

''निर्मला, कहाँ से लाऊँ हिम्मत...'' रंजीत ने अपनी आँखें पोंछते हुए कहा, ''पता नहीं मेरे नसीब में क्या-क्या है...जिन्दगी-भर छटपटाना, सहना और घुट-घुटकर मरना...शायद यही मेरे नसीब में लिखा है।''

निर्मला ने अपने दुपट्टे के छोर से रंजीत के आँसू पोंछते हुए कहा, ''नहीं रंजीत...मेरी ओर देखो—नहीं, तुम नहीं रोओगे। मैं तो हूँ...नहीं रंजीत नहीं...अपने आपको सँभालो—हिम्मत से काम लो...''

रंजीत ने दोनों हाथ बढ़ाकर पास खड़ी निर्मला को लपेट लिया और बच्चे की तरह सुबक-सुबककर रोने लगा। निर्मला उसे तसल्ली देने लगी।

"हाँ निर्मला, अब तो मेरा एक सहारा तुम ही हो..." रंजीत ने निर्मला के दुपट्टे के छोर से आँसू पोंछते हुए कहा, "तुम न होतीं तो अब तक तो शायद मैं इस दुनिया से कभी का जा चुका होता। अब तो यह जिन्दगी तुम्हारी ही अमानत है निर्मला।"

ऐसे नाजुक क्षणों में निर्मला के मन में रंजीत के लिए बेहद सहानुभूति ही नहीं प्यार भी उमड़ आया। उसका सिर अपने सीने से चिपकाकर बोली, "खुद को सँभालो...अब एकदम ठीक हो जाओ। दफ्तर में कोई देखेगा तो क्या कहेगा ? तुम तो बिल्कुल बच्चे हो—जाओ, मुँह धो आओ—मैं भी अपनी सीट पर जाती हूँ। तुम्हें मेरी कसम है—रोओगे नहीं अब।"

निर्मला ने रंजीत का चेहरा दोनों हथेलियों में थामकर बहुत ही प्यार-भरी नजरों से देखते हुए पूछा, "अब मैं जाऊँ ?"

रंजीत की आँखें मुँद गई थीं। वह कुछ कह नहीं पाया।

निर्मला ने केबिन का दरवाजा खोला और बाहर निकल गई।

निर्मला के जाते ही रंजीत के होंठों पर एक अर्थपूर्ण मुस्कुराहट दौड़ गई। जी चाहा अपनी पीठ ठोंक ले। उसकी योजना सफल हो गई थी !

वह नॉर्मल हो गया। मेज पर बिखरी चीजें हटा दीं और फिर अपने काम में जुट गया।

❒

शाम को रंजीत आज रोजाना की अपेक्षा काफी देर से घर पहुँचा था। पिछले कई दिनों से वह देर से घर लौट रहा था इसलिए शारदा ने इस ओर ध्यान देना कम कर दिया था। उसने यह पूछना ही बन्द कर दिया था कि वह आज देर से क्यों घर लौटा।

रंजीत ने न तो कपड़े बदले, और न नाश्ता किया, सीधा अपने कमरे में घुस गया। अपने कमरे की किताबों की अलमारी के पास जा खड़ा हुआ। उसने चुपके से अलमारी में रखी किताबों के पीछे छिपी एक किताब निकाली। यह कामशास्त्र की किताब थी, जिसे वह इन्हीं दिनों बाजार से खरीदकर लाया था। उसने किताब शर्ट के अन्दर छिपा ली और किचन के दरवाजे पर पहुँचकर बोला, "तुम खाना लगाओ, मैं अभी आया।"

शारदा ट्रे में खाने की प्लेटें लेकर डाइनिंग टेबल की ओर चली गई और रंजीत

तेजी से बाथरूम में घुस गया।

उसने बाथरूम की चटकनी चढ़ा दी और किताब निकालकर जल्दी-जल्दी पन्ने पलटने लगा।

शारदा और रिंकू डाइनिंग टेबल पर बैठे रंजीत का इन्तजार करने लगे।

धीरे-धीरे आधा घंटा बीत गया। खाना ठंडा हो चला था। शारदा के चेहरे पर झुँझलाहट उभर आई।

''रिंकू बेटे, तुम्हारे डैडी बाथरूम में गए हैं, इतनी देर हो गई, अभी तक बाथरूम से निकले ही नहीं—देख रहे हो सारा खाना ठंडा हो गया...'' शारदा ने झुँझलाते हुए कहा।

''फिर मैं क्या करूँ ?'' रिंकू ने बड़े भोलेपन से पूछा।

''पता नहीं बाथरूम में घुसे यह इतनी देर से क्या कर रहे हैं।''

''टॉयलेट में बैठे होंगे।'' रिंकू बोला।

''मैं देखती हूँ,'' शारदा ने कहा और उठकर बाथरूम की ओर चली गई।

''मैंने कहा, सो गए क्या ?'' शारदा ने बाथरूम का दरवाजा थपथपाते हुए पुकारा।

शारदा की आवाज सुनकर रंजीत चौंक पड़ा। वह कमोड से जल्दी से उतरा और किताब फ्लश की टंकी के ऊपर रखकर दरवाजा खोल दिया। फिर जैसे ही दरवाजे से बाहर निकलने लगा, उसे याद आया कि उसने फ्लश तो चलाया ही नहीं। वह जल्दी से मुड़ा और फ्लश चलाकर बाहर निकल आया।

शारदा और रिंकू हैरान रह गए। रंजीत ने ऑफिस से लौटकर कपड़े नहीं बदले थे। वह पूरे कपड़े पहने हुए था। गले में टाई भी बँधी हुई थी।

''क्या बात है, तबीयत तो ठीक है ?'' शारदा ने एक खाली प्लेट रंजीत के सामने रखते हुए पूछा।

''वह, पिछले तीन-चार दिन से पेट में मरोड़-सा उठता है—शायद कब्ज हो गया है।'' रंजीत ने धीरे से बताया।

''तो बताया होता, अजवायन की बुकनी बना देती—एक दिन में पेट साफ हो जाता।'' शारदा ने कहा।

रंजीत अपनी प्लेट थामने लगा।

''रंजीत, यू टेक ओनली सूप,'' शारदा ने कहा और रंजीत के सामने से खाने से भरी प्लेट उठा लीं, ''तुम्हें कब्ज हो गया होगा, बस सूप और दही—खाना बिल्कुल बन्द...जब तक पेट पूरी तरह साफ न हो जाए—मेरा मतलब है कब्ज दूर न हो जाए सिर्फ सूप और दही ही लेना है तुम्हें।''

शारदा और रिंकू खाना खाने लगे।

''डैडी, आज तो मम्मी ने चिकन ए-वन बनाया है।''

''थोड़ा सा दो न।'' रंजीत ने कहा।

रिंकू चिकन देने लगा तो शारदा ने उसके हाथ से चम्मच ले ली, ''नो नो, इन्हें चिकन मत दो रिंकू, इन्हें कब्ज हो गया है। ऐसी हालत में चिकन कैसे हजम कर पाएँगे—रंजीत तुम दही ले लो, और अगर दही खाने को जी न चाहता हो तो दूध ले लो।''

रंजीत ने मजबूर होकर दही खाया और सूप पी लिया। फिर डाइनिंग टेबल से उठकर अपने बेडरूम में आ गया।

वह बिस्तर पर लेटा एक फिल्मी मैगजीन पढ़ रहा था कि शारदा अजवायन की बुकनी बनाकर ले आई। उसके एक हाथ में बुकनी की कटोरी थी और दूसरे हाथ में पानी से भरा गिलास।

''लो इसे फाँक लो, यह अजवायन की बुकनी है।'' शारदा ने कटोरी रंजीत के हाथ में पकड़ा दी, ''बुकनी फाँककर यह गुनगुना पानी पी लेना। सुबह पेट साफ हो जाएगा।''

''नहीं—नहीं, अब ठीक लग रहा है।'' रंजीत ने इनकार करते हुए कटोरी पलंग पर शारदा के सामने रख दी।

शारदा ने कटोरी से अजवायन की बुकनी चम्मच में ले ली, और रंजीत की बगल में आ बैठी। फिर उसका मुँह एक हाथ से थामकर बोली, ''जिद नहीं किया करते...मुँह खोलो...जल्दी खोलो।''

रंजीत ने अपने होंठ सख्ती से बन्द कर लिए लेकिन शारदा ने दाँतों के बीच चम्मच घुसेड़कर बुकनी उसके हलक में डाल दी।

रंजीत हूँ-हूँ करता रहा। लेकिन शारदा ने पानी-भरा गिलास उसके होंठों से लगा दिया। वह गट-गटकर सारा पानी पी गया, बुकनी पानी के साथ पेट में चली गई।

रंजीत बुरा-बुरा-सा मुँह बनाने लगा। फिर उसे दो-तीन डकारें आ गईं।''

''अब सो जाओ,'' शारदा ने उठते हुए कहा।

''लेकिन वो...प्यार...''

''नहीं, आज नहीं, ज्यादा प्यार से पेट खराब हो जाता है !'' शारदा ने कहा और गिलास-कटोरी उठाकर बेडरूम से चली गई।

रंजीत बुरा-सा मुँह बनाता रह गया।

❐

सुबह को शारदा चाय लेकर आई तो रंजीत अपने बिस्तर पर नहीं था।

शारदा ने चाय की ट्रे टेबल पर रखी ही थी कि टॉयलेट से फ्लश चलने की आवाज आई। और फिर कुछ देर बाद रंजीत बाहर आ गया।

''क्यों, हो गया न पेट साफ ?'' शारदा ने रंजीत के चेहरे की ओर देखते हुए पूछा।

''हो गया...तीसरी बार हो आया हूँ,'' रंजीत ने कमजोरी सी महसूस करते हुए कहा, ''तुम्हारा नुस्खा जरा ज्यादा ही काम कर गया।''

शारदा प्यालों में चाय उँड़ेलने लगी।

❐

रंजीत ऑफिस जाने की तैयारी कर चुका था।

नाश्ते की मेज पर आकर अभी उसने एक पूरा पराठा भी नहीं खाया था कि वह पेट पकड़कर एकदम उठ खड़ा हुआ और टॉयलेट की ओर जाने लगा।

''आज छुट्टी करो रंजीत, वरना ऑफिस तो दूर रास्ते में भी परेशानी हो सकती है।'' शारदा ने मशवरा दिया।

''छुट्टी...'' आज तो इसने कर दी मेरी छुट्टी, ''रंजीत ने बुरा-सा मुँह बनाते हुए कहा और बड़ी तेजी से टॉयलेट में घुस गया।

❐

अजवायन की बुकनी लेने के बाद रंजीत को चार-पाँच बार टॉयलेट जाना पड़ा था। इससे उसका पेट अब बिल्कुल साफ हो चुका था। उसे रास्ते में और ऑफिस में कोई परेशानी नहीं हुई।

शाम को ऑफिस के बाद निर्मला ने कहा, ''आज हम लोग कहीं नहीं जाएँगे। आप मुझे मेरे घर छोड़कर सीधे अपने घर चले जाइए। आपने सुबह से कुछ खाया भी नहीं है। बार-बार टॉयलेट जाने से कमजोरी आ जाती है।''

''ठीक है।'' रंजीत ने उसका मशवरा मान लिया।

निर्मला को उसके घर के सामने छोड़कर वह सीधा अपने घर चला गया।

घर पहुँचकर शारदा के पूछने पर उसने बता दिया कि उसे घर से जाने के बाद एक बार भी टॉयलेट जाना नहीं पड़ा और अब उसे जोर की भूख लग रही है।

शारदा इत्मीनान की साँस लेती हुई किचन में चली गई।

❐

अगले दिन शाम को ऑफिस से निकलकर रंजीत निर्मला को लेकर समुद्र के किनारे एक ऐसी जगह गया, जहाँ भीड़-भाड़ नहीं थी। वह जगह आबादी से काफी दूर थी इसलिए शाम को घूमनेवालों की संख्या वहाँ बहुत ही कम थी।

रंजीत और निर्मला समुद्र के किनारे पड़ी एक सपाट और ऊँची चट्टान पर जा बैठे।

रंजीत ने कोट उतारा तो निर्मला ने उसे अपने घुटनों पर रख लिया।

शाम का सूरज सागर की लहरों की गोद में डूबता चला जा रहा था।

"निर्मला, कभी-कभी ताज्जुब होता है कि जिन्दगी कैसे-कैसे मोड़ ले जाती है !" रंजीत ने कहा, "मेरा खयाल है कि इन मोड़ों का नाम ही जिन्दगी है।"

"कैसे मोड़ ?" निर्मला ने डूबते सूरज की ओर देखते हुए पूछा।

"अब मुझे ही देख लो, जब से तुम दफ्तर में आई हो—अच्छा ठहरो..." रंजीत ने अपने कोट की जेब में से डायरी निकाली, "आज तुम्हें डायरी सुनाता हूँ।"

"तुम अपनी डायरी हमेशा अपने साथ रखते हो ?"

"हाँ निर्मला, अब तक यही तो मेरी साथिन थी जो मेरा दर्द समेटे रहती थी।" रंजीत ने कहा और डायरी के पन्ने पलटने लगा।

"और अब ?" निर्मला ने थोड़ी शरारत से पूछा।

"पहले यह मेरा दर्द समेटे रहती थी और अब मेरी खुशियाँ भी समेटे रहती है," रंजीत ने कहा और एक पन्ने को पढ़ने लगा, "निर्मला के आने से पहले मैं सोचा करता था कि खुदकुशी कर लूँ लेकिन अब—कितना फर्क पड़ गया है। घर तो पहले से ही अस्पताल बना हुआ था, दफ्तर में भी घुटन महसूस होती रहती थी। पर जब से निर्मला आई है दफ्तर गुलजार बन गया है—उसकी मुहब्बत में वह असर है जो जख्म के लिए मरहम में होता है...निर्मला सिर्फ निर्मला नहीं, एक खुशगवार हवा का ठंडा झोंका है।"

"छोड़ो रंजीत, मुझे यह तारीफ अच्छी नहीं लगती...पर एक बात है रंजीत, तुम्हारी बर्दाश्त की ताकत देखकर मैं दंग हूँ।" निर्मला ने प्रशंसा-भरी आवाज में कहा।

"मेरी ताकत तो तुम हो निर्मला—वरना मैं तो दूसरे किनारे की ओर बढ़ता ही चला जा रहा था—आँखें मूँदे..." रंजीत ने कहा और निर्मला का सिर अपने कन्धे पर टिका लिया।

निर्मला के बदन में सिहरन दौड़ गई। एक अजीब थरथराहट। भावुक होकर बोली, "क्या अजीब फीलिंग है...ओ गॉड, क्या इसी को प्यार कहते हैं ?"

"हाँ निर्मला, हाँ ! इसी को प्यार कहते हैं।"

निर्मला रोमांचित हो उठी। अपने आपको सँभालकर बोली, "क्यों रंजीत, क्या हम दोनों रोजाना इस तरह नहीं मिल सकते ठीक ऐसी ही जगह जहाँ हम दोनों के अलावा तीसरा कोई न हो ?"

"क्यों नहीं मिल सकते ? लेकिन निर्मला, पहले दफ्तर से थोड़ी देर के लिए घर जाना जरूरी है—उसे दवा देनी होती है न...दवा पिलाकर मैं रोजाना आ जाया करूँगा। कुछ लमहे तुम्हारे साथ ही बिता लिया करूँगा।...तो फिर अभी चलें !"

"हाँ चलो।" निर्मला उठ खड़ी हुई।

"निर्मला, तुम्हारे घर के आसपास कोई फोन है ?"

"हमारे घर में ही है," निर्मला ने बताया, "नानाजी की बीमारी की वजह से मेडिकल फोन मिला हुआ है।"

"तो नम्बर बताओ," रंजीत ने डायरी निकाल ली, "घर में पड़े-पड़े कभी-कभी तुमसे बातें करने को बहुत जी चाहता है।"

निर्मला ने नम्बर बताया। रंजीत ने नम्बर नोट करके डायरी अपनी जेब में रख ली और निर्मला का हाथ थामे अपनी कार में आ बैठा।

कार स्टार्ट करते-करते रंजीत ने निर्मला को लिपटा लिया और फिर एक्सीलेटर पर पाँव का दबाव बढ़ाता चला गया।

❒

रंजीत ने कार कॉटेज के लॉन में रोक दी। कार से उतरकर सबसे पहले कोट के बटन बन्द किए, फिर कोट की भीतरी जेब से सिनेमा के टिकट निकाले, देखे और फिर जेब में रख लिए। और दरवाजे के पास पहुँच गया। वह घंटी के बटन पर हाथ रखने ही वाला था कि अनायास ही उसने अपना कोट झाड़ा। जैसे ही उसने अपने बाएँ कन्धे को झाड़ा उसने देखा, निर्मला के सिर का एक बाल...उसे उसने कोट से हटाकर रोशनी में देखा और बड़े प्यार से हवा में उड़ा दिया।

फिर उसने दोनों हाथ झाड़कर बड़े इत्मीनान से घंटी का बटन दबा दिया।

कॉटेज के अन्दर घंटी की सुरीली आवाज गूँज उठी।

"बड़ी देर कर दी !" शारदा ने दरवाजा खोलते ही कहा।

"ओवर टाइम, डबल ड्यूटी !" रंजीत ने ड्राइंगरूम में पहुँचकर एक कुर्सी पर बैठते हुए कहा, "यार चलो, आज पहले सैकिंड शो पिक्चर देखेंगे—फिर किसी शानदार होटल में डिनर लेंगे, कुछ पैसा बर्बाद करेंगे यार...जल्दी तैयार हो जाओ।"

"लेकिन आधा खाना तो पक गया है।"

"वह सुबह खा लेंगे, देर मत करो, जल्दी तैयार हो जाओ।"

"पिक्चर के टिकट मिल जाएँगे इस वक्त ?"

रंजीत ने जेब से टिकट निकाले और शारदा को देते हुए बोला, "अरे यार, मैं पहले ही ले आया हूँ टिकट। अब तुम जल्दी से उठो। साड़ी बदलो, लिपस्टिक लगाओ..."

शारदा तेजी से दूसरे कमरे में चली गई।

"रिंकू !" रंजीत ने जोर से पुकारा।

"आया डैडी !" रिंकू की आवाज ऊपर के कमरे से आई और फिर वह दौड़ता हुआ रंजीत के पास पहुँच गया।

"जी डैडी।"

"रिंकू बेटे, तुम जल्दी से तैयार हो जाओ। पिक्चर देखने चल रहे हैं।"

"आज बात क्या है डैडी, आज आप बहुत ही चहक रहे हैं ?"

"एक्स्ट्रा पैसा...और साला पैसा होता किसलिए है। चलो, जल्दी तैयार होकर आ जाओ।"

रिंकू खुशी से उछलता हुआ अपने कमरे में चला गया।

❒

बहुत ही रोमांटिक फिल्म थी। जब भी कोई रोमांटिक सीन आता रंजीत शारदा को अपने आपसे चिपटा लेता।

शारदा को ऐसा महसूस हो रहा था जैसा वह उन दिनों महसूस किया करती थी जब उन दोनों की शादी हुई-हुई ही थी। और रंजीत उसे जब भी मौका मिलता, ठीक इसी तरह अपने बदन से लिपटा लिया करता था।

पिक्चर देखकर शारदा घर लौटी तो उसे लग रहा था जैसे शादी और आज तक के बीच का अन्तराल मिट गया हो। महीनों के बाद उस रात उन दोनों ने जी-भर कर प्यार किया।

❒

शाम को जब ऑफिस से सब लोग चले गए तो रंजीत और निर्मला ऑफिस से निकले और बाहर खड़ी कार में आ बैठे।

रंजीत की पुरानी गाड़ी तेजी से मुम्बई की भीड़-भरी सड़कों पर दौड़ने लगी।

निर्मला ने आज बहुत ही चटकीले रंग की साड़ी और ब्लाउज पहन रखे थे, जिनकी वजह से उसका गोरा-गुलाबी भरा-भरा बदन अन्य दिनों की अपेक्षा बहुत

ही सुन्दर और दिलकश दिखाई देने लगा था।

तुलसी लेक के पास पहुँचकर रंजीत ने गाड़ी रोक दी। पहले खुद ड्राइविंग सीट से उतरा और फिर घूमकर निर्मला की ओरवाले दरवाजे पर पहुँच गया। उसने दरवाजा खोला और निर्मला को गाड़ी से इस तरह उतारने लगा जैसे निर्मला किसी ऑफिस के सीनियर मैनेजर की सेक्रेटरी न होकर किसी देश की राजरानी हो !

निर्मला बड़े शाहाना अन्दाज से कार से उतरी। रंजीत ने उसकी कमर में अपना बायाँ हाथ डाल लिया और उसे लिये हुए झील के किनारे आ बैठा।

दूर तक स्वच्छ पानी से भरी तुलसी झील के चारों ओर खड़ी हरी-भरी पहाड़ियों ने झील के सौन्दर्य में जहाँ वृद्धि कर दी थी वहाँ शाम को भी बेहद रंगीन, खुशनुमा और रोमांटिक बना दिया था।

झील के किनारे रंजीत और निर्मला उस हसीन शाम के दिलकश माहौल में इस तरह डूब गए थे कि उन्हें अपनी भी सुध नहीं रही थी। पिछले दिन रंजीत ने जो पिक्चर देखी थी बेहद रोमांटिक थी। वह निर्मला को ठीक उसी तरह प्यार करने लगा, जिस तरह उसने फिल्म के हीरो और हीरोइन को प्यार करते हुए देखा था। कल उसने फिल्म के सिलसिले में जितना पैसा खर्च किया था, आज उसे कई गुना ब्याज के साथ वसूल कर लेना चाहता था।

जब तक शाम के सुर्मई साए रात के अँधेरे में तब्दील नहीं हो गए वे दोनों एक-दूसरे को दीवानों की तरह प्यार करते रहे। निर्मला की लिपस्टिक से रंजीत के होंठ और गाल सुर्ख हो गए थे। निर्मला ने उसके चेहरे को देखा और खिलखिलाकर हँस पड़ी। उसने रंजीत के कोट की जेब से रूमाल निकाला और चेहरे पर लगी अपनी लिपिस्टिक के निशानों को साफ करने लगी।

रंजीत ने निर्मला के पर्स में रखे छोटे से आईने को निकालकर अपना चेहरा देखा और फिर निर्मला के हाथ से रूमाल लेकर खुद ही रगड़-रगड़कर लिपस्टिक के निशानों को मिटाने लगा।

उसने रूमाल तह करके अपने कोट की जेब में रख लिया और निर्मला को अपनी बाँहों में लिये-लिये कार में आ बैठा।

रात की स्याह परछाइयाँ गहरी हो गई थीं।

रंजीत ने घड़ी पर एक नजर डाली और कार स्टार्ट कर दी।

निर्मला उसके बदन से चिपककर बैठ गई थी। रंजीत के बाएँ हाथ की उँगलियाँ निर्मला के नर्म नाजुक बदन से खेलने लगी थीं।

अभी कार तुलसी लेक से दो किलोमीटर भी नहीं आई थी कि अचानक इंजन में गड़गड़ाहट-सी हुई और फिर झटके के साथ रुक गई।

रंजीत झपटकर कार से उतरा और हुड उठाकर इंजन को चैक करने लगा।

काफी देर तक वह इंजन के एक-एक पुर्जे को टटोलता रहा, उन्हें कसने की कोशिश करता रहा लेकिन कार स्टार्ट नहीं हुई ! उसने हुड पटक दिया और कार के बाहर खड़ी निर्मला के पास आ खड़ा हुआ।

"अब ?" निर्मला ने घबराहट-भरी आवाज में कहा।

"उस सामनेवाले रेस्तराँ से मैकेनिक को फोन किए देता हूँ, आकर उठा ले जाएगा। हम लोग टैक्सी से चलते हैं।" रंजीत ने कहा और रेस्तराँ की ओर चल दिया।

वह मैकेनिक को फोन करके रेस्तराँ से निकला ही था कि एक खाली टैक्सी दिखाई दे गई।

रंजीत ने उसे रोका और निर्मला के साथ टैक्सी में जा बैठा।

❒

रंजीत ने निर्मला को उसके घर के सामने ड्रॉप किया और अपने घर की ओर चल दिया।

उसने टैक्सी कॉटेज से कुछ दूर पहले ही रुकवा ली। टैक्सी का किराया अदा किया और फिर आगे की योजना बनाते हुए धीमे-धीमे कॉटेज की ओर चल दिया।

घंटी की आवाज सुनकर शारदा ने दरवाजा खोला तो रंजीत ने देखा शारदा का चेहरा उतरा हुआ था और उसकी आँखों में गुस्से की झलक साफ दिखाई दे रही थी।

"बड़ी देर कर दी !" शारदा ने रोजाना की तरह शिकायत और नाराजगी-भरी आवाज में कहा।

"डैडी, आजकल हमेशा लेट आते हैं !" रिंकू बोल उठा।

"आते नहीं हैं बेटे, हो जाते हैं।" रंजीत ने कहा और फिर शारदा की ओर मुड़कर बोला, "नौकरी तो नौकरी ही है--एक पार्टी से मिलने जाना पड़ा, बस देर हो गई..."

"कहाँ ?" शारदा ने पूछा।

"अरे तुलसी पाइप रोड !" रंजीत ने कोट उतारकर सोफे पर उछालते हुए बताया, "रास्ते में गाड़ी खराब हो गई, पैदल चला आ रहा हूँ।"

"टैक्सी नहीं थी क्या ?" शारदा झुंझलाकर बोली।

"इस वक्त उधर टैक्सी मिलती कहाँ है ? और फिर टैक्सी का इन्तजार करता तो आधी रात को घर पहुँचता। पैदल फिर भी जल्दी आ गया।"

"तुमसे कितनी बार कहा है कि इस कचरे को हटाकर नई गाड़ी खरीद लो। लेकिन तुम सुनते कहाँ हो, कितनी पुरानी हो गई है यह गाड़ी।"

"वाह, आज पुरानी गाड़ी को बदलने के लिए कह रही हो, कल कहोगी कि बीवी पुरानी हो गई है इसे भी बदल डालो," रंजीत ने हँसते हुए कहा, "हम कोई चीज नहीं बदलते जानेमन !"

"ठीक है, पुरानी नहीं बदलते तो एक नई ही ले लो।"

"अपना भी यही खयाल है...हम जल्दी ही नई ले आएँगे !" रंजीत ने कहा और कपड़े बदलने के लिए अपने बेडरूम में चला गया।

❐

उसने कपड़े उतारकर एक ओर रख दिए और नहाने के लिए बाथरूम की ओर चल दिया।

शारदा ड्राइंगरूम के सोफे पर पड़ा रंजीत का कोट उठा लाई। उसने रंजीत के जूते जूतोंवाले रैक में रखे—पैंट, शर्ट और टाई हैंगर में लटका दीं और कोट को झाड़कर हैंगर में लटकाने लगी।

अचानक उसकी नजर कोट की जेब से झाँकते रूमाल पर पड़ गई। वह चौंकी और रूमाल जेब से निकालकर देखने लगी। सारा रूमाल लिपस्टिक के दाग़ों से भरा हुआ था।

शारदा को ऐसा लगा जैसे कमरे की छत और दीवारें बड़ी तेजी से घूमने लगी हों। और उनके साथ-साथ उसका अपना वजूद भी तूफानी तेजी से चक्कर काटने लगा हो।

उसने जल्दी से लिपस्टिक के दागों से भरा रूमाल अपने कपड़ों की अलमारी में छिपा दिया और कटे दरख्त की तरह बिस्तर पर जा गिरी।

उसकी आँखों के आगे तरह-तरह के खौफनाक साए नाच उठे थे।

❐

निर्मला अपनी सीट पर बैठी एक अर्जेंट लेटर टाइप कर रही थी कि दुर्रानी उसकी मेज के ठीक सामने आ खड़ा हुआ।

"बिरादरी, एक शेर अर्ज है," दुर्रानी ने निर्मला की ओर देखते हुए कहा :

तुमने मारा दूर से, हमने झपटकर ले लिया
तुम नहीं तो क्या हुआ, दिल में तुम्हारा तीर है !

"बिरादर...प्लीज, काम करने दो !" निर्मला ने बड़ी आजिजी से कहा।

"एक और है—अभी-अभी कहा है," दुर्रानी ने शायराना अन्दाज में कहा :

घूमकर आया, हमारी पीठ में वो धँस गया
खींचकर दिल ले गया, ऐसा तुम्हारा तीर है !

"शेर पसन्द आया बिरादर...बस एक और अर्ज है !"

"तुम बन्द होते हो या नहीं।" निर्मला झल्लाकर बोली।

"बिरादरी सुनो तो...अरे सुन तो लो..."

"नहीं।"

"बस, एक शेर..."

"नहीं—नहीं—नहीं !" निर्मला ने गुस्से से कहा और तेजी से उठकर रंजीत के केबिन में चली गई।

दुर्रानी कुछ देर वहीं खड़े-खड़े निर्मला को रंजीत के केबिन में जाते देखता रहा और फिर एक लम्बी साँस भरकर अपनी सीट पर आ बैठा।

वह काम करने की कोशिश करने लगा। लेकिन उसका सारा ध्यान केबिन की ओर ही लगा हुआ था। वह टकटकी बाँधे केबिन के दरवाजे की ओर देख रहा था।

तभी घंटी बज उठी। स्टूल पर बैठा चपरासी बड़ी फुर्ती से उठा और केबिन में चला गया।

लेकिन दूसरे ही मिनट वह केबिन से निकल आया और दुर्रानी के पास आकर बोला, "साहब आपको बुला रहे हैं।"

दुर्रानी उठ खड़ा हुआ और केबिन की ओर चल दिया।

निर्मला केबिन से निकल रही थी। दुर्रानी दरवाजे पर खड़ा उसके बाहर आने का इन्तजार करता रहा। और जब निर्मला केबिन के दरवाजे से निकलने लगी तो दुर्रानी आगे बढ़ गया।

दोनों एक-दूसरे से टकराकर केबिन के तंग दरवाजे में फँस गए।

निर्मला ने गुस्से से जलती नजरें दुर्रानी पर डालीं और झटके के साथ दरवाजे से निकलकर अपनी सीट पर आ बैठी।

दुर्रानी के साथ दरवाजे में फँस जाने की वजह से वह बुरी तरह हाँफने लगी थी।

दुर्रानी केबिन में पहुँचा तो रंजीत ने उसे घूरते हुए गुस्से से कहा, "यह क्या तमाशा है दुर्रानी, न तो तुम खुद काम करते हो और न दूसरों को करने देते हो।"

"ऐसी तो कोई बात नहीं है भाईसाब," दुर्रानी ने बड़ी नरमी से कहा, "मैं

तो आपकी तरफ से उन्हें एक शेर सुना रहा था, आप भी सुन लीजिए :

तुमने मारा दूर से, हमने झपटकर ले लिया
तुम नहीं तो क्या हुआ, दिल में तुम्हारा तीर है !

बिरादर...भाई साब, मैंने बस यह शेर सुनाया था। इसके बाद एक और भी सुनाया था। लेकिन तीसरा उन्होंने सुना तक नहीं, वह आप सुन लीजिए—अर्ज किया है...

इश्क ने दुर्रानी निकम्मा कर दिया
वरना हम भी आदमी थे काम के !''

''यह शेर तो ग़ालिब का है !'' रंजीत ने नॉर्मल होकर कहा।

''तो मैंने कब कहा कि यह शेर मेरा है।''

''लेकिन दुर्रानी, दफ्तर में इस शेरो-शायरी का क्या मतलब है ?''

''दुनिया का यही दस्तूर है बिरादर...'' दुर्रानी ने बहुत ही उदास लहजे में कहा, ''फर्स्ट डिवीजन इश्क फर्माता है और थर्ड डिवीजन बेचारा शायर होकर रह जाता है।''

''अच्छा, अच्छा...रहने दो यह सब कैफियत, आइन्दा शिकायत नहीं आनी चाहिए !'' रंजीत ने कहा और एक फाइल उठाकर देते हुए बोला, ''इसे ले जाओ।''

''जी !'' दुर्रानी ने फाइल ले ली।

रंजीत ने पहले घंटी बजाई फिर दुर्रानी से बोला, ''इसके पुराने रिफ्रेंसेज, निकालकर ले आओ।''

तभी चपरासी अन्दर आ गया।

''जी साब !''

''निर्मला मेम साब को बुलाओ।'' रंजीत ने कहा।

चपरासी के जाते ही रंजीत अपने काम में बिजी हो गया।

दुर्रानी फाइल को देखते हुए दरवाजे के पास पहुँच गया और निर्मला के आने का इन्तजार करने लगा।

फिर जैसे ही निर्मला ने दरवाजे में कदम रखा, दुर्रानी तेजी से दरवाजे पर पहुँच गया। दोनों एक बार फिर फँस गए।

दुर्रानी पर एक जलती हुई नजर डालती निर्मला अन्दर आ गई। दुर्रानी फाइल लेकर अपनी सीट पर जा बैठा।

''मुझे बुलाया ?'' निर्मला ने पूछा।

''हाँ,'' रंजीत ने बैठने का इशारा किया, ''तो फिर आज कहाँ मिलेंगे ? गाड़ी तो है नहीं ?''

"तो कहीं पास ही मिलेंगे !" निर्मला ने कहा, "नेपियन सी रोड।"

"ओ.के. ठीक है।" रंजीत ने निर्मला का सुझाव मान लिया।

लेकिन जैसे ही निर्मला दरवाजे की ओर मुड़ी रंजीत को याद आ गया कि नेपियन सी रोड पर तो शारदा के डैडी का मकान है। उसने जल्दी से पुकारा, "सुनो निर्मला।"

"जी !" निर्मला लौट आई।

"हम लोग नेपियन सी रोड पर नहीं बान्द्रा में मिलेंगे।" रंजीत ने निर्मला का हाथ थामकर कहा, "आज जरा दूर ही सही—बान्द्रा ठीक रहेगा।"

तभी चपरासी केबिन का दरवाजा खोलकर अन्दर आ गया। रंजीत ने जल्दी से निर्मला का हाथ छोड़ दिया और सीरियस होकर डिक्टेट कराने के अन्दाज में कहने लगा, "एड्रेस्ड टू मैनेजर एण्ड..."

❐

सोच में डूबी शारदा ड्राइंगरूग में बैठी थी। रिंकू अभी स्कूल से नहीं लौटा था इसलिए वह अकेली ही थी।

उसने कपड़ों की अलमारी में छिपाकर रखा वह रूमाल निकाला जो उसे पिछली रात रंजीत के कोट की जेब में मिला था।

वह उसे मेज पर फैलाकर बड़े ध्यान से देखने लगी।

शारदा कुछ सोच में बैठी थी कि दरवाजे की घंटी बज उठी। उसने जल्दी से रूमाल फिर वहीं छिपा दिया और दरवाजे के पास पहुँच गई।

"कौन ?" शारदा ने 'आई ग्लास' से देखते हुए पूछा। बाहर मैकेनिक किस्म का एक आदमी खड़ा था।

"रंजीत साब इदर ही रहता है ?" उसने पूछा।

"हाँ, क्यों ?"

"अपन गाड़ी टो करने का पैसा लेने कूँ आया है।"

शारदा ने दरवाजा खोल दिया।

"कितना पैसा ?"

"सौ रुपिया," मैकेनिक ने बताया।

"सौ रुपया ? इतना ज्यादा क्यों ?"

"मेम साब, तुलसी लेक से टो करके गैरेज में छोड़ के आया है। अभी उसका मरम्मत बाकी है जो गैरेजवाला करेगा। तुलसी लेक बहुत लम्बा पड़ता है मेम साब, चौबीस किलोमीटर।"

शारदा का माथा ठनका..., तुलसी लेक—तुलसी पाइप रोड...रूमाल पर लिपस्टिक के दाग—यह सब क्या है ?"

उसने जल्दी से अपने आपको सँभालते हुए कहा, "अच्छा, रुको।"

शारदा अन्दर जाकर रुपए ले आई। गाड़ी टो करनेवाले को रुपए देते हुए उसने पूछा, "गाड़ी कब तक आएगी ?"

"वो तो गैरेजवाला ही बताएगा मेम साब।" उसने कहा और चला गया।

सोच में डूबी शारदा ने दरवाजा बन्द किया और फिर सोफे पर आ बैठी।

इसी उलझन में डूबी शारदा को उसी सोफे पर बैठे-बैठे शाम हो गई। ड्राइंगरूम में शाम के धुँधलके मँडराने लगे।

❑

अचानक घंटी बज उठी।

शारदा चौंककर उठी और दरवाजा खोल दिया।

रंजीत ने देखा शारदा का चेहरा उतरा हुआ है, आँखों में अजीब-सी उलझन झाँक रही है। शारदा को हँसाने के लिए बोला, "अगर कोई बीवी का गुलाम हो तो अपन जैसा—क्यों ठीक कह रहा हूँ न शारदा...तुमने कहा था साढ़े पाँच बजे तक पहुँच जाया करो—और हम ठीक साढ़े पाँच बजे अपनी मलिका के कदमों में हाजिर हो गए।"

"मैंने तुमसे कुछ कहा था ?" शारदा ने चौंककर कहा।

"अरे, बात क्या है शारदा, तुम..."

"कुछ नहीं—तुम जल्दी से नहाकर आओ। मैं चाय तैयार करती हूँ।" शारदा ने कहा और किचन में चली गई।

❑

रंजीत जल्दी-जल्दी नहाया, कपड़े पहने और नाश्ते की मेज पर आ गया।

शारदा ने चाय और नाश्ता मेज पर रखते हुए रंजीत की ओर देखा। वह समझ नहीं पा रही थी कि रंजीत ने इस वक्त पैंट-शर्ट क्यों पहने हैं, जबकि आमतौर पर शाम को ऑफिस से लौटने के बाद वह तहमद या पाजामा-कुर्ता पहना करता था। लेकिन पिछली शाम कोट की जेब में लिपस्टिक के दागों से भरे रूमाल को देखकर शारदा के मन में रंजीत के प्रति अविश्वास ही नहीं आक्रोश भी जाग उठा था।

इस सबके बावजूद शारदा उन सामान्य औरतों जैसी नहीं थी जो फौरन तिल

का ताड़ बनाती या सोच-समझ को उठाकर ताक में रख देती। जब तक किसी बात का कोई ठोस सबूत न मिल जाए, वह यकीन करने के लिए तैयार नहीं थी।

रंजीत ने जल्दी-जल्दी नाश्ता किया और उठ खड़ा हुआ।

"क्या कहीं जा रहे हो ?" शारदा ने धीरे से पूछा।

"हाँ शारदा, अब इजाजत दो तो एक क्लाइंट से मिल आऊँ !" रंजीत ने टाई की गाँठ दुरुस्त करते हुए कहा।

"जाओ, मैंने कब रोका है।"

"ऐसे नहीं यार, हँसकर कहो।"

शारदा के चेहरे पर एक झूठी मुस्कुराहट तैर उठी।

"यह हुई न बात !" रंजीत ने कहा, और तेजी से दरवाजे की ओर बढ़ गया।

❐

कार अभी तक गैरेज से आई नहीं थी इसलिए रंजीत पैदल ही सड़क की ओर जा रहा था।

शारदा खिड़की के पीछे खड़ी उसे सड़क पर पैदल जाते देख रही थी। अचानक उसके दिमाग में एक ख्याल जाग उठा। वह तेजी से मुड़ी और कॉटेज से निकलकर उसी ओर चल पड़ी जिस ओर रंजीत गया था।

काफी दूर जाने पर अचानक रंजीत ने किसी टैक्सी का हॉर्न सुनकर पीछे मुड़कर देखा। और टैक्सी के बजाय उसकी नजर शारदा पर पड़ गई जो तेज-तेज कदमों से उसी ओर चली आ रही थी।

रंजीत अपने बचाव के लिए कोई शेल्टर तलाश करने लगा। अचानक उसे करीब ही टेलीफोन बूथ दिखाई दे गया। वह तेजी से टेलीफोन बूथ में घुस गया।

तभी शारदा तेजी से आई और इधर-उधर नजरें दौड़ती हुई आगे बढ़ गई। उसने सोचा रंजीत उससे आगे निकल गया है।

अपने आपको शारदा की नजरों से बचाने के लिए रंजीत टेलीफोन बूथ में घुसते ही फर्श पर उकड़ूँ बैठ गया था। अगर वह खड़ा रहता तो बड़े-बड़े शीशोंवाले टेलीफोन बूथ में से वह शारदा को जरूर दिखाई दे जाता।

जब शारदा काफी दूर निकल गई तो रंजीत निकला। उसने जल्दी-जल्दी सामनेवाली सड़क पर दूर तक नजर दौड़ाई। शारदा उसे दिखाई नहीं दी। रंजीत की तलाश में वह काफी दूर निकल गई थी।

❐

कपड़े बदलकर और हाथ-मुँह धोकर रंजीत ड्राइंगरूम में आ बैठा और अपने आपको पुर-सुकून बनाकर एक मैगजीन के पन्ने पलटने लगा।

जब काफी दूर जाने पर रंजीत दिखाई नहीं दिया तो शारदा घर लौट आई।

शारदा को देखते ही रंजीत ने मैगजीन एक ओर रख दी और उठ खड़ा हुआ, "तुम कहाँ गई थीं ?"

"तुम क्लाइंट से मिलने नहीं गए ?" शारदा ने पूछा।

"मुझे लगा था कि तुम नहीं चाहतीं कि मैं जाऊँ, इसलिए लौट आया," रंजीत ने उसके दोनों हाथ थामकर कहा, "लेकिन तुम कहाँ गई थीं ?"

"कहीं नहीं।" शारदा ने हाथ छुड़ाने की कोशिश की।

"आज पहली बार तुमसे झूठ सुन रहा हूँ।" रंजीत ने कहा, "तुम मुझ पर जासूसी करने गई थीं न ?"

"हाँ गई थी !" शारदा ने बिना किसी झिझक के कहा।

"क्यों ?"

"इसलिए कि तुमने मुझसे झूठ बोला था," शारदा तमक कर बोली, "गाड़ी तुलसी लेक कैसे पहुँच गई ?"

"ओहो, तो यह बात थी," रंजीत ने शारदा का हाथ छोड़ दिया और फिर सोफे पर बैठकर अपने माथे पर हाथ मारकर बोला, "हाय री अपनी किस्मत—ये साले मैकेनिक पढ़े-लिखे तो होते नहीं ! तुलसी पाइप रोड को तुलसी लेक बोल दिया !"

"तुलसी पाइप रोड तो नजदीक ही है। फिर उसने गाड़ी को गैरेज तक लाने के सौ रुपए क्यों माँगे ?"

"तो यह कहो न कि गुस्सा इस बात पर है कि वह सौ रुपए ले गया—साला लूट ले गया !"

शारदा खामोश खड़ी रंजीत को देखती रही।

"साला, यही तो मसला है। आदमी भले ही घर के लिए जान दे दे पर कोई सराहनेवाला नहीं। तुम्हें मुझ पर शक होता है या तकलीफ होती है तो मुझे क्या करना है। मैं कहीं क्लाइंट-व्लाइंट के पास नहीं जाऊँगा...मुझे सिर्फ अपना घर और तुम्हारी खुशी चाहिए।"

❐

रंजीत ऑफिस में पहुँचा तो शामवाली घटना को भूला नहीं था। उसे यकीन हो गया कि शारदा को उस पर शक हो गया है और वह किसी तरह उसकी डायरी देखना चाहेगी।

शारदा को पता था कि रंजीत की शुरू से ही, रोजाना डायरी लिखने की आदत है। वह बिना किसी झिझक के अपनी डायरी में दिन-भर की घटनाएँ और अपने विचारों को नोट कर लेता है। रंजीत अच्छी तरह जानता था कि शारदा जब किसी बात के पीछे पड़ जाती है तो उसे पूरा करके ही चैन से बैठती है।

शारदा को धोखा देने के लिए उसने तत्काल एक योजना बना डाली। उसने अपनी डायरी जैसी ही एक और डायरी मँगाई। कई रंग के डॉटपेन मँगाए और डायरी के अलग-अलग पन्नों पर लिखने लगा।

—शारदा, मैं तुम्हारे वगैर रह नहीं सकता...शारदा—डियर...अगर तुम्हें...

इतना लिखने के बाद दूसरे रंग के डॉटपेन से रंजीत दूसरे पेज पर लिखने लगा—

—शारदा डियर—यू आर माई लाइफ—माई लव—माई वरशिप—माई एवरी थिंग..."

और फिर इसी तरह की भावुकता-भरी बातों से डायरी के पन्ने रंग-बिरंगे कलरों से भरता चला गया।

तभी निर्मला अन्दर आई। उसने अन्तिम वाक्य का कुछ हिस्सा देख लिया था।

"क्या हो रहा है ?" उसने टेबल के करीब पहुँचकर पूछा।

रंजीत ने चौंककर डायरी बन्द की और अपनी मेज की दराज में रख दी।

"बैठो—बैठो !" उसने निर्मला की ओर देखते हुए कहा।

"डायरी लिख रहे थे ?"

"हाँ...!"

"अब ? डायरी या डिक्टेशन ?"

"अभी डिक्टेशन...डायरी फिर कभी।"

"ओ.के." निर्मला ने बैठते हुए कहा, "वैसे मुझे मालूम है कि तुमने डायरी में क्या लिखा होगा।"

"क्या ?"

"यही—निर्मला, आई लव यू, यू आर माई लाइफ, माई लव, माई वरशिप, माई एवरीथिंग..."

"तुम तो सब कुछ समझ जाती हो...लिखने का फिर फायदा ही क्या रह जाता है यार।"

"ठीक है—तुम लिखा करो। अब मैं तुम ही से समझ लिया करूँगी।"

रंजीत हो-हो करके हँस पड़ा। फिर बोला, "अच्छा कुछ डिक्टेशन ले लो।"

"यस सर...पर पहले एक बात पूछूँ ?"

"पूछो—पूछो, जरूर पूछो !"

"कल क्या हुआ...मैं इन्तजार कर-कर के थक गई !"

रंजीत बोला, "वह कल वाइफ की तबीयत अचानक ज्यादा खराब हो गई थी। फिर एक रिश्तेदार भी आ गए थे।"

"लेकिन तुम मुझे फोन तो कर सकते थे !"

"उस समय दिमाग़ ही काम नहीं कर रहा था...सुबह भी उसकी तबीयत काफी गड़बड़ थी...आज भी जल्दी जाना पड़ेगा !" रंजीत ने कहा।

❑

और शाम को रंजीत ठीक समय पर घर पहुँच गया। उसने कोट उतारा और कोट की जेब से डायरी निकालकर मेज पर इस तरह रख दी कि शारदा की नजर आसानी से उस पर पड़ जाए।

"शारदा, चाय !" उसने पुकार कर कहा।

"ला रही हूँ।" शारदा की आवाज किचन से आई।

रंजीत मेज पर रखी डायरी पर नजर डालते हुए बाथरूम में चला गया। लेकिन जैसे ही उसने पैंट उतारी तो पैंट की जेब से शारदावाली डायरी निकलकर फर्श गिर पर पड़ी।

रंजीत उस डायरी को देखते ही घबरा उठा, "ओह गॉड...गलत डायरी रख आया टेबल पर।"

वह अंडरवीयर पहने ही भागता हुआ बाहर निकल आया। उसने वह डायरी उठाकर शारदावाली डायरी टेबल पर रख दी। वह निर्मलावाली डायरी थी। शारदा को आते देख उसने जल्दी से निर्मलावाली डायरी अंडरवीयर में छिपा ली।

उसे अंडरवीयर में देखकर शारदा थोड़ा चौंकी भी, पर बोली कुछ नहीं। रंजीत सकपका तो गया ही था, कुछ समझ में नहीं आया तो उसने मेज से 'स्टार एंड स्टाइल' उठाया और बाथरूम की ओर बढ़ते हुए बोला, "तुम चाय बनाओ...मैं अभी आया...!"

❑

कुछ देर बाद रंजीत हाथ-मुँह धोकर बाथरूम से निकला तो उसने कनखी से देखा, शारदा डायरी पढ़ रही है।

वह कुछ देर खड़ा-खड़ा शारदा को डायरी पढ़ते देखता रहा और फिर उसने

आगे बढ़कर शारदा का हाथ पकड़ लिया।

"यह क्या ? फिर वही—मैंने कहा था पत्नी को पति की डायरी नहीं पढ़नी चाहिए।"

"क्यों ?"

"मैंने कहा न..." रंजीत डायरी लेने की कोशिश करने लगा।

"नहीं देती, मैं पढ़ूँगी।"

"नहीं पढ़ोगी।"

"क्यों ? क्यों नहीं पढ़ सकती ? आखिर तुम्हारी बीवी हूँ।"

"यह मेरी प्राइवेट फीलिंग्स हैं...तुम नहीं पढ़ोगी।"

"पढ़ूँगी।"

रंजीत ने बनावटी गुस्से से डायरी और शारदा के हाथ को झटक दिया, "तो जाओ पढ़ो।"

शारदा डायरी लेकर बाहर चली गई।

❐

अपने कमरे में पहुँचकर शारदा डायरी पढ़ने लगी..."शारदा...मैं तुम्हारे बगैर नहीं रह सकता...शारदा मेरी जिन्दगी में न आई होती तो यह जिन्दगी कितनी वीरान होती..."

डायरी पढ़ते-पढ़ते शारदा प्यार से भर गई। उसकी आँखें छलक आईं।

❐

डायरी पढ़ने के बाद शारदा ड्राइंगरूम में पहुँची तो रंजीत चाय का एक और प्याला बनाकर ले आई। रंजीत 'स्टार एंड स्टाइल' पढ़ते हुए चाय पी रहा था।

उसने डायरी लेकर आती हुई शारदा की ओर देखा, शारदा की आँखों में आँसू झलक रहे थे। रंजीत ने चाय का प्याला रखते हुए कहा, "पढ़ ली...मैंने कहा था न, मत पढ़ो, सोच रही होगी, कैसा गधा आदमी है...? अच्छा एक बात बताओ शारदा—इस डायरी के पढ़ने के लिए तुम्हें इतनी बेचैनी क्यों हो रही थी ?"

शारदा रोती-रोती प्यार से भरी रंजीत से लिपट गई, "रंजीत..."

रंजीत ने उसे अपनी बाँहों में भरकर सीने से लगा लिया।

❐

दफ्तर के हाल में गहरी खामोशी छाई हुई थी। केवल सुनाई दे रही थी निर्मला

के टाइपराइटर की आवाज।

इस आवाज से दुर्रानी को बड़ी बोरियत हो रही थी। वह दफ्तर के पैड पर शेर लिखने की कोशिश कर रहा था लेकिन टाइपराइटर की आवाज बार-बार उसे डिस्टर्ब कर देती थी। उसे निर्मला पर गुस्सा आने लगा था।

कुछ देर बाद उसने पैड से लिखा हुआ कागज फाड़ा और निर्मला की सीट के पास आकर बोला, ''क्या बात है मोहतरमा...आज तो बेहद खुश दिखाई दे रही हो !''

''आप फर्माइए, आपको क्या तकलीफ है ?'' निर्मला ने टाइपराइटर पर उँगलियाँ चलाते-चलाते पूछा।

''अपनी तो एक ही तकलीफ है मुसलसल, जो भी मिलता है, कहता है—कल, कल, कल !'' दुर्रानी ने कहा और फिर शायराना अन्दाज में बोला, ''एक ग़ज़ल कही है...पेशेनज़र है...''

लेकिन दुर्रानी ने कागज पर लिखी ग़ज़ल न पढ़कर कागज निर्मला के सामने टाइपराइटर पर रख दिया।

''मेरे पास इन फिजूल बातों के लिए वक्त नहीं है !'' निर्मला ने कागज उठाया और बिना पढ़े रद्दी की टोकरी में फेंक दिया। और फिर टाइप किया हुआ कागज टाइपराइटर से निकालकर उठ खड़ी हुई।

दुर्रानी भुनभुनाते हुए कभी रद्दी की टोकरी की ओर और कभी निर्मला की ओर देखने लगा। फिर जब निर्मला उठकर जाने लगी तो कह उठा,'' अरे बिरादरी, इससे तो बेहतर होता कि आप इस कागज के बजाय हमीं को रद्दी की टोकरी में फेक देतीं।''

निर्मला ने एक जलती हुई नजर दुर्रानी पर डाली और तेजी से रंजीत के केबिन की ओर बढ़ गई।

''गुड मॉर्निंग !'' निर्मला ने केबिन में कदम रखते हुए कहा।

''आज तुम...कुछ ज्यादा ही हसीन लग रही हो !'' रंजीत ने निर्मला को देखते हुए कहा।

''खास वजह है।''

''वह क्या ?''

''अभी जान जाएँगे।''

रंजीत ने दो चिट्ठियों पर दस्तखत किए और फिर उन्हें निर्मला की ओर बढ़ाते हुए कहा, ''बताओ न वजह, जल्दी बताओ।''

''कमाल है ! तुम्हें मुझ पर इतना यकीन है कि मैं कुछ भी टाइप कर लाऊँ और तुम बिना पढ़े उस पर दस्तखत कर दोगे ! तुमने पढ़ा ही नहीं...''

"अरे जानम, तुम हमारा डेथ-वारंट भी ले आओ तो हम उस पर भी बिना देखे दस्तखत कर देंगे।"

"मैंने रेज़िगनेशन लैटर में यही लिखा है कि मुझे एक बेहतर ऑफर मिला है।"

"हैं ! कहाँ ?" रंजीत एकाएक चौंका।

"पार्क ऐंड फेवर में।"

"ओह पार्क एंड फेवर में। वहाँ तो अपना दोस्त खन्ना जी.एम. है !"

"उन्होंने खुद ऑफर भेजा है।"

"हाँ भई, उसके पास पैसा भी ज्यादा है...आदमी भी जवान है...मुझ दुखी बूढ़े के पास तुम्हें क्या मिलेगा ?"

"ओह रंजीत, तुम भी बस...आफर तो आया है, लेकिन यह किसने कहा कि मैं जा रही हूँ ?"

"तुम ही ने तो अभी-अभी कहा है कि एक बेहतर ऑफर आया है–तुम्हारी चिट्ठी जिस पर मैंने अभी-अभी दस्तखत किए हैं।"

"ओह रंजीत..." निर्मला ने चिट्ठी उठा ली, "मैंने मजाक के लिए इस्तीफा लिखा था। तुमने इस्तीफा मंजूर करते हुए उस पर भी दस्तखत कर दिए ! कमाल हो तुम–लेकिन मैं तुम्हें छोड़कर कहीं नहीं जाऊँगी।"

निर्मला तजी से उठकर दरवाजे से निकलने लगी तो फिर दरवाजे में खड़े दुर्रानी के साथ फिर फँस गई।

दरवाजे में खड़ा दुर्रानी सब कुछ सुन रहा था। जब निर्मला उससे रगड़ खाती हुई बाहर निकल गई तो दुर्रानी अन्दर आ गया।

रंजीत ने मेज की दराज में से डाई पेंसिल निकाली और आईने के सामने जा खड़ा हुआ।

"जी, मेरी कोई जरूरत ?" दुर्रानी ने पूछा।

"नहीं, क्यों ?"

"चाय पीने जाना चाहता था।"

"तो जाओ...पूछते क्या हो।"

दुर्रानी चला गया।

रंजीत ने डाई पेंसिल से शीशे में देखते हुए अपनी कलमें काली करते हुए कहा, "अबे खन्ना, साले ! अपनी उम्र का फायदा उठा रहा है। मेरे माल को ऑफर भेजता है। मैं...।"

❐

शारदा ने आज जी भरकर अपने आपको सजाया-सँवारा था। उसने आदमकद आईने में अपने आपको हर ओर से घूम-घूमकर देखा। तभी घंटी बजी और उसने दरवाजा खोल दिया।

वह दरवाजा खोलकर मुड़ी ही थी कि तभी गुनगुनाता हुआ रंजीत आ गया।

दरवाजे में खड़े-खड़े ही उसने शारदा को सिर से पाँव तक घूरकर देखा और उसे कन्धों से पकड़कर अन्दर ले आया।

"आज तो बहुत महक रहे हो !" शारदा मुस्कुराते हुए बोली।

"उस दिन कह रही थीं--चहक रहे हो," रंजीत बोला, "आज तो तुम बेहद हसीन नजर आ रही हो।"

"तुम भी तो एकदम जवान लग रहे हो।"

"तुम्हारे प्यार का करिश्मा है।"

"मेरा नहीं।"

"फिर किसका ?"

"मैंने तो सुबह बूढ़े को भेजा था, लौटे हो तो जवान हो। क्या दफ्तर में कोई लुकमान हकीम आए थे ?"

"ओह...तुम्हारा मतलब है, ये कलमें..."

"हाँ, सुबह सफेद थीं, अब काली हैं।"

"वह यार...वह दफ्तर में ग्रुप फोटो हुआ था। इसलिए काली कर लीं।" रंजीत ने कलमों पर उँगली फेरते हुए बताया।

"कहीं बहक मत जाना।" शारदा लम्बी साँस भरकर बोली, "और यह लेडीज परफ्यूम--किस लड़की से मिलकर आ रहे हो ?"

"अरे यार, ऐसी किस्मत कहाँ है अपनी ?" रंजीत ने एक ठंडी साँस भरकर कहा। "अपनी किस्मत में तो बस एक ही लड़की है--और वही हमारी खुशकिस्मती है।"

शारदा बड़े ध्यान से रंजीत को देखने लगी।

"यार, दफ्तर में एक परफ्यूम बेचनेवाला आया था। उसने फुसफुस किया तो हमें बहुत अच्छा लगा और यह हम तुम्हारे लिए ले आए !" रंजीत ने ब्रीफकेस से निकालकर परफ्यूम की शीशी शारदा को दे दी।

"रिश्वत देना अच्छा जानते हो !" हँसकर बोली शारदा।

"नहीं यार, प्यार में तो सिर्फ प्यार ही दिया-लिया जाता है।"

"ओह रंजीत..." शारदा ने अपना सिर रंजीत के सीने पर टिका दिया।

अचानक रंजीत को रिंकू की याद आ गई। उसने इधर-उधर नजर डाली।

रिंकू एक कोने में बैठा ड्राइंग बना रहा था।

"रिंकू बेटे !" रंजीत ने पुकारा।

रिंकू चौंककर रंजीत की ओर देखने लगा। फिर मुस्कुराकर बोला, "डैडी, यू यार लुकिंग स्मार्ट।"

"अपनी मम्मी से पूछो।"

शारदा शरमाकर दूसरे कमरे में चली गई।

रिंकू रंजीत को देख-देखकर सीटी बजाता रहा।

❐

शाम का वक्त था। आज ऑफिस की छुट्टी थी। इसलिए आज रंजीत घर में ही था।

वह ऊपरी मंजिल में बाल्कनी की रेलिंग से पीठ लगाए खड़ा था और शारदा बाल्कनी में रखे फूलों के गमलों को पानी दे रही थी।

तभी नीचे कार के हॉर्न की आवाज सुनाई दी। रंजीत ने पलटकर नीचे की ओर देखा। उसकी हिलमेन कॉटेज के सामने खड़ी थी।

मैकेनिक ने कार से उतरकर एक बार फिर हॉर्न बजाया।

रंजीत तेजी से नीचे पहुँचा।

"सर, आपका गाड़ी !" मैकेनिक ने कहा।

"मैंने सोचा था कि गाड़ी लेने मैं ही जाऊँगा गैरेज में..." रंजीत ने गाड़ी की ओर बढ़ते हुए कहा।

मैकेनिक ने बिल रंजीत की ओर बढ़ा दिया, "साब बिल।"

"इतना पैसा ?" रंजीत बिल देखते हुए बोला।

"वो उस्ताद जी को मालूम होगा साब...अपुन तो गाड़ी लेकर आया।"

"अच्छा, अच्छा, हम उस्ताद जी को फोन कर लेगा।"

मैकेनिक ने एक छोटा-सा बटुआ, एक लेडीज रूमाल और हेयररिंग निकालकर रंजीत की ओर बढ़ाते हुए बोला, "साब, ये गाड़ी में पड़ा था...मेम साब का होएगा।"

तभी शारदा ने बाल्कनी से पूछा, "क्या बात है ?"

"कुछ नहीं, कुछ नहीं," रंजीत ने जल्दी से छोटा बटुआ, रूमाल और हेयररिंग अपनी जेब में ठूँस लिये और पलटकर सीढ़ियों की ओर चल दिया।

वह उस बटुए, रूमाल और हेयररिंग को पहचान गया था। वे निर्मला के थे।

❐

और अगला दिन !

मुम्बई के आउटर एरिया में समुद्र के किनारे रंजीत और निर्मला एक-दूसरे को अपनी बाँहों में समेटे बैठे थे। शाम का वक्त था। दूर तक सुनसान दिखाई दे रहा था।

रंजीत ने बटुआ, रूमाल और हेयररिंग निकालकर निर्मला को देते हुए कहा, ''यह उस दिन गाड़ी में रह गए थे।''

''ओह !'' निर्मला ने कहा, ''मैंने तो सोचा था कहीं खो गए।''

''अरे, हमारे पास जो चीज रहेगी वह खोएगी कैसे ?'' रंजीत ने कहा। फिर निर्मला के चेहरे पर छाई उदासी को देखकर बोला, ''क्या बात है निर्मला, आज तुम कुछ उदास दिखाई दे रही हो ?''

''यों ही...''

''क्या मुझे नहीं बताओगी ?''

''नानाजी की तबीयत बहुत खराब है। डॉक्टर ने कहा है कि ऑपरेशन कराना पड़ेगा !'' निर्मला ने उदासी-भरी आवाज में कहा।

''मेरे होते हुए तुम्हें उदास होने की क्या जरूरत है निर्मला, मैं जो हूँ। मैं ऑपरेशन करवाऊँगा।'' रंजीत ने आश्वासन दिया, ''कितना लगेगा ?''

''करीब पाँच हजार बताया है डॉक्टर ने।''

''मेरे पास जो भी है तुम्हारा ही तो है निर्मला।'' रंजीत ने उसे बाँहों में भरकर कहा, ''जब भी डॉक्टर कहे ऑपरेशन करा लो।''

''रियली ?''

''ऑफ कोर्स !''

''यू आर सच ए डार्लिंग रंजीत !'' निर्मला ने कहा और अपने होंठ रंजीत के होंठों पर रख दिए।

और शाम के सूरज ने शरमाकर अपना चेहरा सागर की लहरों के दामन में छिपा लिया।

❐

आज संडे था।

रिंकू के स्कूल की छुट्टी थी।

''रिंकू बेटे, आज तुम्हारी छुट्टी है आओ आज घर की सफाई कर डालें !'' शारदा ने कहा।

''ठीक है मम्मी, मैं भी बोर हो रहा हूँ।'' रिंकू ने कहा, ''डैडी ने आज फिर

गोल कर दिया न ?''

"गोल..."

''हाँ, आज संडे है। उन्होंने पिकनिक का वायदा किया था।''

''उन्हें फुर्सत ही कहाँ है।'' शारदा ने उदास होकर कहा।

''संडे को भी ऑफिस, क्या आज भी जी.एम. ने बुला लिया ?'' रिंकू बोला, ''पिकनिक न सही, घर की सफाई ही सही। चलो मम्मी, पहले डैडी के कमरे से ही सफाई शुरू करते हैं।''

रिंकू और शारदा झाड़ू आदि लेकर रंजीत के कमरे में आ गए।

शारदा कमरे में रखी एक-एक चीज को झाड़-पोंछकर रखने लगी।

रिंकू कमरे के अटैच्ड बाथरूम में चला गया।

''मम्मी, देखो, डैडी का बाथरूम कितना गन्दा है। लगता है महीनों से नहीं बरसों से इसकी सफाई नहीं हुई।''

उसने बाथरूम के फ्लश की टंकी पर जमा तिनके और घास-फूस की ओर इशारा किया और फिर बाहर से एक बाँस उठा लाया, जिसके सिरे पर जाले हटाने और दीवारें साफ करनेवाला ब्रश लगा हुआ था।

''यह देखो मम्मी—कितना कूड़ा भरा पड़ा है इस टंकी पर !'' रिंकू ने बाँस उठाते हुए कहा।

''चिड़ियों का घोंसला होगा रिंकू, मत गिरा,'' शारदा ने उसे रोकने की कोशिश की, ''यह किसी चिड़िया का घर है और किसी के बसे हुए घर को उजाड़ना बहुत बड़ा पाप होता है बेटे।''

रिंकू ने टंकी में बाँस मारा। घोंसले में कोई भी चिड़िया नहीं थी।

''मम्मी, घोंसले में चिड़िया नहीं है !'' रिंकू बाँस से तिनके गिराने लगा।

''तो चिड़िया के अंडे होंगे—मत कर रिंकू, रहने दे !'' शारदा ने एक बार फिर उसे रोका।

लेकिन रिंकू ने टंकी के ऊपर भरे तिनके गिराने शुरू कर दिए।

टंकी के ऊपर से कुछ चिथड़े और ढेर सारे तिनके नीचे आ गिरे।

''मम्मी, अंडे भी नहीं हैं। तुम मुझे ऊपर उठा दो। टंकी के ऊपर पड़ी धूल-मिट्टी भी साफ किए देता हूँ।''

शारदा ने रिंकू को गोद में लेकर ऊपर की ओर उठा दिया।

''मम्मी, डैडी की लाइब्रेरी !'' रिंकू एकदम चीखा और उसने टंकी पर रखी कुछ किताबें उठाकर शारदा को थमा दीं। फिर एक डायरी थमाता हुआ बोला, ''एक डायरी भी है मम्मी।''

शारदा उन किताबों को देखकर चौंक पड़ी। वे सब सेक्स से सम्बन्धित किताबें थीं।

"रिंकू, जा किचन से झाड़न ले आ !" शारदा ने रिंकू को उतार दिया।

रिंकू दौड़ता हुआ किचन में चला गया।

शारदा ने किताबों के बीच से डायरी निकाल ली और उसके पन्ने पलटने लगी।

डायरी का कुछ अंश पढ़ते ही शारदा के चेहरे का रंग बदल गया।

उसने डायरी और किताबें उठाईं और उस कवर्ड में रख दीं, जिसमें उसका सामान रखा रहता था।

तभी रिंकू झाड़न लेकर आ गया। शारदा किताबों को झाड़ने लगी थी कि टेलीफोन की घंटी बज उठी।

"हैलो," उसने रिसीवर उठाकर कान से लगाते हुए कहा।

"साब हैं ?" दूसरी ओर से किसी औरत ने पूछा।

"जी, वह तो नहीं हैं।"

"आप कौन बोल रही हैं ?"

"मैं उनकी आया हूँ।"

"अच्छा, अच्छा, मेम साब की तबीयत कैसी है आया ?"

"आप..."

"साब को बोल देना, निर्मला का फोन आया था !" दूसरी ओर से आवाज आई और फिर फोन डिस्कनेक्ट हो गया।

"निर्मला !" शारदा ने दोहराया और फिर रिसीवर रख दिया।

❒

सफ़ाई अधूरी ही रह गई थी। रंजीत के बाथरूम में मिली सेक्स सम्बन्धी किताबों और उस डायरी को पढ़ते ही शारदा का दिमाग झन्ना गया था।

"जाओ रिंकू बेटे, अब लॉन में जाकर खेलो। अगले संडे को बाकी सफाई करेंगे।" शारदा ने कहा।

फिर डायरी पूरी पढ़ने के बाद उसने ऐसी जगह छिपा दी जहाँ रंजीत लाख ढूँढ़ने पर भी ढूँढ़ न पाए। वह ड्राइंगरूम में आ बैठी और रंजीत के बारे में सोचने लगी।

दोपहर के बारह बज चुके थे।

वह सोच रही थी कि खाना बनाए या न बनाए। तभी दरवाजे पर कदमों

की आहट सुनाई दी। शारदा ने गर्दन घुमाकर देखा। आनेवाला और कोई नहीं रंजीत ही था।

रंजीत उसकी ओर बढ़ते हुए लहककर बोला, "शारदा, माई स्वीट हॉर्ट, आखिर बात बन ही गई। मालूम है जी.एम. ने क्या किया ? मेरी तरक्की तय है, एक बहुत बड़ी पार्टी डीलिंग के लिए मुझे ही सौंपी गई है।"

"अच्छा ! यह तो बहुत बड़ी खबर है !" शारदा ने उदास लहजे में कहा।

"तुम खुश हो न !"

"मुझे और क्या चाहिए, तुम्हारी तरक्की—मेरी खुशी।"

"हाँ शारदा, लेकिन मुझे अभी दफ्तर जाना है। पार्टी के साथ आज का दिन ही तय हुआ है, लौटने में मुझे देर हो जाएगी।"

"खाना लगाऊँ ?"

"नहीं शारदा, देर हो जाएगी।" रंजीत ने उठते हुए कहा, "अच्छा, मैं जाता हूँ। खाना पार्टी के साथ खाना पड़ेगा।"

रंजीत तेजी से निकल गया।

कुछ सोचकर शारदा ने कवर्ड में से कैमरा निकाला और जब रंजीत की कार स्टार्ट होकर निकल गई तो वह घर से बाहर आ गई।

उसने जाती हुई एक टैक्सी रुकवाई और उसमें बैठकर चल दी।

रास्ते में वह दोनों ओर नजरें दौड़ाती चली जा रही थी। उसने सड़क पर रंजीत की कार जैसी कार देखकर टैक्सी रुकवाई। लेकिन जब उस कार में रंजीत न दिखाई दिया तो आगे चल पड़ी।

काफी देर वह टैक्सी को इधर से उधर घुमाती रही। अन्त में उसे हैगिंग गार्डन के पास रंजीत की कार खड़ी दिखाई दे गई। उसने अच्छी तरह देखा, वह सचमुच उसी की कार थी।

उसने टैक्सी एक ओर खड़ी करा दी और कैमरा लेकर छिपती-छिपाती उस ओर बढ़ गई जहाँ सूने स्पॉट पर निर्मला को बाँहों में लिये रंजीत बैठा था।

शारदा ने कैमरे का एंगल एडजस्ट किया और एक फोटो लेकर तेजी से उलटी और टैक्सी में आ बैठी।

❐

रंजीत की कार कॉटेज के लॉन में पहुँचकर रुकी तो रात हो चुकी थी।

रंजीत ने कार से उतरने से पहले हॉर्न बजाया लेकिन शारदा और रिंकू में से कोई भी बाहर नहीं आया। वह कुछ देर ड्राइविंग सीट पर बैठा शारदा का

इन्तजार करता रहा लेकिन जब कई मिनट बीतने के बाद भी शारदा दरवाजे में दिखाई नहीं दी तो वह कार से उतरा और अन्दर की ओर चल दिया।

आज उसे शारदा के हॉर्न सुनने के बावजूद, बाहर न आने पर सख्त हैरानी हो रही थी।

रंजीत ने दरवाजे के साथ लगे कालबेल के बटन की ओर हाथ बढ़ाया तो उसने देखा, दरवाजा खुला हुआ था। उसने हाथ वापस खींच लिया और अन्दर चला गया।

''डैडी !'' रंजीत पर रिंकू की नजर पहले पड़ी। वह लकड़ी के घोड़े पर बैठा आइसक्रीम खा रहा था। जल्दी से बोला, डैडी, यू आर ए चीट...हमारा संडे गोल कर दिया।''

''बेटे, आज तो इतना काम था कि सिर दर्द से फटा जा रहा है।'' रंजीत सिर थामकर धम-से एक कुर्सी में धँस गया। फिर शारदा की ओर देखते हुए बोला, ''घर में सिर दर्द की कोई गोली है ?''

''देखती हूँ--होनी तो चाहिए।'' शारदा ने कहा और उठकर चली गई।

रंजीत अपनी दोनों हथेलियों से कनपटियों को दबाए इस तरह बैठा रहा जैसे उसके सिर में असहनीय दर्द हो रहा हो।

कुछ देर बाद ही शारदा सिर दर्द की एक गोली और एक गिलास पानी ले आई।

रंजीत ने गोली हलक में रखकर पानी के कई घूँट भरे और फिर गिलास टेबल पर रख दिया।

''इतना ज्यादा काम मत किया करो !'' शारदा ने बनावटी सहानुभूति-भरी आवाज में कहा, ''अपने आपको सँभालो...कितना थक जाते हो।''

''घर की खुशहाली के लिए तो सब कुछ करना ही पड़ता है।''

''सच कह रहे हो रंजीत, घर के लिए तुम कितना करते हो।''

''शारदा, प्यार मिलता है तो इतना सब कर लेता हूँ।'' रंजीत ने आँखें मूँदते हुए कहा, ''घर में इतना प्यार मिलता रहे तो आदमी आसमान के तारे तोड़ लाए।''

शारदा के होंठों पर कड़वाहट-भरी हँसी नाच उठी। बोली, ''हाँ, तारे ही तोड़कर लाना! कहीं ऐसा न हो कि आसमान ही तोड़कर ले आओ।''

''क्या ?'' रंजीत ने सनककर आँखें खोल दीं।

शारदा ने बनावटी प्यार से कहा, ''मैंने कहा न, इतना काम मत किया करो। हाँ, मुझे अच्छा नहीं लगता...तुम पर दोहरे काम का वैसे ही बोझ पड़ रहा है, मेरा

मतलब है दोहरा बोझ...''

''दोहरा बोझ ?'' रंजीत धीरे से चौंका।

शारदा ने अन्दर जाते हुए कहा, ''काम का और फिर जी.एम. वगैरह से मिलने का...अब तुम आराम करो।''

शारदा उठकर अपने बेडरूम में बिस्तर पर आकर लेट गई तो रंजीत भी उसके बराबर आ लेटा।

फिर रंजीत ने जैसे ही शारदा को बाँहों में लेना चाहा, शारदा बड़ी फुर्ती से दूर खिसक गई, ''नहीं, तुम बहुत थक चुके हो।''

''अरे यार...प्यार के लिए भी कोई थकता है ?''

''नहीं, आराम करो...मेरा क्या है, मैं तो हर दिन, हर रात तुम्हारे लिए हूँ।''

''फिर आज मना क्यों कर रही हो ?''

''मैं सिर्फ अपना ही सुख देखूँ, अपने आदमी की सेहत और आराम का खयाल न रखूँ—क्या यह ठीक है ? अब तुम सो जाओ...हाँ, तुम्हारे सिर का दर्द अब कैसा है ?''

''ठीक है...अब तो है नहीं।''

रंजीत ने आँखें मूँद लीं।

कुछ देर बाद ही रंजीत के खर्राटे सुनाई देने लगे। लेकिन शारदा नहीं सो पाई। वह कुछ देर बिस्तर पर पड़ी कुछ सोचती रही और फिर धीरे से उठकर वार्ड्रोब के पास चली गई।

उसने वार्ड्रोब में से अपनी शादी की पहली रातवाला जोड़ा और रंजीत का कुर्ता-पाजामा निकाला।

और फिर उन्हें सीने से लगाकर चुपचाप रो पड़ी।

❒

अगले दिन हालाँकि गजटेड छुट्टी थी, पर दफ्तर में सचमुच काम था। रंजीत ऑफिस जाने की तैयारी करने लगा तो शारदा ने उसे कोट पहनाया। कोट के बटन बन्द किए। फिर जैसे ही जाने के लिए मुड़ी, रंजीत ने उसे बाँहों में घेर लिया। शारदा ने कोई एतराज नहीं किया।

''शारदा, आज रात को आठ बजे मुझे फिर जाना पड़ेगा !'' रंजीत ने शारदा को अलग करते हुए कहा।

''पार्टी से मिलने ?''

''हाँ, पार्टी से डील के पेपर्स फाइनल करने हैं, आज दस्तख़्त भी हो जाएँगे।''

"ठीक से सब कुछ फाइनल करना।" शारदा ने शैतानी से कहा, "कहीं पार्टी हाथ से न निकल जाए।"

रंजीत ने अपना ब्रीफकेस उठाया और कार में आ बैठा।

दरवाजे में खड़ी शारदा रंजीत की जाती हुई कार को देखती रही।

❑

रंजीत के ऑफिस में आज जनरल मैनेजर आए हुए थे। एक बहुत बड़ी फर्म से सचमुच आज उनकी कम्पनी का कांट्रेक्ट होनेवाला था।

"रंजीत, सब डील तय कर लो, पार्टी अगर और भी कमीशन माँगे तो भी दे दो। यह कांट्रेक्ट किसी भी तरह हाथ से नहीं जाना चाहिए !" जी.एम. ने कहा।

"यस सर।" रंजीत बोला, "क्या टर्म्स वही रहेंगे जो प्यारे लाल एंड कम्पनी से रहे थे ?"

"और क्या," जी.एम. ने कहा। फिर दुर्रानी की ओर देखकर बोले, "दुर्रानी, प्यारे लाल एंड कम्पनी की फाइल ले आओ। और फिर कांट्रेक्ट तैयार कर लो।"

"अभी लाया सर !" दुर्रानी तेजी से बाहर निकल गया।

"सब ठीक हो जाएगा सर, आप चिन्ता न करें !" रंजीत ने उनके पीछे-पीछे केबिन से निकलते हुए कहा।

जी.एम. को उनकी कार तक छोड़कर रंजीत अपने केबिन में लौटा ही था कि दुर्रानी एक फाइल लेकर आ गया।

"भाई साहब, यह लीजिए प्यारे लाल एंड कम्पनी की फाइल !" दुर्रानी ने फाइल रंजीत के आगे रख दी।

"दुर्रानी, अब एक काम और कर दो।" रंजीत ने फाइल खोलते हुए कहा।

"फर्माइए।"

"जरा घर पर अपनी भाभी को फोन कर दो कि आज शाम मुझे देर हो जाएगी !" रंजीत ने कहा, "आठ बजे तक घर पहुँच पाऊँगा।"

"अभी फोन किए देता हूँ। आज काम बहुत करना है !" दुर्रानी ने कहा और रिसीवर उठाकर रंजीत के घर का फोन नम्बर डॉयल करने लगा।

❑

शारदा ड्राइंगरूम में बैठी कोई मैगजीन पढ़ रही थी। तभी टेलीफोन की घंटी बज उठी। उसने हाथ बढ़ाकर रिसीवर उठा लिया।

"हैलो !"

''हैलो भाभी, आदाब अर्ज है। मैं दुर्रानी बोल रहा हूँ।''

''अच्छा-अच्छा, दुर्रानी भाई साहब्र, कैसे हैं आप ?'' शारदा ने खुशी-भरे लहजे में पूछा, ''आज कैसे याद किया अपने को।''

''वो भाभीजान, अभी-अभी एक शेर कहा है। पहले शेर अर्ज है।''

''इरशाद !'' शारदा ने हँसकर कहा।

''अर्ज है...

लैला की कब्र से आती है ये सदा
कि क्या, कि जागते रहो जागते रहो !''

शारदा हँस पड़ी ! ''मजेदार शेर है भाई साहब।''

''हाँ, आप समझ गई होंगी।'' दुर्रानी ने कहा, पर इस वक्त फोन करने का मकसद दूसरा है भाभीजान !''

''बताइए।''

''वह ऐसा है भाभीजान कि दफ्तर को एक डील पटाना है। और भाई साहब ही डील तय करने जा रहे हैं...आज घर पहुँचने में देर लग जाएगी, आठ बजे तक पहुँच पाएँगे, वैसे मैं भी भाई साहब के साथ जा रहा हूँ, इसलिए खतरे की कोई बात नहीं है !'' दुर्रानी ने बताया।

''ठीक है भाई साहब !'' शारदा ने कहा, ''क्या वह हैं आपके पास ?''

दुर्रानी ने रंजीत से इशारे से कहा कि भाभी बात करना चाहती है, लेकिन रंजीत ने इशारे से ही इनकार कर दिया।

दुर्रानी ने माउथ पीस से हाथ हटाकर कहा, ''हाँ, भाभी, भाई साहब इस वक्त जी.एम. साहब के पास हैं।''

''कोई बात नहीं।'' शारदा ने कहा और रिसीवर रख दिया।

शारदा कुछ देर बैठी-बैठी कुछ सोचती रही और फिर उठकर अपने कमरे में चली गई।

उसने कपड़े बदले और अलमारी से वह फोटो निकाल लिया जो दो दिन पहले ही उसने खींचा था। उसने रंजीत की डायरी और फोटो पर्स में रख लिये। डायरी पर्स में रखने से पहले उसने निर्मला के घर का पता नोट कर लिया, जो उसने रंजीत की डायरी से हासिल किया था।

वह रिंकू को कुछ समझाकर कॉटेज से निकल आई।

कुछ देर बाद वह एक टैक्सी में बैठी निर्मला के घर की ओर चली जा रही थी।

❑

निर्मला अपने कमरे में थी।

"बेटी निर्मला।" सहसा माँ ने अन्दर आकर कहा।

"क्या है माँ ?"

"तुम से कोई मिलने आई हैं।"

"मुझसे मिलने, यहाँ ?" निर्मला हैरानी से बोली, "अच्छा, उन्हें बैठाओ, मैं अभी आती हूँ।"

माँ वापस चली गई।

निर्मला ने जल्दी-जल्दी खुद को सँवारा, अपने आपको आगे-पीछे घूमते हुए आईने में देखा और मुस्कुराती हुई कमरे से निकल आई।

उसे देखते ही शारदा उठ खड़ी हुई और दोनों हाथ जोड़कर नमस्ते करने के बाद पूछा, "आप ही हैं निर्मला—मिस निर्मला शर्मा।"

"यस...आपकी तारीफ ?" निर्मला ने बड़े गर्वीले अन्दाज में पूछा।

शारदा ने पर्स खोलकर फोटो निकाला और निर्मला के सामने करते हुए पूछा, "आप...आप इन साहब से प्यार करती हैं ?"

निर्मला ने रंजीत और अपना फोटो देखा और उसके चेहरे पर जैसे भूचाल डोल गया। लेकिन जल्दी से अपने आपको सँभालते हुए बोली, "लेकिन आप हैं कौन ?"

"मैं तो ऐसे ही फ्रीलांस फोटोग्रॉफर हूँ—आपको कई बार इनके साथ देखा तो एक दिन यह फोटो ले लिया !" शारदा ने मुस्कुराते हुए कहा और फोटो पर्स में रख लिया।

"ओह..." निर्मला की आँखों में परेशानी झाँक उठी।

"आप क्या समझ रही हैं, मैं कोई ब्लैकमेलर हूँ।"

"जी नहीं," निर्मला ने अपने आपको पूरी तरह सँभालकर कहा, "अगर आप ब्लैकमेलर होतीं तो भी मेरा क्या कर लेतीं ? मैं इनसे कोई छिपकर तो प्यार करती नहीं—मुझे यह स्वीकार करने में कोई आपत्ति नहीं कि मैं इनसे प्यार करती हूँ—और बेहद प्यार करती हूँ।"

"लेकिन यह साहब उम्र में तो आपसे कहीं बड़े दिखाई देते हैं। शायद शादीशुदा भी हैं।"

"मुझे यह मालूम है !" निर्मला बोली, "हालाँकि मिस्टर रंजीत शादीशुदा हैं लेकिन उनका शादीशुदा होना, न होना—कोई मतमब नहीं रखता।"

"मतलब ?"

"मतलब यह है कि..." निर्मला कहने लगी, "अगर एक बीमार बीवी को

लेकर कोई आदमी खुद मुर्दा हो जाए और उस मुर्दा आदमी को प्यार देकर मैं नई जिन्दगी दे सकूँ तो गलत क्या है ?...अगर मैं इन्हें थोड़ी सी खुशी--थोड़ी सी राहत दे सकती हूँ तो क्यों न दूँ ? किसी को प्यार देकर जिन्दगी देना गुनाह तो नहीं है ? क्या मैं मरती हुई बीवी के साथ रंजीत को भी मर जाने दूँ !''

''यह सब क्या कह रही हैं आप ?''

''मैं ठीक कह रही हूँ !'' निर्मला ने दृढ़ता से कहा, ''देखिए मैं उनकी पत्नी का बुरा बिल्कुल नहीं चाहती। लेकिन उसकी जिन्दगी और मौत का कोई भरोसा नहीं है। वह कल भी मर सकती है और दस महीने बाद भी। बेचारे रंजीत तो डॉक्टरों, वैद्यों और हकीमों के पास दौड़ते-दौड़ते अधमरे हो गए हैं। पर किस्मत का लिखा कौन टाल सकता है।...ज्योतिषियों तक ने बताया है कि उनकी पत्नी का मृत्युयोग है।...बस वह आठ-दस महीनों की मेहमान है...ऐसे में अगर एक आदमी किसी और का हाथ थाम ले तो क्या फर्ज है उस औरत का !''

''उनकी बीवी इतनी बीमार है ! किसने बताया आपको ?'' शारदा ने हैरान होकर पूछा।

''मुझे खुद रंजीत ने बताया है। वह मुझे सब कुछ बता देते हैं, अपना दुःख, अपना सुख !'' कहते-कहते निर्मला रोमांटिक हो उठी।

शारदा सकते में रह गई। उठकर खुश्क गले से बोली, ''और आपको उनकी बातों पर यकीन है ?''

''क्यों न हो ?''

''आप उनकी बीवी से मिली हैं कभी ?''

''जी नहीं।''

''मिलना चाहेंगी ?''

''जरूर...!''

''तो मिल लीजिए।''

''कहाँ ? क्या उन्हें जानती हैं आप ?''

''मैं ही रंजीत की बीवी हूँ !'' शारदा ने कहा और तेजी से बाहर निकल गई।

''रंजीत की बीवी...'' निर्मला के होंठों से एक हल्की सी चीख निकल गई।

फिर वह आँखें फाड़े दरवाजे की ओर देखने लगी।

शारदा दूर जा चुकी थी।

❑

निर्मला को अचम्भे में डालकर शारदा घर पहुँची तो शाम हो चुकी थी। रंजीत के

ऑफिस से लौटने का समय हो चुका था। लेकिन दुर्रानी ने फोन से शारदा को बताया था कि आज रंजीत को घर लौटने में रात के आठ बज जाएँगे, इसलिए शारदा अपने ड्राइंगरूम में निश्चिन्त बैठी निर्मला के बारे में सोच रही थी।

निर्मला ने स्पष्ट शब्दों में स्वीकार कर लिया था कि वह रंजीत से प्यार करती है। इस प्यार के लिए उसने जो दलीलें दी थीं वे भी अनुचित नहीं थीं। ऐसी स्थिति में भावुक और संवेदनशील नारी और कर भी क्या सकती थी। निर्मला की बातों से स्पष्ट हो गया था कि उसने किसी आर्थिक या व्यक्तिगत लाभ अथवा यौन सुख प्राप्त करने के लिए रंजीत से रिश्ता नहीं जोड़ा था। यह रिश्ता तो विशुद्ध मानवीय संवेदना पर आधारित था। शारदा इस रिश्ते के लिए निर्मला को रत्ती-भर भी दोषी मानने को तैयार नहीं थी। दोषी था रंजीत ! जिसने झूठ बोलकर निर्मला की भावुक और संवेदनशील भावनाओं के साथ खिलवाड़ किया था। उसने निर्मला को धोखा दिया था। साथ ही शारदा को भी धोखा दिया था। अब उसके मन में शारदा के लिए प्यार नहीं रहा था। वह चाहता था कि किसी तरह शारदा मर जाए तो वह निर्मला से शादी कर ले। उसने पता नहीं किस योजना के अनुसार उसे बीमार बताया था ! उस पर मृत्युयोग की छाया बताई थी। और यह इस बात का ठोस प्रमाण था कि अब रंजीत के दिल में उसके लिए जो प्यार और आकर्षण था, वह समाप्त हो चुका है।

शारदा के स्थान पर कोई और स्त्री होती तो सारी बातें जानने के बाद रंजीत के साथ अपना रिश्ता तोड़ डालने के बारे में सोचती, लेकिन शारदा एक बेहद समझदार औरत थी, जो तैश में आकर पति के विश्वासघात और फरेब का शिकार हो जाने के बावजूद उससे अलग होने की जल्दी में नहीं थी, क्योंकि उसका बेटा था, उसका अपना घर था जिसे उसने तिनका-तिनका जोड़कर बनाया था। अपने प्यार से जिसे सजाया-सँवारा था। उस घर को छोड़ना आसान नहीं था। रंजीत भटक सकता था लेकिन शारदा का भटक जाना सम्भव नहीं था।

धीरे-धीरे शाम रात में बदलती जा रही थी। शारदा ने सारी स्थिति पर विचार करने के बाद यही निश्चय किया था कि एक ही छत के नीचे रहते हुए रंजीत के साथ वह सम्बन्ध नहीं रखेगी, जो एक पत्नी के नाते उसके कर्त्तव्य में शामिल थे। जब रंजीत ने उसके अधिकारों पर डाका डालने की कोशिश की है तो वह उसके प्रति अपने कर्तव्यों की चिन्ता क्यों करे ? वह रंजीत को उसके हाल पर छोड़ देगी। उसके रास्ते का रोड़ा नहीं बनेगी। लेकिन उसे उसकी हरकतों को बताएगी जरूर, ताकि वह सिर उठाकर उसके साथ बात न कर सके ! रंजीत की यह पराजय ही उसकी सबसे बड़ी विजय होगी। वह रंजीत को इस योग्य ही नहीं

रहने देगी कि वह अपने पति होने का उस पर अधिकार जमा सके।

वह इन्हीं विचारों में डूबी बैठी थी कि दरवाजे से तेजी से अन्दर आते रंजीत के कदमों की आवाज के साथ ही रंजीत की आवाज भी उसके कानों से टकराई।

रंजीत ने दरवाजे में कदम रखते ही खुशी-भरी ऊँची आवाज में उसे पुकारकर कहा, ''ओ जानम कहाँ हो ? खुशखबरी...खुशखबरी...अब मेरा प्रमोशन पक्का ! यह डील हो गया...इस डील से कम्पनी को कई लाख का फायदा होगा...अपना प्रमोशन पक्का—एकदम पक्का ! है न खुशखबरी...''

''वाकई खुशखबरी है।'' शारदा सँभलकर बैठ गई और रंजीत के चेहरे को घूरती हुई बोली, ''अब दूसरी खुशखबरी मैं सुनाती हूँ तुम्हें।''

''दूसरी खुशखबरी !...सुनाओ, जल्दी सुनाओ क्या है ?'' रंजीत ने शारदा के पास बैठते हुए कहा।

शारदा उठकर दूसरे सोफे पर जा बैठी और रंजीत को घूरती हुई कहने लगी, ''दूसरी खुशखबरी यह है कि मैं सख्त बीमार हूँ—डॉक्टरों, हकीमों और वैद्यों ने जवाब दे दिया है...यही नहीं ज्योतिषियों ने कह दिया है कि मैं आठ-दस महीनों की ही मेहमान हूँ। बहुत जल्द रामनाम सत्य होनेवाली है...है न खुशखबरी !''

शारदा की बातें सुनकर रंजीत के हाथों के तोते उड़ गए। चेहरे और आँखों की चमक छूमन्तर हो गई। वह अवाक् रह गया। शारदा की बात का उत्तर देने का साहस ही नहीं रहा उसमें। सारा बदन जैसे शक्तिहीन हो गया। उसके गले में जैसे काँटे उग आए। हलक से आवाज ही नहीं निकली।

''बोलते क्यों नहीं ? मुँह पर ताले क्यों पड़ गए ?'' शारदा ने क्रोध और घृणा-भरी आवाज में कहा, '''यही है न तुम्हारा प्यार ? यही है न तुम्हारे घर की खुशी...घर की खुशहाली ?''

क्रोध और घृणा से तिलमिलाकर शारदा ने मेज पर रखी डायरी और फोटो उठाई और रंजीत पर फेंक दी।

''अरे, अरे...मेरी बात तो सुनो शारदा !'' रंजीत हड़बड़ा उठा।

''आग लगे ऐसे नकली प्यार को जो जिन्दगी उजाड़ दे—कब से चाह रहे हो कि मैं मर जाऊँ !''

''शन्नो...मेरी बात तो सुनो...!'' रंजीत गिड़गिड़ाया।

''मत कहो मुझे शन्नो—अपनी निम्मो के साथ उड़ाओ गुलछर्रे—और मेरे मरने का इन्तजार करो ! जाकर शादी की तारीख तय करो...समझ लो मैं मर चुकी हूँ !'' क्रोध से शारदा जैसे पागल हो उठी।

''मेरी बात तो सुनो शारदा...!''

''मुझे कुछ नहीं सुनना है—ये सबूत क्या काफी नहीं हैं ?'' शारदा ने रंजीत के पास पड़ा फोटो और डायरी उठाकर रंजीत के आगे फर्श पर पटक दी।

''नहीं शारदा, ये सारे सबूत गलत हैं...मैं...मैं...!''

लेकिन रंजीत की बात अधूरी ही रह गई।

उसी समय दरवाजे से निर्मला की आवाज आई, ''क्या सबूत दे रहे हो रंजीत ? मैं जीता-जागता सबूत हूँ, तुम्हारे झूठ का...तुम्हारी धोखेबाजी का।''

रंजीत की आँखें आश्चर्य से फटी रह गईं। कभी वह शारदा को देखता और कभी निर्मला को देखने लगता। वह इतना घबरा गया था, इतना भयभीत हो उठा था कि उसका समूचा बदन काँपने लगा था—रोम-रोम से पसीने की ठंडी-ठंडी बूँदें फूटने लगी थीं। हलक खुश्क हो गया था। होंठ सूख गए थे।

''तुम ! तुम यहाँ क्या लेने आई हो ?'' बड़ी कठिनाई से उसके मुँह से निकला।

''मैं आपकी बीमार पत्नी से मिलने आई हूँ !'' निर्मला की आवाज में व्यंग्य था—नश्तर की तरह तेज व्यंग्य।

रंजीत आँखें फाड़े निर्मला को देखता रह गया।

''अपनी बीमार बीवी से नहीं मिलाओगे रंजीत ?'' निर्मला मुस्कुराकर बोली।

''वह...वह...'' रंजीत के हलक से आवाज ही नहीं निकल पा रही थी।

''मुझे इस तरह धोखा देते तुम्हें शर्म नहीं आई रंजीत !'' निर्मला ने नफरत-भरी आवाज में कहा।

''धोखा ! नहीं-नहीं...तुम दोनों को ही कुछ धोखा हुआ है !'' रंजीत ने प्रतिवाद किया।

''हम दोनों को धोखा हुआ है ?'' शारदा और निर्मला एक साथ बोल उठीं, ''तो यह भी कह दो कि तुम रंजीत नहीं हो ? हम दोनों को तुम्हारे रंजीत होने का भी धोखा हुआ है !''

''रंजीत ! कह दो कि मैं निर्मला नहीं हूँ !'' निर्मला दहाड़ उठी।

''हाँ !'' शारदा बोली, ''यह भी कह दो कि मैं शारदा नहीं हूँ !

उन तीनों की ऊँची-ऊँची आवाजें सुनकर रिंकू भी वहाँ पहुँच गया था। उन तीनों के चेहरे देखकर वह कुछ भयभीत हो उठा था, और अपनी माँ के पीछे जा खड़ा हुआ था।

''बोलते क्यों नहीं रंजीत ?'' निर्मला और शारदा ने एक साथ कहा।

''नहीं—नहीं—तुम शारदा हो...तुम निर्मला हो...'' रंजीत हकला उठा था।

''फिर तुमने मेरे दिल के साथ इस तरह खिलवाड़ क्यों किया ?'' निर्मला दहाड़कर बोली, ''तुमने मुझे इस तरह धोखा क्यों दिया रंजीत ! बोलो...बताओ।''

''और रंजीत, तुमने मुझे धोखा क्यों दिया ? मेरे साथ विश्वासघात क्यों किया ? क्या मैंने अपना सब कुछ तुम्हें नहीं दिया था रंजीत !'' शारदा ने कड़ककर पूछा।

''दिया था...दिया था...मैं कब इनकार कर रहा हूँ।''

''मैंने किसी का कुछ बुरा चाहा था ? तुम्हारा या तुम्हारी वाइफ का ?''

''नहीं...नहीं...बिल्कुल नहीं।''

''तब तुमने हमारे दिल से...'' निर्मला बोली।

''हमारे प्यार और हमारी इज्जत से...!''

''हमारी भावनाओं से...!''

''यह खिलवाड़ क्यों किया ? क्यों ? किसलिए ?'' शारदा बिफर उठी।

रंजीत पूरी तरह पस्त हो चुका था। वह पागलों की तरह अपने बाल नोचने और चीखने लगा। फिर उसने फर्श पर पड़ी शारदा की चप्पल उठाई और अपने मुँह पर मारने लगा। फिर निर्मला और शारदा की ओर डरी-सहमी—दहशत और वहशत भरी नजरों से देखते हुए फूट पड़ा :

''मैं कुत्ता हूँ...आई एम ए फूल...मैं बेवकूफ हूँ...आई एम मैड...मैं पागल हूँ...मैं कुत्ता हूँ...बदजात हूँ...कमीना हूँ...बेईमान हूँ...धोखेबाज हूँ—मुझे...मुझे माफ कर दो...भगवान के लिए तुम दोनों मुझे माफ कर दो...'' रंजीत जैसे सचमुच पागल हो उठा था। वह उठकर भागा लेकिन फिर शारदा और निर्मला के बीच फर्श पर आ बैठा। और अपने दोनों कान पकड़कर बोला, ''मेरी तोबा ! मेरे सात पुरखों की तोबा !''

निर्मला और शारदा हैरानी से रंजीत को देखती रहीं।

रंजीत उठा और कॉटेज से बाहर भागता चला गया।

उसकी यह हालत देखकर शारदा और निर्मला का क्रोध छूमन्तर हो गया। दिल पसीज उठा और वे सुबक-सुबककर रोने लगीं।

रिंकू शारदा के पीछे खड़ा हैरानी से उन दोनों को रोते देखता रहा। जो कुछ भी हुआ था या हो रहा था, उसे वह समझ नहीं पा रहा था।

शारदा और निर्मला काफी देर तक रोती रहीं। फिर शारदा ने किसी तरह अपने आपको सँभालकर कहा, ''निर्मला, मेरी समझ में यह नहीं आता कि तुमने अपनी उम्र से दोगुनी उम्र के आदमी से प्यार क्यों किया ?''

''मेरी उम्रवाले नौजवानों के पास प्यार तो होता है, भावनाएँ भी होती हैं पर

पैसा नहीं होता...मैं लोअर मिडिल क्लास की लड़की हूँ, दुनिया को देखती हूँ तो मेरे जी में भी आता है कि मेरे पास सब कुछ हो, छोटे-छोटे सुख, छोटे-छोटे आराम ! उनके लिए भी तो पैसे की जरूरत होती है !'' निर्मला ने अपने आँसू पोंछ डाले।

''बस, इतने भर के लिए तुमने यह सब कर डाला ?''

''नहीं, मैंने इस सबके लिए नहीं किया !'' निर्मला पूरी तरह सँभलकर बोली, ''दरअसल मैं प्यार में बह गई थी। रंजीत ने मुझसे झूठ बोला, मुझे धोखा दिया। लेकिन मैंने न तो कभी झूठ बोला और न ही धोखा दिया। मैं सचमुच ही रंजीत को प्यार करने लगी थी। मेरे लिए प्यार का यह पहला-पहला अनुभव था...सच्चे प्यार का पहला अनुभव...मैंने तो अपना सब कुछ खो दिया।''

कहते-कहते निर्मला फूट-फूटकर रो पड़ी।

''निर्मला, सच पूछो तो तुमने अपना प्रेमी खोया और मैंने अपने पति को खो दिया...लेकिन रंजीत ने क्या पाया ? कुछ भी तो नहीं !'' शारदा ने दुखी होकर कहा।

''हाँ, लेकिन कसूर मेरा नहीं है !'' निर्मला बोली, ''मेरा वश चलता तो मैं कभी नौकरी न करती—पर हमारे जैसे घरों की हालत का आप अन्दाजा नहीं लगा सकतीं। जरूरतें हमें एक बार एक ओर धकेलती हैं, दूसरी बार दूसरी तरफ... लेकिन जहाँ हमारी जरूरतें एक साथ पूरी हो जाती हैं वहीं हम बेबस हो जाती हैं—मैं भी बेबस हो गई थी...पर सच कहूँ—अगर मुझे सच्चाई मालूम होती तो यह सब कभी न होता। पर अब तो आप से सिर्फ माफी ही माँग सकती हूँ...सिर्फ माफी...आपका घर बसा रहे...आबाद रहे, मैं इसी में खुश रह लूँगी। आप मुझे माफ कर देंगी तो मेरे मन को शान्ति मिल जाएगी, चैन मिल जाएगा ! आपकी माफी मुझे इस सबको भूल पाने की ताकत दे देगी।''

शारदा पथराई-सी निर्मला को देखती रही।

निर्मला अपराधी सी उठी और आँसू पोंछती हुई चली गई।

शारदा अपनी आँखों में आँसू लिये जाती हुई निर्मला को देखती रही। वह समझ नहीं पा रही थी कि निर्मला को किस तरह तसल्ली दे।

❐

दुर्रानी एक कमरे में छोटे से फ्लैट में अकेला ही रहता था। परिवार में उसके अलावा और कोई नहीं था।

रंजीत शारदा और निर्मला से पीछा छुड़ाकर घर से भाग तो आया था लेकिन

वह यह नहीं समझ पा रहा था कि वह कहाँ जाए ?

कुछ देर वह फुटपाथ पर खड़ा-खड़ा सोचता रहा। और फिर उसके कदम तेजी से दुर्रानी के घर की ओर बढ़ने लगे।

दुर्रानी के फ्लैट का दरवाजा खुला हुआ था। रंजीत सीधा अन्दर चला गया।

''दुर्रानी !'' उसने अन्दर कदम रखते हुए पुकारा।

रंजीत की हालत देखकर दुर्रानी हैरान रह गया। रंजीत के चेहरे पर हवाइयाँ उड़ रही थीं। कपड़े अस्त-व्यस्त थे। दुर्रानी के दिल को एक जोरदार धक्का लगा।

''क्या हुआ बिरादर...?'' उसने उठकर आगे बढ़ते हुए पूछा।

''यार, मेरे साथ चलो, बहुत घपला हो गया...तुम ही चलकर अपनी भाभी को समझाओ !'' रंजीत ने बैठते हुए कहा।

''पर बात क्या है ?''

''वह निर्मला है न निर्मला...उसने तुम्हारी भाभी के पास जाकर न जाने क्या-क्या कह दिया है। मैं डर रहा हूँ कि कहीं शारदा कुछ कर न बैठे...वह निर्मला की बच्ची तो मेरा घर बर्बाद करने पर उतारू है।''

''तो मामला इतना संगीन हो गया है बिरादर...'' दुर्रानी ने कहा, ''अमाँ, पहले बताया होता तो हम निर्मला को ही बर्बाद कर देते...अच्छा चलो, देखते हैं...वह शेर है न–

दोस्त वो जो वक्त पे काम आए
वार दोस्त पर न हो, खुद पे झेल जाए।''

''यह शेर तुम्हारा नहीं है !'' रंजीत ने संजीदगी से कहा।

दुर्रानी कुर्ता पहनते-पहनते रुक गया, ''तुम्हें मेरी मदद चाहिए या नहीं ? शेर सौ फीसदी मेरा है–बोलो, क्या बोलते हो कुर्ता पहनूँ या उतार दूँ।''

''नहीं भई, नहीं !'' रंजीत जल्दी से बोल उठा, ''यह शेर तुम्हारा ही है...सौ फीसदी मैंने मंजूर किया...''

दुर्रानी ने जल्दी से कुर्ता पहन लिया और रंजीत के साथ उसके घर की ओर चल दिया।

❑

रंजीत के घर का दरवाजा बन्द था। रात काफी हो चुकी थी।

दुर्रानी ने अपने पीछे खड़े रंजीत को धीमी आवाज में कुछ समझाया और फिर कालबेल का बटन पुश कर दिया।

घंटी की आवाज फ्लैट के अन्दर गूँज उठी।

कुछ देर बाद शारदा ने दरवाजा खोल दिया। उसे देखते ही रंजीत बड़ी फुर्ती से दुर्रानी के पीछे जैसे जा छिपा।

''आदाब, भाभी !'' दुर्रानी ने सलाम किया।

''आओ दुर्रानी भाई।'' शारदा ने कहा, फिर उसके पीछे छिपे खड़े रंजीत की ओर देखती हुई कहने लगी, ''तुम भी आ जाओ, चोरों की तरह मुँह छिपाए क्यों खड़े हो।''

''हाँ-हाँ, आ जाओ बिरादर...पर्दा किस बात का है !'' दुर्रानी ने रंजीत का हाथ पकड़कर कहा।

रंजीत भी दुर्रानी के पीछे-पीछे अन्दर आ गया।

''तो वकील लेकर आए हो ?'' शारदा ने रंजीत को गुस्से से घूरते हुए कहा।

''तुम्हें मुझ पर यकीन नहीं है न,'' रंजीत ने कहा, ''दुर्रानी से ही पूछ लो।''

''आप भी किस चक्कर में पड़ गईं भाभी,'' दुर्रानी ने कहा, ''निर्मला तो लड़की ही ऐसी है। उसने तो दफ्तर के किसी को भी नहीं छोड़ा, सब पर डोरे डाले...बड़ी डोरे-डाल लड़की है। जब किसी पर बश नहीं चला तो मेरे इस भोले-भाले बिरादर को फाँस लिया।''

''अगर यह बात है तो यह क्या है ?'' शारदा ने कहा और डायरी खोलकर दुर्रानी के सामने रख दी।

''ओह ! डायरी...बिरादर की डायरी !''

''जी !''

दुर्रानी ऊँची आवाज में पढ़ने लगा :

''निर्मला, तुम एक हसीन ख्वाब हो...समन्दर की लहरों की तरह लहराता हुआ तुम्हारा बदन...तितली के पंखों की तरह काँपते हुए तुम्हारे अधखुले होंठ...वाह !'' दुर्रानी ने तारीफ की। ''वाह क्या बात है !''

''आगे भी तो पढ़िए।'' शारदा बोली।

''कभी-कभी लगता है—सदियों से मैं तुम्हारी ही तलाश में भटक रहा था।'' दुर्रानी डायरी पढ़ता गया, ''हाँ निर्मला, सदियों से मैं तुम्हारी ही तलाश में भटक रहा था—तुम्हें पुकारता हुआ।''

''वाह, बिरादर, रंजीत साब ! वाह ! मैं तो खुद को ही शायर समझता था—लेकिन तुम तो मेरे भी उस्ताद निकले बिरादर ! मुझे आज ही, और इसी वक्त अपना शागिर्द बना लीजिए।''

''दुर्रानी...वह...वह...'' रंजीत की हालत और भी पतली होती जा रही थी।

''अभी क्या है, ये देखिए—फोटो...,'' शारदा ने निर्मला और रंजीत का फोटो दुर्रानी के सामने रख दिया।

उस फोटो पर नजर पड़ते ही पहले तो दुर्रानी हड़बड़ा उठा। फिर जल्दी से अपने आपको सँभालकर कहने लगा, ''वाह, क्या लाजवाब फ़िल्मी पोज है !''

फिर रंजीत को सख्ती से देखते हुए बोला, ''भाभी ! इनकी यही गलती है। इश्क करनेवाले और कत्ल करनेवाले को, कोई निशान—कोई सबूत छोड़ना नहीं चाहिए—पर हमारे बिरादर फर्स्ट क्लास फर्स्ट हैं न...सबूत तक छोड़ दिया। क्यों बिरादर, अब हमसे मुखातिब हो जाओ ! तुमने इतनी अच्छी भाभी के होते हुए ऐसी जुर्रत कैसे की ?''

दुर्रानी का रुख देखकर रंजीत की हालत और भी बिगड़ गई।

शारदा शेरनी की तरह रंजीत को देखने लगी, ''अरे दुर्रानी भाई, यह क्या बोलेंगे, इन्होंने तो मुझे डैथ-बेड पर डाल रखा था। मेरे मरने की राह देख रहे थे।''

''हैं !''

''देखो शारदा,'' रंजीत ने बड़ी मुश्किल से खुद को सँभालते हुए कहा, ''मुझसे गलती जरूर हुई लेकिन निर्मला से मेरा कोई रिश्ता नहीं है, वह गरीब है, उसे पैसे और आराम-आराइश की जरूरत थी।''

''पैसे और आराम-आराइश के साथ तुमने उसे वह भी दे डाला जिस पर सिर्फ एक पत्नी का ही अधिकार होता है...'' शारदा दहाड़ उठी, ''तुम उसे धन-दौलत सब कुछ भले ही दे देते, लेकिन उसे प्यार तो न देते...जो सिर्फ मेरा था ! उसे सिर्फ आदमी की जरूरत थी, पर मुझे आदमी की नहीं रंजीत की जरूरत थी। तुमने उसे मेरा रंजीत क्यों दे दिया, इस बात का कोई जवाब है तुम्हारे पास ?''

शारदा की बात सुनकर रंजीत बगलें झाँकने लगा, उसके पास सचमुच शारदा की इस बात का कोई जवाब नहीं था।

''अरे भाभी, इसीलिए तो हम कुँवारे रह गए ! शादीशुदा लोग ही जब लड़कियों को नहीं छोड़ेंगे तो हमारी शादियाँ कैसे होंगी ! खैर छोड़ो—चलो बिरादर माफी माँगो भाभी से। और कान पकड़ो कि आइन्दा ऐसी गलती कभी नहीं करोगे।''

''मैं तो पहले ही माफी माँग चुका हूँ,'' रंजीत ने कहा, ''लेकिन यह माफ करें तब न।''

रंजीत ने दोनों हाथ जोड़ दिए।

''दुर्रानी भाई, माफ करने के अलावा एक औरत के पास और होता भी क्या है !'' शारदा ने एक लम्बी साँस भरकर कहा, ''पति उसे जो जी चाहे सजा दे

सकता है, लेकिन उसे अपने पति के बड़े-से-बड़े जुर्म की सजा देने का कोई हक नहीं है।''

''भाभी, यह जो फर्स्ट क्लास फर्स्ट होते हैं न, वे घर में भी गलतियाँ करते हैं, और दफ्तर में भी। हम जैसे थर्ड क्लास थर्ड दफ्तर में कोई गलती कर भी बैठें मगर...खैर...अब इसे माफ कीजिए और एक कप गर्मागर्म चाय पिला दीजिए !

शारदा धीरे से उठी और किचन में चली गई।

❐

रात आधी से अधिक बीत चुकी थी लेकिन न तो रंजीत को अभी तक नींद आई थी और न शारदा की ही आँखों में नींद का नाम था। बिस्तर पर पड़े दोनों करवटें बदल रहे थे।

अचानक रंजीत उठा और शारदा के करीब जा बैठा, ''शारदा, मुझे माफ नहीं करोगी क्या ?''

''कर भी दूँ तो क्या ? अब तो पहले जैसा रिश्ता हमारे बीच फिर से जिन्दा हो नहीं सकता।'' शारदा ने दूर खिसकते हुए कहा, ''जाओ, चुपचाप सो जाओ।''

''ऐसा मत कहो शारदा...और जो भी सजा देना चाहो मुझे दे दो, मगर...?''

''सजा...नहीं रंजीत, जो सजा तुम्हें मिलनी चाहिए थी वह तुमने मुझे दे डाली–अपना पहला प्यार ठुकराकर जब कोई दूसरा प्यार कर लेता है तो तीसरे और चौथे प्यार के लिए रास्ता जरूर खुल जाता है–लेकिन पहले प्यार को छोड़ा भी नहीं जा सकता...।''

कहते-कहते शारदा उठी और अलमारी से अपनी सुहागरात का जोड़ा और रंजीत का कुर्ता-पाजामा निकाल लाई। उन्हें रंजीत के आगे रखकर बोली, ''इनमें अभी भी वही महक बाकी है...मेरे इस बदन में भी तुम्हारी महक बाकी है रंजीत, लेकिन तुम्हारे शरीर में आज मेरी महक बाकी नहीं है।''

कहते-कहते शारदा की आवाज भर्रा उठी। आँखों में आँसू छलछला उठे।

रंजीत शारदा के चेहरे को देखता रहा। फिर उसे छूते हुए बोला, ''शारदा, एक कसूर तो भगवान भी माफ कर देता है...तुम्हारी कसम शारदा, मैं वही रंजीत हूँ। मेरा विश्वास करो।''

''नहीं रंजीत, अब तुम वही रंजीत कभी नहीं हो सकते।''

''मैं फिर से वही रंजीत बनकर दिखा दूँगा शारदा–बस एक बार मुझे माफ कर दो।''

"उससे क्या होगा ?"

"मुझे कम-से-कम एक मौका तो दो शारदा। रिंकू कश्मीर घूमने के लिए कई बार कह चुका है। हम यहाँ से बाहर चलेंगे, कश्मीर चलेंगे...वहाँ साथ-साथ रहेंगे और फिर से अपना खोया हुआ प्यार वापस पा लेंगे।"

"नहीं रंजीत, अब वह प्यार नहीं प्यार का नाटक होगा...अब वह आत्मा मर चुकी है, अब इस शरीर के साथ जो भी जी चाहे करो, इसे चाहे यहाँ छोड़ दो या बाहर ले चलो, चाहे इस शरीर को बिस्तर पर डालकर मसल डालो, चाहे इसे फूलों से सजा दो...अब इसकी आत्मा मुर्दा है—सिर्फ यह शरीर चल-फिर रहा है।"

"ऐसा मत कहो शारदा," रंजीत गिड़गिड़ा उठा, "मुझे सिर्फ एक मौका दे दो शारदा..."

"नहीं रंजीत, नहीं...अब नहीं !" शारदा ने कहा और बेडरूम से निकल गई।

❐

सुबह रंजीत ऑफिस जाने लगा तो रिंकू ने उसकी ओर आते हुए कहा, "डैडी ! यू आर एक लायर एंड ए चीट।"

"हाँ बेटा..." रंजीत ने बुझी हुई आवाज में कहा।

"लेकिन डैडी किसी को ऐसा धोखा देना बहुत बुरी बात है।" रिंकू ने नाराजगी के साथ कहा, "आपने दीवाली की छुट्टियों में कश्मीर चलने का वायदा किया था।"

"वह वायदा मैं जरूर पूरा करूँगा, लेकिन एक शर्त पर।"

"शर्त ! क्या है वह शर्त ?" रिंकू ने पूछा।

"तुम्हारी मम्मी भी हमारे साथ चलेंगी।"

"मम्मी क्यों नहीं चलेंगी, क्यों नहीं ? जरूर चलेंगी।...मम्मी तुम चलोगी न ?"

"नहीं रिंकू, मैं क्या करूँगी वहाँ जाकर, तुम अपने डैडी के साथ घूम आओ।"

"मैंने कहा था न रिंकू, अपनी मम्मी को मना लो तो हम चले चलेंगे।"

"मम्मी चलो न—मेरी अच्छी मम्मी...बोलो ना यस...यस कह दो मम्मी।"

"जिद नहीं किया करते रिंकू, मैंने कहा न मुझे नहीं जाना है।"

"ओह ! मम्मी इस वक्त बहुत गुस्से में हैं लेकिन मैं इन्हें मना लूँगा डैडी।"

"ठीक है। मना लो। मैं कल ही छुट्टियों के लिए एप्लाई कर दूँगा।"

"नहीं डैडी, आप आज ही छुट्टी के लिए एप्लीकेशन दे दीजिए और मुझे

टिकट लाकर दिखा दीजिए।''

''ओ.के. बेटे, टिकट आ जाएँगे !'' रंजीत ने कहा और बाहर आकर कार में जा बैठा।

अचानक उसे कुछ याद आ गया। वह कार से उतरा और शारदा के करीब आकर अपने कोट के खुले हुए बटनों की ओर इशारा करके बोला, ''सुनो शारदा...ये बटन....''

शारदा अनमने मन से बटन बन्द करने लगी, ''फायदा क्या है...बाहर जाते ही फिर खुल जाएँगे।''

''नहीं शारदा, अब नहीं खुलेंगे !'' रंजीत ने कहा और फिर कार में जा बैठा।

कार स्टार्ट होकर गेट से निकल गई।

शारदा ने एक लम्बी साँस ली और दरवाजे की ओर मुड़ गई।

❐

रंजीत ऑफिस में पहुँचा और सब लोगों के गुड मॉर्निंग का जवाब देते हुए अपने केबिन में चला गया।

अपनी चेयर पर बैठकर उसने मेज पर रखी फाइलों पर एक नजर डाली और हाथ में कलम थामे छत की ओर देखने लगा।

आज काम करने में उसका मन ही नहीं लग रहा था।

तभी दरवाजा खोलकर दुर्रानी अन्दर आया। रंजीत को गुमसुम बैठे देख मुस्कुराते हुए बोला, ''क्यों बिरादर, आज काम में मन नहीं लग रहा ?''

''नहीं दुर्रानी...ऐसी तो कोई बात नहीं है।''

''निर्मला अब आनेवाली नहीं बिरादर !''

''मुझे भी यही लग रहा है, फिर भी आ जाए तो मुझे बता देना, उससे माफी माँग लूँगा...मुमकिन है वह मुझसे मिले ही नहीं।''

''ठीक है, कुछ बिल पड़े हैं इन्हें देख लीजिए।''

''देख लूँगा।''

दुर्रानी ने केबिन से निकलकर देखा, निर्मला की सीट खाली पड़ी थी—

हाय, ये खाली कुर्सी और हम
दिल की तन्हाई न पूछ
ये खाली कुर्सी और तुम
दिल की बर्बादी न पूछ !''

दुर्रानी ने रंजीत पर एक नजर डाली और अपनी सीट पर आ बैठा।

रंजीत ने छुट्टी की एप्लीकेशन लिखी और घंटी बजा दी।

"यस सर !" चपरासी ने अन्दर आकर कहा।

"गंगादीन, यह एप्लीकेशन जी.एम. साहब को दे दो और यह नोट एकाउंटेंट को। कहना मेरे एकाउंट में से दस हजार रुपए निकालकर मुझे दे जाएँ।"

"जी साब !" चपरासी एप्लीकेशन लेकर चला गया।

❑

रंजीत के केबिन से निलकर दुर्रानी अपनी सीट पर आकर बैठा ही था कि तभी निर्मला आई और सीधी अपनी सीट पर जा बैठी।

उसने टाइपराइटर पर एक कागज चढ़ाया और टाइप करने लगी।

टाइपराइटर की आवाज सुनकर दुर्रानी ने चौंककर उधर देखा। निर्मला को देखकर उसके होंठों पर एक अजीब सी मुस्कुराहट नाच उठी।

निर्मला कागज टाइप करके दुर्रानी के पास आई और वह कागज दुर्रानी की ओर बढ़ाती हुई बोली, "बिरादर !"

"जी बताइए !" दुर्रानी ने बड़ी रूखी आवाज में पूछा और फिर रंजीत के केबिन की ओर इशारा करके बोला, "जरा उधर हो आइए।"

निर्मला ने कागज उठाया और रंजीत के केबिन की ओर बढ़ गई।

दरवाजे पर पहुँचकर एक पल ठिठकी फिर एक लम्बी साँस भरकर दरवाजा खोला और अन्दर चली गई।

रंजीत चौंककर उसकी ओर देखने लगा।

निर्मला ने टाइप किया कागज रंजीत के सामने रखते हुए कहा, "यह मेरा इस्तीफा है। इसे मंजूर करके मेरा जो भी पैसा निकलता हो वह अभी दिलवा दीजिए। बड़ी मेहरबानी होगी।"

"बैठो," रंजीत ने कहा और निर्मला के इस्तीफे पर दस्तखत करके बोला, "तुम्हारा इस्तीफा मंजूर करते बड़ा अजीब सा लग रहा है–पर शायद यही ठीक है निर्मला। तुम दफ्तर में आओगी तो हम फिर मिलेंगे, मेरा दिल फिर कमजोर हो जाएगा, पर मुझे गलत मत समझना निर्मला।"

"ये सब बातें छोड़िए। अब इनमें क्या रखा है," निर्मला ने सपाट लहजे में कहा, "मुझे पैसों की सख्त जरूरत है–अभी दिलवा दीजिए।"

"देखो, तुम तो दफ्तर का तरीका जानती ही हो, दो-एक दिन तो लग ही जाएँगे।"

"मुझे अभी जरूरत है। मेरे नानाजी की तबीयत बहुत खराब है। उनका

फौरन ऑपरेशन होना है। पैसों के इन्तजाम के लिए मुझे नागपुर जाना है, मामाजी के पास।''

''अच्छा देखता हूँ...'' रंजीत ने कहा और घंटी बजा दी।

घंटी की आवाज सुनकर चपरासी आया तो बोला, ''दुर्रानी साहब को बुलाओ।

''जी अच्छा।'' चपरासी ने कहा और मुड़कर चला गया।

कुछ ही देर बाद दुर्रानी आ गया।

''दुर्रानी, इनका हिसाब अभी करवा दो।'' रंजीत ने निर्मला की ओर इशारा किया।

''यस सर !'' दुर्रानी ने कहा और चला गया।

''मैं बाहर इन्तजार करती हूँ।'' निर्मला उठने लगी।

''यहीं बैठो निर्मला, ऐसी भी क्या नाराजगी,'' रंजीत बोला, ''मेरी एक आखिरी बात मानोगी ?''

''कौन सी बात ?''

''आज शाम पाँच बजे मुझसे आधे घंटे के लिए मिल लो। इसके बाद जिन्दगी-भर तुम्हें परेशान नहीं करूँगा। बोलो कहाँ मिलोगी ?''

''मैं वादा नहीं कर सकती। हो सका तो आ जाऊँगी।''

तभी दुर्रानी ने आकर रुपए निर्मला के सामने रख दिए, ''चार हज़ार आठ सौ पचास—गिन लीजिए।''

''थैंक्स सर।'' निर्मला ने बिना गिने नोट उठाकर पर्स में रख लिये और केबिन से निकल गई।

❐

शाम को रंजीत की कार घर जाने के बजाय 'गजीबो' के सामने जाकर रुक गई।

अन्दर वह कोने की उस टेबल पर जा बैठा जहाँ वह अक्सर निर्मला के साथ आकर घंटों बैठा करता था।

उसे देखते ही वेटर ने पास आकर कहा, ''यस सर।''

''एक कोना कॉफी।'' रंजीत ने ऑर्डर दिया।

कुछ देर बाद वेटर कॉफी रख गया।

रंजीत धीरे-धीरे कॉफी पीने लगा।

उसकी नजरें दरवाजे पर ही टिकी हुई थीं।

धीरे-धीरे आधा घंटा बीत गया, लेकिन निर्मला नहीं आई।

रंजीत समझ गया कि वह अब नहीं आएगी। उसने इशारे से वेटर को बुलाया और बिल पे करके बाहर निकल आया।

उसने कार स्टार्ट की। वह अपने घर की ओर जा रहा था कि उसे कोई बात याद आ गई। उसने कार निर्मला के घर की ओर जानेवाली सड़क पर मोड़ दी।

❐

ऑफिस से लौटकर निर्मला नागपुर जाने की तैयारी करने लगी।

उसके मामा नागपुर रहते थे। काफी अच्छी सर्विस थी। लेकिन जब से उनकी शादी हुई उन्होंने एक तरह अपने बूढ़े पिता, विधवा बहन और उसकी बेटी निर्मला से रिश्ता तोड़ लिया था। उनकी पत्नी नहीं चाहती थी कि वह एक दिन के लिए भी मुम्बई आकर अपने बीमार पिता को देख जाएँ या उनके इलाज के लिए कुछ रुपया भेज दें।

नानाजी की तबीयत जब भी कुछ ज्यादा बिगड़ जाती, निर्मला मामाजी को पत्र लिखती। नानाजी की बढ़ती हुई बीमारी का हाल लिखकर आग्रह करती कि वह इलाज के लिए कुछ रुपया भेज दें। लेकिन निर्मला की चिट्ठियाँ मामी के हाथों में पहुँचती थीं। क्योंकि वही घर में होती थी और मामाजी ऑफिस में होते थे। वह निर्मला की चिट्ठियाँ पहले तो पढ़ भी लिया करती थी लेकिन अब तो बिना खोले, बिना पढ़े ही फाड़कर फेंक देती थी।

निर्मला के नानाजी अपने इकलौते बेटे और उसकी पत्नी के स्वभाव को अच्छी तरह जान गए थे, इसलिए वह नहीं चाहते थे कि निर्मला उनके इलाज के लिए रुपयों की भीख माँगने उनके पास जाए। वह जानते थे कि निर्मला के नागपुर जाने से कोई काम नहीं होगा। वे लोग उसे एक खोटा सिक्का तक नहीं देंगे और निर्मला किराये-भाड़े में ढेर सारे रुपए खर्च करने के बाद खाली हाथ घर लौट आएगी।

"निम्मो बेटा," नानाजी ने निर्मला के कमरे में आते हुए कहा, "बिटिया, आफत-मुसीबत में कोई काम नहीं आता, उन्हें मदद करनी होती तो इतने सालों में क्या एक पैसा भी न भेजते। तू बेकार ही जा रही है। किराया-भाड़ा खर्च करके जाएगी लेकिन वहाँ से खाली हाथ बेइज्जत होकर लौटेगी। कोई नहीं देगा—और कोई है भी तो नहीं। हम भी तो कहाँ किसी को कुछ दे पाते हैं जो कोई हमें देगा। ऑपरेशन नहीं होगा न सही। मैं और जीना भी नहीं चाहता।"

"नहीं नानाजी," निर्मला अटैची में अपने कपड़े रखती हुई बोली, "आपका ऑपरेशन जरूरी है। आप समझते क्यों नहीं नानाजी।"

''ऑपरेशन से अब कोई फायदा नहीं होगा बेटी।''

''नहीं नानाजी, आपके सिवा मेरा और कौन है इस दुनिया में। मैं जाऊँगी मामाजी के पास। उन्होंने मदद कर दी तो ठीक है, नहीं तो लौट आऊँगी।''

''तू मत जा बेटी, मैं कहता हूँ, तेरी बेइज्जती मैं बर्दाश्त नहीं कर पाऊँगा।'' कहते-कहते नानाजी की आवाज भर्रा उठी। आँखें गीली हो गईं। अपने आपको सँभाल कर बोले, ''ईश्वर चाहेगा तो तेरे लिए मुझे जिन्दा रखेगा। जिद्द छोड़ दे बेटी।''

रंजीत दरवाजे के पास खड़ा निर्मला और उसके नाना की बातें सुनता रहा।

जब नानाजी जाने लगे तो वह अन्दर आ गया। और निर्मला के पास पहुँचकर बोला, ''नानाजी ठीक कह रहे हैं निर्मला। तुम्हें वहाँ नहीं जाना चाहिए।''

निर्मला रंजीत की आवाज सुनकर चौंक पड़ी, फिर एक पल रुककर बोली, ''नहीं जाऊँगी तो ऑपरेशन कैसे होगा ? दस हजार रुपए की रकम आएगी कहाँ से ?''

रंजीत ने जेब से एक पैकेट निकालकर निर्मला के आगे रख दिया, ''ये दस हजार रुपए हैं—अभी इनसे काम चला लो...''

''लेकिन मैं आपका पैसा क्यों लूँ ?''

''निर्मला प्लीज, मैं बहुत शर्मिन्दा हूँ। शायद एक अच्छा काम करके मेरे मन पर जो बोझ है कुछ कम जाए...'' रंजीत ने कहा और तेज-तेज कदमों से दरवाजे की ओर बढ़ गया।

''लेकिन यह—नहीं, नहीं...सुनिए तो।'' निर्मला उसे रोकती रह गई लेकिन रंजीत जल्दी से अपनी कार में जा बैठा और तेजी से चल पड़ा।

''यह कौन फरिश्ता था बेटी !'' नानाजी ने पूछा।

निर्मला ने कोई उत्तर नहीं दिया, उसने पैकेट पर्स में रख लिया और सोच में डूब गई।

❐

शारदा ने शाम का नाश्ता तैयार किया और ड्राइंगरूम में आ बैठी। उसे उम्मीद थी कि रंजीत आज दफ्तर से उठकर सीधा घर ही आएगा। क्योंकि आज निर्मला दफ्तर नहीं आई होगी। बातचीत से वह बेहद स्वाभिमानी दिखाई दी थी। शारदा को पूरी-पूरी उम्मीद थी कि निर्मला अब किसी भी हालत में रंजीत के दफ्तर में काम नहीं करेगी।

वह निर्मला के बारे में सोच ही रही थी कि तभी दरवाजा खुला और निर्मला

अन्दर आती दिखाई दी।

शारदा बुरी तरह चौंक पड़ी, ''तुम !...आओ, बैठो।''

''नहीं, मैं बैठने के लिए नहीं आई हूँ,'' निर्मला ने शारदा की ओर बढ़ते हुए कहा, ''मैंने आपसे माफी माँग ली थी। लेकिन इस समय मैं अपनी भूल का प्रायश्चित करने आई हूँ।''

''प्रायश्चित !''

''हाँ, मुझे लगता है कि इस नाटक का अन्त अभी नहीं हुआ। कुछ बाकी रह गया है।'' निर्मला ने रुपयों का पैकेट निकालकर शारदा के सामने रख दिया, ''अभी-अभी रंजीत बाबू मेरे घर गए थे और जबर्दस्ती ये दस हजार रुपए दे आए थे।''

निर्मला ने शारदा को कुछ कहने का मौका नहीं दिया। इतना कहकर वह तेजी से मुड़ी और शारदा को हैरानी में छोड़कर बाहर आ गई।

शारदा रुपयों का पैकेट लिये निर्मला के बारे में सोचने लगी।

वह जैसे-जैसे निर्मला के बारे में सोचती जा रही थी, उसे इस बात का विश्वास होता जा रहा था कि वास्तव में निर्मला का कोई दोष नहीं था। निर्मला की जगह अगर और कोई लड़की होती तो वह भी रंजीत के इस झूठे नाटक से प्रभावित होकर उसके जाल में फँस जाती।

रंजीत के लिए उसके मन में जो घृणा और क्रोध पैदा हो गया था, इस घटना से और भी बढ़ गया।

❑

रंजीत ने जैसे ही घर में कदम रखा रिंकू दौड़ता हुआ उसके पास पहुँच गया, ''डैडी, टिकट !''

''रिंकू बेटे, तुमने कल कहा था न--आई एम लायर एंड ए चीट, तुमने ठीक ही कहा था बेटे !'' रंजीत ने बड़े प्यार से उसके सिर पर हाथ फेरते हुए कहा।

''हम कश्मीर तो चलेंगे न डैडी ?''

''नहीं बेटे, हम कश्मीर नहीं जा पाएँगे।''

''लेकिन डैडी, मैंने तो अपने सारे दोस्तों से कह दिया है कि हमारे डैडी हमें कश्मीर घुमाने ले जा रहे हैं। मैं उनसे अब क्या कहूँगा ? कितनी बेइज्जती होगी मेरी !''

''कहा न बेटे--आई एम रीयली वैरी सॉरी।''

''हाँ-हाँ, बेटे के लिए सॉरी कहने के अलावा और कर ही क्या सकते हो,''

शारदा ने जहरीली आवाज में कहा, ''निर्मला कहती तो घर बेचकर कश्मीर चले जाते—क्या हुआ, क्यों नहीं जा सकोगे ?''

''होता क्या...''

''क्या जमा किए हुए रुपए भी निर्मला को दे आए ?''

रंजीत सब समझकर सतर्क हो गया, वह एक पल तो बेबसी से शारदा को देखता रहा फिर एकदम नाटक करते हुए बोला, ''रुपए मैं उसे दे नहीं आया, वह मुझसे ठगकर ले गई।''

''ठगकर ले गई ? आज अक्ल आई ?''

''हाँ शारदा, अब मैं समझा कि बीवी आखिर बीवी होती है और दूसरी लड़की वह होती है जो घर को बर्बाद कर देती है। मुझे अब निर्मला से नफरत हो गई है—सख्त नफरत।''

''नफरत ?'' शारदा की आवाज में व्यंग्य था।

''हाँ नफरत !'' रंजीत ने जोर देकर कहा।

''आज तो बड़ी समझदारी की बातें कर रहे हो !'' शारदा ने कहा, ''जब इश्क करने गए थे तब क्या हुआ था ?''

''तब मैं गधा था—मेरी अक्ल घास चरने चली गई थी।''

''अब क्या हुआ ?''

''तुम सुनोगी, उसने मेरे साथ क्या किया है ?''

''यह कहानी भी सुना डालो।''

''सारी कहानियाँ खत्म हो गईं शारदा। अब तो जो भी हकीकत है वह बता रहा हूँ,'' रंजीत बोला, ''आज वह मुझसे मिली थी...बदनाम करने की धमकी देने लगी, असल में उसे रुपए चाहिए थे। पहले वह रुपयों के लिए इश्क का नाटक करती रही थी। लेकिन आज सीधे-सीधे ब्लैक-मेल पर उतर आई।''

''और तुमसे दस हजार रुपया झटककर ले गई ?''

''हाँ शारदा।''

''वह दस हजार जो तुमने कश्मीर जाने के लिए निकलवाए थे ?''

''हाँ, वही।''

''रंजीत, अब तो बस करो—क्यों निर्मला को बदनाम कर रहे हो ? तुम सोचते होगे, निर्मला की बुराई करके तुम मुझे खुश कर लोगे ?'' शारदा ने कहा और रुपए निकालकर रंजीत के सामने पटकती हुई बोली, ''यही हैं न वे दस हजार रुपए ?''

''ये रुपए—तुम्हारे पास ?''

"हाँ ! निर्मला खुद आकर मुझे दे गई है।"

"पर क्यों ?"

"ताकि ये रुपए हमारे बिखरते हुए घर को किसी तरह बचा लें—जो शायद कहीं टूटने से बचा रह गया है, उसे साबुत रख सकें।

रंजीत सन्नाटे में खड़ा रह गया।

"और तुम हो कि उसी पर इल्जाम लगा रहे हो। कुछ तो शर्म करो !" शारदा ने नफरत-भरी आवाज में कहा, "आखिर ऐसी क्या बात थी कि तुम मुझे बता नहीं सकते थे कि तुमने ही ये रुपए निर्मला को दिए थे—खुद उसके घर जाकर।"

रंजीत की गर्दन झुकती चली जा रही थी।

"सुनो रंजीत, जब आदमी बुरे और गलत काम करने का आदी हो जाता है और उन कामों को छिपाता है तो उसकी आत्मा इतनी कमजोर हो जाती है कि वह सच्चाई में जी नहीं पाता। अच्छी बातों को सामने रखने का उसमें हौसला भी नहीं रह जाता...निर्मला अच्छी औरत है। औरत को आदमी ही खराब करता है। और औरत को बर्बाद भी आदमी ही करता है। निर्मला को तुमने खराब और मुझे बर्बाद किया। इस घर को बर्बाद किया। अब मैं इस घर में नहीं रहना चाहती।"

शारदा ने घृणा-भरी नजरों से रंजीत को देखा और उठ खड़ी हुई।

"सुनो शारदा, सुनो !" रंजीत ने उसे रोकने की कोशिश की, "शायद तुम ठीक कह रही हो। निर्मला की आत्मा बहुत उजली है—पवित्र है।"

"अपनी आत्मा को टटोलो रंजीत, उसका कोई कोना उजला बचा है या नहीं !" शारदा गुस्से और नफरत से चीख उठी। "कुछ तो शर्म करो रंजीत...अब तो इस झूठ और फरेब को छोड़ दो।"

रंजीत कुछ कह नहीं पाया। थके-थके से कदमों अपने कमरे में चला गया।

❐

"रिंकू बेटे," शाम को घर में कदम रखते ही रंजीत ने पुकारा।

रिंकू दौड़ता हुआ आ गया, "जी डैडी।"

"यह देखो रिंकू, मैं टिकट ले आया हूँ। तुम तैयारी कर लो। हम लोग संडे को कश्मीर जा रहे हैं।"

"सच डैडी ?"

"ऑफ कोर्स !" रंजीत ने जोर देकर कहा।

रिंकू दौड़ता हुआ अपने कमरे में चला गया।

रंजीत सीढ़ियों की ओर बढ़ा तो उसने शारदा को सीढ़ियों से उतरते हुए देखा। शारदा के हाथ में एक अटैची थी।

शारदा के चेहरे पर घुमड़ती उदासी को देखकर रंजीत के चेहरे की खुशी गायब हो गई।

"यह क्या शारदा ?" रंजीत ने अटैची की ओर देखते हुए पूछा।

"मैं जा रही हूँ...मैं अब इस घर में नहीं रहूँगी...मेरी जरूरत ही क्या है अब इस घर को।"

"शारदा, मुझे माफ नहीं करोगी !" रंजीत ने उसका हाथ पकड़ लिया।

"नहीं, मैं अब यहाँ नहीं रह सकती !" शारदा ने झटके से हाथ छुड़ा लिया और नीचे उतरने लगी।

वह दरवाजे के करीब पहुँची तो उसने देखा—अपने छोटे-छोटे हाथों से चौखट पकड़कर रिंकू दरवाजे के बीचोबीच खड़ा है। उसकी आँखों से आँसू बह रहे हैं।

"मम्मी !" रिंकू जोर से रो पड़ा और दौड़कर माँ से लिपट गया, "नहीं मम्मी....नहीं...!"

शारदा कुछ कह नहीं पाई। वह भी बुरी तरह रो पड़ी। फिर उसने दोनों बाँहें फैलाकर रिंकू को अपने सीने से चिपटा लिया और जोर-जोर से रोने लगी।

रिंकू भी माँ से लिपटकर रोने लगा।

"नहीं मेरे बेटे...नहीं रिंकू बेटे...तू मत रो..." शारदा उसके आँसू पोंछती हुई बोली। "तू क्यों रोता है रिंकू—मेरे बच्चे—चुप हो जा।"

"मम्मी !" रिंकू माँ के सीने से लिपटकर बिलख-बिलखकर रोने लगा।

शारदा ने साड़ी के आँचल से रिंकू के आँसू पोंछे और उसे लिपटाए-लिपटाए सीढ़ियों की ओर बढ़ने लगी।

रंजीत सीढ़ियों के पास ही खड़ा था। शारदा ने उसकी ओर देखा तक नहीं और वह रिंकू को लिये हुए ऊपर पहुँच गई।

कुछ देर तक शारदा और रिंकू की सुबकियों की आवाज उसके कमरे से आती रही और फिर खामोशी छा गई।

सचमुच औरत कितनी कमजोर होती है। वह गैरों से नहीं—किसी दूसरे से नहीं, खुद अपने ही दिल से धोखा खाती है। कभी पत्नी बनकर, कभी माँ बनकर...

औरत की जिन्दगी—'शायद' पर खड़ी रहती है। और जब यह शायद टूट जाता है तो वह भी टूट जाती है।

इसी शायद ने शारदा को तोड़ दिया था। लेकिन आज फिर एक शायद का सहारा लेकर शारदा अपनी जिन्दगी समेटने के लिए तैयार हो गई—शायद उसका गैर-आबाद होता हुआ घर फिर से आबाद हो जाए—कहीं ऐसा न हो कि उसका उठाया हुआ कोई भी कदम उसके बेटे रिंकू की जिन्दगी, पूरी जिन्दगी को लँगड़ा बना दे...शायद यह मजबूरी...शायद एक बार और सब कुछ सह लेने से घर-परिवार फिर बस जाए और जिन्दगी में सुकून आ जाए।

यह सब सोचकर शारदा ने एक बार फिर अपने दिल की कसक छिपा ली—शायद अपने चेहरे पर मुस्कुराहट चिपकाकर—हाँ, वह अपनी आँखों से बहते आँसुओं को पी डालेगी...रिंकू की खातिर समझौता कर लेगी हालात से...और शायद उसकी ठहरी हुई जिन्दगी फिर आगे बढ़ने लगेगी, फिर चलने लगेगी—पहले की तरह।

इसके अलावा और चारा भी क्या था। वह अपने बेटे के सुख और उसकी खुशियों की कुर्बानी नहीं दे सकती थी।

❐

सुबह के अभी दस नहीं बजे थे। रंजीत ने कलाई पर बँधी घड़ी पर नजर डाली और कार पार्क करके उतर आया।

दफ्तर के हाल में पहुँचा तो उसे देखते ही सब लोग अपनी-अपनी सीट से उठ खड़े हुए।

"गुड मॉर्निंग सर !" एक सिरे से आवाज गूँजती चली गई।

रंजीत उनके अभिवादन का उत्तर देता हुआ अपने केबिन में आ गया।

तभी दुर्रानी की आवाज सुनाई दी, "गुड मॉर्निंग बिरादर !"

"गुड मॉर्निंग—वैरी गुड मॉर्निंग, हाऊ आर यू !" रंजीत ने दुर्रानी को पलटकर देखा जो उसके पीछे-पीछे केबिन में चला आया था।

"ठीक हो बिरादर ?" दुर्रानी ने पूछा, "घर में खैरियत तो है न !"

"हाँ यार दुर्रानी, खैरियत है..." रंजीत ने ब्रीफकेस रखते हुए कहा, "पर दुर्रानी एक बात है।"

"वह क्या ?"

"औरत और आदमी में एक बुनियादी फर्क होता है दुर्रानी—औरत प्यार को पकड़कर बैठ जाती है और जिन्दगी-भर पकड़े बैठी रहती है लेकिन आदमी प्यार को बाँटता रहता है—नहीं ? यह बात सही है न ?"

"बिरादर, ये फर्स्ट क्लास फर्स्ट की दिमागी बातें हैं...थर्ड क्लॉस थर्ड की

ईमानदारी वाली बातें नहीं हैं !'' दुर्रानी ने संजीदगी से जवाब दिया !

''कुछ भी कहो यार !'' रंजीत ने कोट के बटन खोलते हुए कहा, ''औरत एक वक्त में एक ही को प्यार कर सकती है पर यह जो साला आदमी नाम का जीव होता है न—उसका दिल इतना बड़ा होता है कि अपने प्यार को एक ही वक्त में कइयों को बाँट सकता है...यह एक्सपीरिएंस की बात है।''

''वह तो ठीक है बिरादर, लेकिन अब ईमानदारी से रहो और काम करो !'' दुर्रानी ने समझाया। फिर दार्शनिक अन्दाज में कहने लगा, ''बिरादर, दफ्तर और घर, यही हैं अपने मन्दिर-मस्जिद। घर मन्दिर है तो दफ्तर मस्जिद है। इस मन्दिर की मूर्ति घर में रहती है—और बिरादर, एक मूर्ति हमारे घर में भी आ जाने दो ! सोचो दोस्त ! अर्ज करता हूँ, अर्ज है—

मस्जिद है मेरा दफ्तर
खाली है मेरा बिस्तर
सोचा करता हूँ अक्सर
कुछ छोड़े मेरा अफसर !

रंजीत हँस पड़ा, ''दुर्रानी, मान गया—यह शेर वाकई तुम्हारा ही है। सोलह आने तुम्हारा ही है।''

''अब मान गए न !'' दुर्रानी ने कहा और गुनगुनाते हुए दरवाजे की ओर बढ़ गया।

❑

तभी एक क्लर्क नई सेक्रेटरी को लेकर केबिन के दरवाजे के पास आ गया। फिर जैसे ही नई सेक्रेटरी अन्दर आने लगी, दुर्रानी के साथ टकराकर दरवाजे में फँस गई।

दुर्रानी ने बड़ी मुश्किल से अपने आपको दरवाजे से निकाला और उसे घूर-घूरकर देखता हुआ अपनी सीट की ओर चला गया।

''सर।'' क्लर्क ने रंजीत से कहा और फिर लड़की की ओर इशारा करते हुए बोला, ''यह हैं मिस शेफाली—आपकी नई सेक्रेटरी।''

''ठीक है।'' रंजीत ने कहा और शेफाली का सिर से पाँव तक निरीक्षण करने लगा।

क्लर्क केबिन से चला गया।

''बैठिए मिस शेफाली...'' रंजीत उसे ठीक उसी तरह घूरने लगा जिस तरह निर्मला को घूरा करता था।

''इसके पहले आप कहाँ काम करती थीं मिस शेफाली ?'' रंजीत ने उसकी आँखों की ओर देखते हुए पूछा। शेफाली निर्मला से कम सुन्दर और आकर्षक नहीं थी।

शेफाली की आँखें निर्मला की आँखों से बहुत सुन्दर थीं। अधखुली आँखों में मोहकता के साथ-साथ मादकता भी लबालब भरी थी। शायद ऐसी आँखों को देखकर ही कवियों और शायरों ने नारी की आँखों को मदिरा की प्यालियों का नाम दिया था।

रंजीत शेफाली की अधखुली मदहोश आँखों से छलकती मादकता में जैसे डूबने लगा।

शेफाली कुछ देर तक तो रंजीत को अपनी ओर टकटकी लगाए देखती रही, फिर अपने सन्तरों की फाँकों जैसे भरे-भरे गदराए होंठों पर एक नशीली मुस्कुराहट लाकर बोली, ''जी...मैं सनराइज ट्रैविल कम्पनी के डाइरेक्टर सनत मिश्रा की पर्सनल सेक्रेटरी थी।''

''सनराइज ट्रैविल कम्पनी !'' यह तो बहुत बड़ी कम्पनी है। सुना है वहाँ के वर्कर्स को काफी अच्छी पगार मिलती है। प्रोवीडेंट फंड, ग्रेच्युटी और इंश्योरेंस की सुविधाएँ भी हैं...'' रंजीत ने हैरानी से कहा, ''फिर आपने...''

''सर !'' सहसा शेफाली के चेहरे के भाव बदल गए। उसके चेहरे की मुस्कुराहट आक्रोश में बदल गई। हल्की सी ऊँची और उत्तेजित आवाज में बोली, ''जिन्दगी में सिर्फ पैसा ही महत्त्वपूर्ण नहीं होता—और फिर हम लड़कियों के लिए तो पैसे से कहीं ज्यादा कीमती होती है अपनी इज्जत और आबरू सर !''

''ओह...आप ठीक कहती हैं।'' रंजीत के दिल को शेफाली की इस बात से एक जोरदार झटका लगा था। शेफाली को देखकर उसने एकाएक सोचा था कि निर्मला को खोने के बाद उसने कुछ भी नहीं खोया है। बल्कि निर्मला से कहीं अधिक सुन्दर लड़की उसे मिल गई है। लेकिन शेफाली की इस बात को सुनकर वह समझ गया कि निर्मला और शेफाली में बहुत बड़ा फर्क है। उसने एक मामूली सी योजना बनाकर जितनी आसानी से निर्मला को हासिल कर लिया था, उतनी आसानी से वह शेफाली को हासिल नहीं कर पाएगा।

वह कुछ देर अपने खयालों में डूबा बैठा रहा फिर बोला, ''मिस शेफाली, आप बेफिक्र रहिए। हमारी कम्पनी में भले ही आपको फाइनेंशियल बेनीफिट्स उतने हासिल न हो पाएँ लेकिन मैं आपको यकीन दिलाता हूँ कि आपकी इज्जत-आबरू पर रत्ती भर भी आँच नहीं आने पाएगी। वैसे तो खतरे की कोई गुंजाइश नहीं है फिर भी मैं आपका खास खयाल रखूँगा।...अब आप अपनी सीट पर जाइए

और ये पेपर टाइप कर लाइए।''

रंजीत ने ट्रे में से उठाकर कुछ पेपर उसकी ओर बढ़ा दिए।

वह पेपर लेकर जाने लगी तो रंजीत ने देखा उसकी साड़ी उसके बाएँ कन्धे पर लहरा रही थी। काले सिल्किन ब्लाउज ने उसकी कमर की रंगत को और अधिक गोरा बना दिया था।

ब्लाउज के पिछले हिस्से में ज़िप लगी हुई थी।

रंजीत के हाथ अनजाने ही इस तरह आगे बढ़े जैसे एक ही झटके में वे उस ज़िप को खोल देना चाहते हों।

लेकिन तभी उसके कानों में दुर्रानी के शब्द गूँज उठे—

''बिरादर, हमारे घर मन्दिर हैं और दफ्तर मस्जिद। इनकी पाकीजगी दागदार न होने पाए—यह खयाल रखिए।''

और रंजीत के हाथ खुद-ब-खुद वापस अपनी जगह आ गए। उसने मेज पर रखी फाइल अपनी ओर सरका ली और बेरुखी से उसके पन्ने पलटने लगा, लेकिन उसका दिमाग़ शेफाली के ब्लाउज की जिप में ही अटका हुआ था। उसका हाथ ड्रायर से दवाइयों की शीशियाँ निकालते-निकालते एक क्षण के लिए रुका...फिर दवाइयों की शीशियों पर चला ही गया...।

2

रंग-बिरंगी

रंजीत की कार जैसे-जैसे उसके ऑफिस की ओर बढ़ती चली जा रही थी, उसके दिल-ओ-दिमाग पर छाई उदासी और भी गहरी होती चली जा रही थी। निर्मला के साथ बिताए लमहों को वह जैसे-जैसे भूल जाने की कोशिश करता तो और भी शिद्दत से उसके साथ बिताए मस्ती-भरे क्षण उसे याद आते चले जा रहे थे। निर्मला–जिसके कुछ दिनों के साथ ने ही उसकी दुनिया बदल दी थी। उसकी आँखों में इतने हसीन जिस्मानी और रोमांटिक सपने जगा दिए थे जो अब नश्तर बनकर दिल की गहराइयों में हलचल मचाए रहते थे।

उसके खयालों के काफिले इसी तरह दौड़ते रहते, उसकी कार ऑफिस की पार्किंग पर पहुँचकर कब रुक गई उसे पता ही नहीं चला।

उसने अपना ब्रीफकेस उठाया, गाड़ी लॉक की और जैसे ही उसने ऑफिस के मेन गेट की ओर कदम बढ़ाया, उसे लगा जैसे उसके पाँव एक-एक मन भारी हो गए हों।

जब वह ऑफिस में दाखिल हुआ तो उसे लगा जैसे उसके तन-मन पर ही नहीं, उसके ऑफिस में भी उदासी ने डेरा डाल रखा हो। ऑफिस के कर्मचारियों ने हालाँकि हर रोज की तरह ही 'गुड मॉर्निंग सर' के अभिवादन के साथ उसका स्वागत किया था, लेकिन न जाने क्यों उसे ऐसा लगा था जैसे आज उन लोगों के अभिवादन में, उनके स्वागत में वह गर्मजोशी नहीं थी, वह चुस्ती और उमंग नहीं थी जो उसे काम करने के लिए बीते कल तक उत्साहित करती रही थी। न जाने क्यों उसे हर शख्स का चेहरा बुझा-बुझा सा, उदासी और फिक्र में डूबा-डूबा सा दिखाई दे रहा था। उनकी मुस्कुराती आँखों में गम और उदासी की झलक साफ दिखाई दे रही थी। उसे ऐसा लग रहा था जैसे उसकी जिन्दगी पर छाई उदासी ने उसके घर-परिवार को ही नहीं, उसके ऑफिस को भी अपनी मनहूस लपेट में कैद कर लिया हो।

ऑफिस के कर्मचारियों के अभिवादन का उत्तर देते हुए वह अपने केबिन में पहुँचा और अपना ब्रीफकेस यथास्थान रखकर अपनी कुर्सी पर जा बैठा। उसके तन-मन पर छाई उदासी एक गहरी थकान में बदल गई थी। उस थकान से निढाल होकर उसने अपनी टेबल पर नजर डाले बिना ही अपना सिर चेयर के बैक पर

रख दिया और अपनी आँखें मूँदकर फिर खयालों के उन्हीं सिलसिलों में गुम हो गया जो कार से उतरते ही टूट गए थे।

पिछली पूरी रात वह सो नहीं पाया था। निर्मला के साथ बिताया हुआ हर पल सपना बनकर उसकी मुँदी आँखों की पुतलियों पर साकार होता चला जा रहा था।

सबसे ज्यादा परेशानी उसे शारदा के व्यवहार पर हो रही थी। क्या कुछ नहीं दिया था उसने शारदा को। साइकिल एक्सीडेंट की घटना से लेकर अब तक वह उस पर अपना प्यार लुटाता चला आया था। सुन्दर, सुसज्जित काटेज, जिसमें उसने शारदा के साथ मिलकर सुख-सुविधा की हर वस्तु जुटा दी थी। शारदा अपने इस छोटे से साम्राज्य की महारानी थी। शादी के बाद से अब तक उसने शारदा से यह कभी नहीं पूछा था कि वह हर महीने जो रकम उसे देता है उसका वह क्या करती है। उसकी कौन-कौन सी सहेली उसके घर आती है और वह अपनी किस-किस सहेली के घर जाया करती है। उसने शारदा की हर सहेली का सम्मान किया था। उनके प्रति उसके मन में कभी भी उपेक्षा की भावना पैदा नहीं हुई थी। लेकिन जब उसने निर्मला के साथ निकट सम्बन्ध बना लिए तो जैसे कयामत टूट पड़ी। क्या शारदा इस बात को भी नहीं जानती थी कि निर्मला के साथ रंजीत के कितने ही करीबी और गहरे सम्बन्ध क्यों न हों, वह उसके साथ शादी करके उसे अपनी पत्नी का दर्जा नहीं दे सकता था। इस सिलसिले में कानून और उसका पत्नी-परायण दिल शारदा के पक्ष में था।

और फिर रंजीत और निर्मला के बीच ऐसा सम्बन्ध भी तो नहीं था, जिसे कानून अपराध की संज्ञा दे पाता। निर्मला उसकी सेक्रेटरी थी—पर्सनल सेक्रेटरी। वह निर्मला को सारे दिन अपने केबिन में बिठाए रख सकता था। ऑफिस टाइम के बाद वह उसे लेकर कहीं भी आ-जा सकता था। फिर अगर उसने दो घड़ियाँ निर्मला के साथ हलकी मौज-मस्ती में बिता भी लीं तो कौन सा अपराध कर दिया, कौन सा पाप कर दिया ? क्या उसे इतना भी अधिकार नहीं कि दिन-भर की जी-तोड़ मेहनत के बाद अपनी थकान दूर करने के लिए वह किसी के साथ घड़ी-दो घड़ी हँस-बोल सके। मौज की दो बातें कर सके। इसमें आखिर शारदा का नुकसान ही क्या था ? निर्मला उसके अधिकारों को छीन तो नहीं रही थी।

❒

आज पहली बार उसे अनुभव हुआ कि सचमुच औरत का दिल कितना छोटा होता

है। अपने पति के साथ वह किसी भी पराई औरत का अस्तित्व तो दूर, उसकी परछाईं तक को किसी भी सूरत में बर्दाश्त नहीं कर सकती।

"बिरादर...।"

दुर्रानी की आवाज सुनकर रंजीत की विचार-शृंखला टुकड़े-टुकड़े होकर बिखर गई। उसने जल्दी से आँखें खोल दीं और केबिन के दरवाजे की ओर देखने लगा।

"आओ दुर्रानी !" रंजीत सँभलकर बैठ गया।

"क्या बात है ? जब से आए हो गुमसुम से बैठे हो..." दुर्रानी ने उसकी टेबल की ओर बढ़ते हुए कहा।

"अजीब थकान सी महसूस हो रही है दुर्रानी, काम करने को मन ही नहीं कर रहा..." रंजीत ने बुझी-बुझी सी आवाज में कहा। फिर एक लम्बी जम्हाई लेकर बोला, "रात ठीक से नींद ही नहीं आई।"

"माफ करना बिरादर !" दुर्रानी ने अपने मखसूस अन्दाज में कहा, "इस शायरे नामुराद को वैसे तो इश्क-विश्क का कोई तजुर्बा नहीं है, लेकिन भले ही शादी नहीं की पर बारातें तो की ही हैं। इस नाचीज़ की राय तो यही है कि इस निर्मला चैप्टर को अब क्लोज कर ही देना चाहिए।"

"हाँ दुर्रानी, निर्मला बेहद समझदार लड़की है। लेकिन दोस्त, शारदा ने उसकी जो बेइज्जती की है उसे वह हरगिज—शायद जिन्दगी-भर भुला नहीं सकेगी।"

दुर्रानी ने समर्थन में सिर हिलाया और रंजीत की टेबल के सामने पड़ी कुर्सी पर बैठते हुए बोला, "बिरादर, बुजुर्गों और दानिशवरों ने कहा है कि 'बीती ताहि बिसार दे आगे की सुध लेय—घर में प्यार करनेवाली खूबसूरत बीवी है... प्यारा-प्यारा बेटा है, उनकी तरफ तवज्जो दो बिरादर। वक्त हर जख्म का सबसे ज्यादा कारगर मलहम होता है। चार-छह हफ्तों में तुम निर्मला को भूल जाओगे।"

"ठीक कह रहे हो दुर्रानी दोस्त !" रंजीत ने छत की ओर घूरते हुए दुर्रानी की बात का समर्थन किया।

"और बिरादर, इसमें तो कोई शक नहीं कि बीती हुई यादें बेहद दिलकश और हसीन होती हैं, लेकिन उन यादों के सहारे न तो जिन्दगी आगे बढ़ती है और न ही गुजारी जा सकती है। गुज़रा हुआ हर लम्हा एक हसीन ख्वाब होता है। और यह एक ठोस सच्चाई है कि ख्वाब कभी हकीकत नहीं बन सकता !" दुर्रानी ने बड़े दार्शनिक अन्दाज में कहा फिर एक पल रुककर बोला, "इसलिए बिरादर, गुजरे हुए वक्त पर यकीन मत करो, गुजरते हुए आज पर यकीन करो। अगर हमारा आज खूबसूरत है तो हमारा आनेवाला कल भी यकीनन हसीन होगा, खुशियों और मसर्रतों से लबरेज होगा।"

दुर्रानी की बातों से रंजीत के परेशान दिल और दिमाग को हल्की सी राहत महसूस हुई। उसने एक लम्बी-गहरी इत्मीनान की साँस ली और ट्रे में रखी तमाम फाइलें उठाकर सामने रख लीं।

उसे काम में जुटते देख दुर्रानी ने इत्मीनान की साँस ली और उठकर बाहर चला गया।

रंजीत ने एक फाइल उठाकर खोली। सबसे ऊपर निर्मला के हाथों से टाइप किया हुआ किसी कम्पनी के नाम एक मेमोरेंडम था। उसे पढ़ते की उसे फिर निर्मला की याद आ गई। मेमोरेंडम के अक्षर बड़ी तेजी से गड्डमड्ड होते चले गए और फिर उसकी आँखों के आगे उस कागज पर एक चेहरा उभर आया। वह निर्मला का चेहरा था।

बेचैनी से तड़पकर उसने फाइल बन्द करके फिर ट्रे में रख दी और चेयर से पीठ टिकाकर आँखें मूँद लीं।

❐

काफी देर तक रंजीत आँखें मूँदे निर्मला की यादों में डूबा बैठा रहा। अचानक टेलीफोन की घंटी की आवाज सुनकर यादों का सिलसिला टूट गया। उसने धीरे से आँखें खोलीं और हाथ बढ़ाकर रिसीवर उठा लिया।

"हैलो।"

"मिस्टर रंजीत, मैं जी.एम. की पर्सनल सेक्रेटरी बोल रही हूँ।" दूसरी ओर से एक सुरीली आवाज रंजीत के कान के पर्दे से टकराई।

"फर्माइए।"

"अभी-अभी शॉ एंड कम्पनी का फोन आया था। आपने अभी तक उनके दिए हुए ऑर्डर का माल नहीं भेजा।"

"जी, उनका अगर दोबारा फोन आए तो उनसे कहिए कि मुझसे डायरेक्ट बात कर लें। उनके ऑर्डर का माल आज उन्हें भेज दिया जाएगा।" रंजीत ने कहा, "और कुछ...?"

"बस–थैंक्यू।" दूसरी ओर से आवाज आई और फोन डिस्कनेक्ट हो गया।

रंजीत ने रिसीवर रख दिया और अपने केबिन से निकलकर हाल में आ गया।

उसे ऐसा लग रहा था कि अपने केबिन में बैठकर वह कोई काम नहीं कर पाएगा। निर्मला की याद उसे काम नहीं करने देगी।

❐

शॉ एंड कम्पनी का माल भिजवाने के बाद जब रंजीत अपने केबिन में पहुँचा तो पाँच बजने में कुछ ही मिनट रह गए थे। उसने ब्रीफकेस उठाते हुए एक नजर निर्मला की चेयर पर डाली, जहाँ नीना लिपस्टिक लगाकर जाने की तैयारी कर रही थी। वह तेजी से दरवाजे की ओर बढ़ गया।

पार्किंग में पहुँचकर उसने बड़े अनमनेपन से कार का दरवाजा खोला और ड्राइविंग सीट पर जा बैठा। ब्रीफकेस रोजाना की तरह पिछली सीट पर रखकर उसने बाईं ओर का दरवाजा खोलने के लिए आदतन अपना बायाँ हाथ बढ़ाया ही था कि उसके दिमाग को एक जोरदार झटका लगा। बाईं ओर के दरवाजे के पार निर्मला के बजाय कुछ कारें थीं।

उसने गाड़ी स्टार्ट की। कार पार्किंग से निकलकर रोड पर आ गई।

कहाँ जाए रंजीत ? किस ओर जाए ? आज उसके सामने न तो कोई दिशा थी और न कोई कार्यक्रम ही था। आहिस्ता-आहिस्ता कार ड्राइव करते हुए वह सोचने लगा। आदत भी कितनी अजीब चीज़ है ! एक तरह का नशा ! वह देर तक सोचता रहा और फिर उसने कार अपने घर की ओर जानेवाली सड़क पर मोड़ दी।

कल तक इस सीट पर निर्मला बैठा करती थी अपने रूप और यौवन का भार लिये। अपने दामन में रंजीत के लिये ढेर सारी खुशियाँ, ढेर सारा प्यार, ढेर सारे अरमान और ढेर सारे ख्वाब लिए...लेकिन आज यह सीट खाली थी—और अब हमेशा खाली ही रहा करेगी।

रंजीत के चेहरे पर फिर उदासी छा गई। उसे ऐसा महसूस हुआ कि निर्मला के बिना उसकी जिन्दगी अधूरी है, इस अधूरी जिन्दगी में न तो खुशियाँ हैं, न ख्वाब हैं। न हँसी है और न कहकहे हैं। सिर्फ है एक दर्द से बोझिल सन्नाटा, एक नाकाबिले बर्दाश्त खामोशी, एक खालीपन, उसकी जिन्दगी एक उजाड़, वीरान और टूटे-फूटे क्रब्रिस्तान में बदलकर रह गई है। और अब यह सन्नाटा, यह खामोशी यह सूनापन और यह वीरानी कभी दूर न होगी। ये सब बातें नुकीले नश्तरों की तरह रात-दिन उसके दिल की गहराइयों में उतरते रहेंगे। उसके अहसासात और वजूद को लहूलुहान करते रहेंगे।

काश ! उसने निर्मला के बारे में एहतियात से काम लिया होता। निर्मला के बिछुड़ने के मामले में कसूरवार वह खुद है, निर्मला नहीं।

इन्हीं खयालों में डूबा वह उस सूनी सीट की ओर देखता रहा और फिर एक लम्बी साँस भरकर उसने कार की स्पीड बढ़ा दी।

❐

रंजीत की कार काटेज के गेट में दाखिल हुई. तो उसके कानों से काटेज का दरवाजा खुलने की आवाज टकराई। उसने नजरें घुमाकर दरवाजे की ओर देखा। दरवाजा रोजाना की तरह शारदा ने ही खोला था। लेकिन यह देखकर रंजीत के दिल को धक्का लगा कि शारदा उसे रिसीव करने के बजाय दरवाजा खोलते ही अन्दर की ओर मुड़ गई थी और उसके कदम उधर जानेवाली सीढ़ियों की ओर बढ़ रहे थे। शारदा के इस बदले हुए रवैए से साफ जाहिर था कि उसने अभी तक रंजीत को माफ नहीं किया। वह निर्मला और रंजीत की कहानी को अभी तक भूल नहीं पाई है।

कार से उतरकर रंजीत ड्राइंगरूम में पहुँचा तो ड्राइंगरूम भी उसके दिल की तरह सूना पड़ा था। उसने हमेशा की तरह कोट उतारकर सोफे के एक छोर पर रख दिया और जूते पहने-पहने ही दीवान पर जा लेटा।

अचानक न जाने क्यों उसे ऐसा अहसास हुआ जैसे वह अपने घर में नहीं है, किसी दूसरे के सूने घर में घुस आया है, घर के मालिक की इजाज़त के बिना।

उसने दीवान पर लेटे-लेटे चारों ओर नजरें घुमाकर देखा, घर वही था। जो उसने लगभग दस बरस पहले शारदा के साथ मिलकर बसाया था। जिसे उसने अपने अरमानों से सजाया-सँवारा था। घर वही था, जिसमें शादी की पहली रात को उसने शारदा के साथ मिलकर अपनी नई जिन्दगी की सुहानी और खूबसूरत जिन्दगी की बुनियाद रखी थी। घर वही था जिसकी छत और दीवारें उसके और शारदा के उल्लास और उमंग और हँसी-कहकहों से गूँजती रहती थीं। आज वह छत और दीवारें खामोश थीं।...नहीं, यह घर मेरा नहीं, किसी और का है...पराया घर है...एकदम पराया...इस सूने पराए घर में उसके अहसासों का दम घुटता जा रहा है।

अचानक प्लेटों के खनकने की आवाज सुनकर उसने गर्दन मोड़कर देखा। दीवान के पास रखी टेबल पर शारदा ने चाय और नाश्ते की प्लेटें लाकर रख दी थीं। वह जल्दी से उठकर बैठ गया। और शारदा की ओर देखने लगा।

वह इन्तजार करने लगा कि रोजाना की तरह शारदा अब उसके और अपने लिए प्यालों में चाय उँडेलेगी और फिर चाय के प्याले को थामकर उसके सामने इस तरह बढ़ाएगी जैसे चाय का प्याला नहीं, प्यार से छलकता जाम पेश कर रही हो। रंजीत पर एक हल्का-हल्का सा नशा छाने लगा—दस साल से गुजरी हर शाम की तरह।

लेकिन वह नशा एक ही झटके में टूटकर बिखर गया। शारदा ने एक ही प्याले में चाय उँडेली और उसे ट्रे में ही रखा छोड़कर उसी खामोशी के साथ किचन

की ओर चली गई, जिस खामोशी के साथ ड्राइंगरूम में दाखिल हुई थी।

रंजीत के दिमाग को एक जोरदार झटका लगा। शारदा ने आज उससे यह तक नहीं कहा था कि–"लो चाय पी लो !" उसके होंठ सख्ती से भिंच रहे थे। जैसे उसने कसम खा ली हो कि अब इस जिन्दगी में वह रंजीत से कभी बातचीत नहीं करेगी। शारदा की यह चुप्पी नुकीली बर्छी की तरह उसके सीने में घुसती चली गई। उसने एक हाथ अपने सीने पर रखकर दूसरे हाथ से प्याला उठा लिया और चाय के छोटे-छोटे घूँट इस तरह भरने लगा जैसे वह चाय न होकर कोई कड़वी दवा हो, जिसके घूँट भरने में उसे बेहद कठिनाई हो रही हो। चाय का हर घूँट उसके वजूद में कड़वाहट घोलता चला जा रहा था।

चार-छह घूँट पीने के बाद उसने प्याला ट्रे में रख दिया, और सोफे के एक छोर पर पड़ी अपनी टाई और कोट की ओर देखने लगा।

❐

शादी के बाद से शारदा ही उसके ऑफिस से लौटने पर उसके कपड़े वॉर्डोब में टाँगा करती थी। कोट को हैंगर में टाँगते समय ही शारदा को कोट की जेब से एक दिन वह रूमाल मिला था जो निर्मला के होंठों पर लगी लिपस्टिक के सुर्ख निशानों से भरा हुआ था। उस रूमाल पर लगे लिपस्टिक के सुर्ख निशान उसकी हँसी-खुशी भरी जिन्दगी के लिए दहकते हुए सुर्ख अंगारों में तब्दील हो गए थे जिन्होंने उसके उन हसीन ख्वाबों को जलाकर राख कर दिया था जो उसने निर्मला की घनेरी जुल्फों के साए में देखे थे।

उसने चुपचाप टाई और कोट उठाए और अपने बेडरूम की ओर बढ़ गया।

उसने टाई और कोट हैंगर में लटका दिए और लुंगी-कुर्ता पहनकर जब वह अपने बेड की ओर बढ़ने लगा तो उसके दिल और दिमाग को एक और जोरदार झटका लगा।

आज बेडरूमं में डबल बेड की जगह सिंगल बेड ही था। जरूर शारदा ने दिन में किसी वक्त नौकरानी की मदद से डबल बेड का एक बेड अलग करके वहाँ से हटा दिया था। और शारदा की इस हरकत से साफ जाहिर हो रहा था कि शारदा ने उसे अपनी जिन्दगी से पूरी तरह निकाल देने का फैसला कर लिया है। एक ही छत के नीचे जिन्दगी गुजारनेवाले दो प्राणियों के बीच गुस्सा, नफरत और अलगाव की दीवारें खड़ी हो गई हैं !

वह थका-थका सा बिस्तर पर जा लेटा। शादी के बाद से इन दस सालों में शारदा के साथ बिताया एक-एक पल उसकी उदासी में डूबी आँखों के आगे किसी

चलचित्र की तरह आता चला गया...कितने सुहाने रोमांस और रोमांस-भरे थे वे पल।

रंजीत को एक-एक पल याद आ रहा था। साथ ही याद आ रहे थे निर्मला के साथ बिताए थोड़े से पल। निर्मला और उसका साथ केवल तीन-चार महीने ही तो रहा था। लेकिन ये तीन-चार महीने तीन-चार युग जैसे लम्बे दिखाई दे रहे थे। निर्मला के साथ बिताया हुआ हर पल उन पलों से कहीं अधिक मोहक और मादक था जो उसने शारदा के साथ बिताया था। हालाँकि निर्मला के साथ बिताए पलों की उम्र शारदा के साथ बिताए पलों की अपेक्षा बहुत ही छोटी थी।

आज उसे पहली बार महसूस हो रहा था कि निर्मला ने उसे क्या कुछ दिया था। लेकिन उस सब कुछ को वह अपने साथ ही ले गई। छोड़ गई है उसकी जिन्दगी में एक ऐसा सूनापन जो शायद कभी भी भर नहीं पाएगा--कभी भी दूर नहीं हो पाएगा।

उसे लगा कि निर्मला के दिए हुए इस सूनेपन को शारदा दूर कर सकती है। निर्मला के बावजूद रंजीत के मन में शारदा के लिए जो प्यार था, बँटा नहीं था। उस प्यार का विभाजन नहीं हुआ था। उसके दिल में शारदा के लिए आज भी उतना ही मोह था, उतनी ही ममता थी और उतना ही अनुराग था जो वर्षों पहले साइकिल एक्सीडेंट की घटना के बाद उसके दिल में पैदा हुआ था। निर्मला तो सिर्फ किसी पेड़ की उस छाया के समान थी, जिसमें बैठकर गर्मी से व्याकुल और दफ्तरी एकरसता की थकान से चूर कोई बटोही घड़ी-दो घड़ी या फिर धूप ढले तक बैठकर अपने तन-मन की तपन और बोरियत की थकान मिटा लेता है और जिसमें भावनाओं का थोड़ा-बहुत अंश भी आ ही जाता है।

निर्मला जिस तरह अचानक ही उसकी जिन्दगी में आई थी, उसी तरह अचानक ही दूर चली गई। अब उससे मिलना तो दूर वह उसे देख भी नहीं पाएगा।

रंजीत ने दुर्रानी और शारदा के सामने अपनी यह भूल, जो उन दोनों की नजरों में अपराध था, स्वीकार कर ली थी। शारदा से क्षमायाचना भी कर ली थी। वायदा भी कर लिया था कि अब वह भविष्य में निर्मला के साथ कोई सम्बन्ध नहीं रखेगा। लेकिन शारदा के आज के व्यवहार और अलग बेडरूम में सोने के इरादे से रंजीत को विश्वास हो गया था कि शारदा ने उसे क्षमा नहीं किया है। और शायद कभी क्षमा कर भी नहीं पाएगी। उसने अपने आत्म-सम्मान का प्रश्न बनाकर रंजीत के साथ जो भी सम्बन्ध थे, उन्हें टुकड़े-टुकड़े करके अलगाव की

धधकती हुई आग में झोंक दिया है।

आखिर उसके भीतर बैठा परम्परागत मर्द जाग ही उठा। मर्द होने की उसी ठसक में उसने सोचा कि अब कुछ भी हो, वह अब शारदा को मनाने की कोशिश नहीं करेगा। आखिर वह मर्द है। और वह मर्द ही क्या जो औरत के आगे झुक जाए !

और यह निश्चय करके उसने आँखें मूँद लीं। कुछ देर बाद ही उसके खर्राटे बेडरूम की छत और दीवारों से टकराकर गूँजने लगे।

❒

रंजीत और निर्मला की कहानी ने शारदा के दिल में एक धधकते हुए लावे की शक्ल अख्तियार कर ली थी। उसकी भयंकर आग में, नाकाबिले बर्दाश्त तपिश में उसका रोम-रोम जला-फुँका जा रहा था। अगर उसका बेटा रिंकू न होता तो वह पिछली रात ही इस घर को छोड़कर अपने पिता के पास चली जाती। वह पढ़ी-लिखी थी, शादी से पहले एक बहुत बड़ी कम्पनी में स्टेनोग्राफर की पोस्ट पर काम कर चुकी थी।

रंजीत के ऑफिस जाने के बाद वह काफी देर तक रंजीत के बारे में सोचती रही थी। वह समझ नहीं पा रही थी कि क्या यह वही रंजीत है जिसने उसे पाने के लिए एड़ी-चोटी का पसीना एक कर दिया था। झिझक को ठोकर मार उसके पिता के पास आकर एक भिखमंगे की तरह उसका हाथ माँगा था। जिस शारदा के बिना एक पल भी अकेले गुजारना जिसके लिए कठिन था।

शारदा ने रंजीत से दूर रहने का निश्चय कर लिया था। शाम को जब रंजीत ऑफिस से घर लौटा तो शारदा ने रोजाना की तरह न तो द्वार पर रुककर उसका स्वागत किया, न उसका हाल-चाल ही पूछा। यहाँ तक कि उसके कपड़े तक उठाकर हैंगर में नहीं लटकाए। चाय और नाश्ता भी चुपचाप उसके सामने रख आई थी।

दोपहर को ही उसने नौकरानी की सहायता से अपने सोने की व्यवस्था रिन्कू के साथवाले कमरे में कर ली थी। न जाने क्यों उसे रंजीत के शरीर का स्पर्श करके, अपनी ओर आते हवा के झोंके तक में एक ऐसी दुर्गन्ध का आभास होने लगा था, जो रंजीत के ऑफिस चले जाने के बाद भी उसके चारों ओर वातावरण में मँडराती रही थी। उसने निश्चय कर लिया था कि अपने बेटे के भविष्य के कारण वह रहेगी तो इसी घर में लेकिन रंजीत से अलग रहेगी—दूर रहेगी।

सोचते-सोचते शारदा बिस्तर से उठी और आदमकद आईने के सामने जा

खड़ी हुई। उसने सिर से लेकर पाँव तक अपने समूचे बदन के एक-एक अंग को गहरी नजरों से देखा। उन्हें अच्छी तरह तोला और परखा। उसके बदन का हर उभार, हर गोलाई, हर रेखा और हर गहराई आज भी वैसी ही थी जैसी शादी से पहले थी। शादी के इतने बरस बीत जाने के बाद भी उसके बदन पर गुजरे हुए वक्त का कोई हल्का सा निशान तक कहीं दिखाई नहीं दे रहा था। उसका बदन आज भी—एक बेटे की माँ बन जाने के बाद भी, उतना ही सुगठित, उतना ही सन्तुलित, उतना ही सुन्दर और आकर्षक था। उसके शरीर की त्वचा उतनी ही स्निग्ध और कोमल थी।

शारदा को अपने पूरे बदन में कहीं भी, कोई भी कमी दिखाई नहीं दी। फिर...फिर रंजीत निर्मला की ओर आकर्षित क्यों हुआ ? उसे निर्मला में ऐसी कौन सी बात—कौन सी विशेषता नजर आई थी, जिसकी वजह से शारदा उसकी नजरों से इस हद तक उतर गई थी ?

आज भी वह निर्मला से कम सुन्दर और आकर्षक नहीं है। फिर अकारण ही रंजीत के इस आकर्षण का कारण क्या है ?

शारदा देर तक इस प्रश्न का उत्तर खोजती रही। अन्त में उसकी समझ में एक ही कारण आया। वह यह कि वह औरत है। और रंजीत एक मर्द है। अनादि काल से पुरुष नारी को अबला और भोग्या ही मानता चला आया है। इस पुरुष प्रधान समाज के नियम संविधान, नारी को समान अधिकार दिए जाने के बाद भी नहीं बदले हैं। पुरुष के समान कार्यशील और समान अधिकार प्राप्त नारी आज भी अबला ही है।

अचानक ही उसे हिन्दी के महाकवि जयशंकर प्रसाद की एक कविता की दो पंक्तियाँ याद आ गईं—उन्होंने लिखा था :

अबला जीवन हाय तुम्हारी यही कहानी
आँचल में है दूध और आँखों में पानी

लेकिन महाकवि ने वाराणसी में बैठकर जब इन पंक्तियों की रचना की थी तब से लेकर अब तक वाराणसी के घाटों का स्पर्श करता हुआ गंगा का न जाने कितना जल सागर में पहुँच चुका होगा, लेकिन नारी आज भी अबला है।

नहीं, शारदा इस कटु सत्य को—भोगे हुए इस परम्परागत यथार्थ को स्वीकार नहीं करेगी। कभी स्वीकार नहीं करेगी। वह जमाना लद गया जब एक पुरुष एक से अधिक स्त्रियों के साथ विवाह कर सकता था, मनमानी रखैलें रख सकता था। लेकिन आज पुरुष के ये अधिकार समाप्त हो चुके हैं।

इस सबके बावजूद पुरुष चोरी-छिपे, पत्नी परिवार, परिचितों और समाज की

नजरों से बचकर पराई औरतों के साथ रंगरेलियाँ मनाता रहता है। उसे कोई पाप नहीं लगता। लेकिन अगर कोई स्त्री—उसकी विवाहिता पत्नी किसी पर-पुरुष से हँसकर बात कर लेती है तो कयामत टूट पड़ती है।

लेकिन क्यों ? क्या पति की उपेक्षा के बावजूद पत्नी का अपना कोई व्यक्तिगत जीवन नहीं है ?

बिस्तर पर अकेली लेटी शारदा गई रात तक रंजीत के बारे में सोचती रही। फिर अचानक ही एक विचार उसके जहन में बिजली की तरह कौंध उठा। और फिर उस विचार पर सोचते-सोचते उसके होंठों पर एक अर्थभरी मुस्कान थिरक उठी। उसकी बुझी-बुझी आँखों में एक नए संकल्प की चमक दौड़ गई।

और फिर अपनी इस योजना पर सोचते-सोचते नींद ने न जाने कब उसे अपनी बाँहों में समेट लिया।

❐

"गंगादीन !" अपने केबिन में पहुँचते ही रंजीत ने जोर से घंटी बजाकर बड़ी रोबीली आवाज में पुकारा।

चपरासी गंगादीन ही नहीं ऑफिस में बैठे और कर्मचारी भी रंजीत की इस आवाज को सुनकर सकपका गए। क्योंकि रंजीत ने इतने बरसों में आज तक इस अन्दाज में किसी को कभी नहीं पुकारा था।

"जी साब !" गंगादीन अपनी टोपी सँभालते हुए अन्दर आ गया।

"दुर्रानी साहब को सलाम बोलो !" रंजीत ने उसी रोबीले अन्दाज में हुक्म दिया।

"जी साब।" गंगादीन चपरासी ने बड़े अदब से सिर झुकाया और बाहर चला गया।

बाहर हाल में बैठे दुर्रानी ने रंजीत की आवाज सुन ली थी। उसे रंजीत के इस नए अन्दाज पर हैरानी हो रही थी। आज रंजीत ने जब ऑफिस में कदम रखा था तो उसके चेहरे पर एक अजीब सी तमतमाहट थी, हाल में खड़े कर्मचारियों के अभिवादन का उत्तर न देकर वह तेजी से अपने केबिन में चला गया था। उसके चेहरे और बोलने के अन्दाज में ही नहीं, उसके चलने के अन्दाज में भी आज एक खास तब्दीली नजर आ रही थी।

रंजीत के इस बदलाव के बारे में सोचते हुए दुर्रानी उसके केबिन की ओर बढ़ गया।

"मे आई कम इन बिरादर !" दुर्रानी ने केबिन का दरवाजा खोलते हुए पूछा।

''येस...कम इन !'' रंजीत ने उसी अफसराना अन्दाज में इजाजत दी।

''हुकुम ?'' दुर्रानी ने रंजीत की टेबल की ओर कदम बढ़ाते हुए कहा।

''मिस्टर दुर्रानी, आप जानते ही हैं कि हमारी पर्सनल सेक्रेटरी एक दिन के लिए आईं, उसके बाद से एबसेंट हैं। सेक्रेटरी के बिना ऑफिस का काम सफर हो रहा है !'' रंजीत ने दुर्रानी की ओर न देखकर टेबल पर रखी फाइलों की ओर देखते हुए कहा।

''जानता हूँ बिरादर...सर।''

''हेड क्वार्टर को इसी वक्त फोन कीजिए और सारी पोजीशन बता कर उनसे कहिए कि कोई भी दूसरी सूटेबल, स्मार्ट सेक्रेटरी फौरन भेज दें। हेडक्वार्टर में अगर कोई सेक्रेटरी एवेलेबुल न हो तो नया अपाइंटमेंट करें वरना यहाँ काम का ढेर लगता रहेगा।''

''अभी दोबारा फोन करता हूँ सर।'' दुर्रानी ने बड़े अदब से कहा, और केबिन के दरवाजे की ओर मुड़ते-मुड़ते पूछा, ''और कुछ बिरादर।''

''बस, और कुछ नहीं।'' रंजीत ने कहा और फिर दुर्रानी के चेहरे की ओर देखने लगा।

रंजीत के बदले हुए बर्ताव के बावजूद दुर्रानी के चेहरे पर वह मखसूस मुस्कुराहट थी, जिसे रंजीत कॉलेज के जमाने से देखता आया था।

''अरे बिरादर ! जिस दोस्त को अपने दोस्त की मुश्किलों और परेशानियों का अहसास न हो उसकी दोस्ती पर लानत है !'' दुर्रानी ने बड़ी संजीदा अन्दाज में कहा, ''मैं जानता हूँ—अच्छी तरह जानता हूँ कि आपका काम सेक्रेटरी के बिना चल नहीं सकता। इसलिए मैंने सुबह आते ही सबसे पहले यही काम किया था। मेरा खयाल है कि घंटे-आधे घंटे में हेड ऑफिस इन्तजाम करके किसी नई सेक्रेटरी को भेज देगा। हेड ऑफिस में तो कोई सेक्रेटरी स्पेयर है नहीं।''

''शुक्रिया दुर्रानी...''

''लेकिन एक अर्ज है बिरादर !'' दुर्रानी ने अपनी आवाज धीमी करते हुए कहा।

''वह क्या ?''

''वह यह कि आनेवाली नई सेक्रेटरी को भी निर्मला मत बना लीजिएगा !'' दुर्रानी ने चेतावनी दी, ''आप नहीं जानते कि मैंने शारदा भाभी को कितनी मुश्किल से इस बात पर राजी किया है कि वह घर छोड़कर न जाएँ। अगर आपने निर्मला वाली कहानी फिर दोहराई और शारदा भाभी को पता चल गया तो मेरी तमाम कोशिशों पर पानी फिर जाएगा। याद रखिए इश्क और मुश्क छिपाए से छिपती नहीं है।''

रंजीत कुछ देर खामोश बैठा कुछ सोचता रहा। अचानक कुछ सोचने के बाद उसके होंठों पर हल्की सी मुस्कुराहट दौड़ गई। एक हल्का सा कहकहा लगाकर बोला, ''नहीं दुर्रानी मैं निर्मला के बारे में जो गलतियाँ कर चुका हूँ उन्हें दोहराऊँगा नहीं, इसके साथ ही तुम यकीन रखो कि मैं शारदा को शक करने का कोई भी मौका नहीं दूँगा।''

''बस मेरी इतनी ही इल्तिजा है,'' दुर्रानी ने कहा, फिर उठते-उठते उसने पूछा, ''वैसे शारदा भाभी का मूड तो अब नार्मल है न ?''

''नहीं दुर्रानी, उसका मूड अभी तक सँभला नहीं है। उसने मुझसे बोलना ही नहीं छोड़ दिया है बल्कि पिछली रात से वह दूसरे बेडरूम में सोने लगी है,'' रंजीत ने कहा, ''लेकिन मैं शारदा को अच्छी तरह जानता हूँ। दो-चार दिन में उसका मूड नार्मल हो ही जाएगा। आखिर औरत है वह, इसके सिवा उसके लिए और चारा ही क्या है दुर्रानी।''

''चारा क्यों नहीं है ? बिरादर ! इस पुराने मर्दाना ज़ोम में मत रहिए ! वह अपने पिता के पास जा सकती हैं। पढ़ी-लिखी हैं। कहीं-न-कहीं उन्हें सर्विस मिल ही जाएगी। इसलिए इस धोखे में मत रहिए कि उन्हें आपसे अलग होने में कोई दुश्वारी होगी। लेकिन बिरादर, ऐसी नौबत ही क्यों आए ? शारदा भाभी में ऐसी कौन सी कमी आ गई थी कि आप निर्मला पर लट्टू हो गए थे। खैर, मेरा मशवरा तो यही है कि यह भी जिन्दगी का एक खौफनाक हादसा था। इसे भूल जाइए। इसी में भलाई है !'' दुर्रानी ने कहा और अपनी बात की प्रतिक्रिया जानने की ओर ध्यान न देकर उठ खड़ा हुआ।

तभी केबिन का दरवाजा खुला और गंगादीन ने दरवाजे से सिर निकालकर कहा ''सर ! इन मिस साब को हेड ऑफिस ने भेजा है।''

गंगादीन ने पूरा दरवाजा खोल दिया। और दरवाजे से हटकर अपने पीछे खड़ी युवती को अन्दर आने के लिए रास्ता छोड़ दिया।

''आइए !'' दुर्रानी ने एक ओर हटते हुए कहा।

युवती रंजीत की टेबल की ओर बढ़ती हुई बोली, ''सर, मेरा नाम नीना फर्नांडीज़ है। मुझे आपटे एम.डी. साहब ने भेजा है।''

युवती की आवाज सुनकर रंजीत को ऐसा लगा जैसे सूने केबिन में एक साथ कई चाँदी की घंटियाँ बज उठी हों, एक तालबद्ध स्वर में।

''प्लीज सिट डाउन !'' दुर्रानी ने कहा और केबिन के दरवाजे की ओर बढ़ गया।

नीना फर्नांडीज़ की मधुर और मोहक आवाज़ सुनकर रंजीत पर बेसुधी-सी

छा गई थी। वह अचकचाई नजरों से नीना फर्नांडीज़ के चेहरे को देख रहा था। छरहरा बदन, सुगठित और सुन्दर गोरा-गुलाबी बदन—निर्मला की आँखों से भी कहीं ज्यादा सुन्दर और मोहक—बड़ी-बड़ी कजरारी आँखें। गोरे-गुलाबी बदन पर नीले रंग की सिल्क की साड़ी और ब्लाउज।

नीले रंग की सिल्क की साड़ी और स्लीवलैस ब्लाउज ने नीना फर्नांडीज के गोरे-गुलाबी बदन की सुन्दरता और मोहकता को और भी निखारकर उजागर कर दिया था। एक बार भी पलकें झपके बिना वह नीना फर्नांडीज़ के चेहरे को देखता रहा। उसकी बड़ी-बड़ी काली-कजरारी आँखों में मादकता के साथ-साथ एक विचित्र सा सम्मोहन था। रंजीत को ऐसा लग रहा था जैसे वह अनजाने और अनचाहे ही नीना फर्नांडीज़ की झील जैसी गहरी आँखों में डूबता चला जा रहा है।

"सर...!" नीना फर्नांडीज़ रंजीत की नजरों की चुभन से तिलमिला उठी थी। साथ ही रंजीत की खामोशी पर उसे हैरानी हो रही थी।

"अँ-हाँ !" रंजीत ने चौंककर अपनी नजरें नीना फर्नांडीज़ के चेहरे से हटा लीं। उसके उदास होंठ फड़के लेकिन उनसे कोई आवाज नहीं निकली। वह कुछ बदहवास-सा हो उठा था। नीना फर्नांडीज के सौन्दर्य ने जैसे उसकी आत्म-चेतना छीन ली थी।

"आप कुछ परेशान दिखाई दे रहे हैं सर !" नीना फर्नांडीज़ ने टेबल पर कुहनियाँ टिका कर रंजीत के चेहरे पर अपनी नजरें गड़ाते हुए पूछा।

"अँ—नहीं, ऐसी तो कोई बात नहीं है," रंजीत ने कहा और सामने पड़ी कुर्सी की ओर इशारा करते हुए बोला, "बैठिए।"

"थैंक्स," नीना फर्नांडीज ने कहा और अपनी साड़ी को सँभालते हुए कुर्सी पर बैठ गई।

"माफ कीजिएगा सर...आपसे पहली बार मिल रही हूँ...कुछ कहना तो नहीं चाहिए...पर आप कुछ परेशान-से लग रहे हैं सर !" नीना ने झिझकते हुए कहा।

"मेरी परेशानियों की बात छोड़िए। अब तो आपका ज्यादा वक्त मेरे साथ ही गुजरेगा। धीरे-धीरे आप मेरी परेशानी से वाकिफ हो ही जाएँगी," रंजीत ने मुस्कुराने की नादान कोशिश करते हुए कहा, "आप यह बताइए कि हमारे ऑफिस में आने से पहले भी आपने किसी ऑफिस में सर्विस की है ?"

"जी, एक हफ्ता ही बीता है रिजाइन दिए, मैं मेहता आटोमोबाइल्स के मैनेजर मिस्टर देसाई की पर्सनल सेक्रेटरी थी।"

"मेहता आटोमोबाइल्स तो बहुत बड़ी कम्पनी है। वहाँ तो पगार भी अच्छी

खासी मिलती होगी। मैं कम्पनी के मैनेजर मिस्टर अरविन्द देसाई को, पर्सनली जानता हूँ। बहुत ही कोआपरेटिव नेचर के नौजवान हैं। वहाँ से आपने रिजाइन क्यों कर दिया ?"

नीना फर्नांडीज कुछ देर खामोश बैठी रही। फिर उदास से लहजे में बोली, "दरअसल मिस्टर देसाई आए दिन आउट स्टेशन जाते रहते थे। वे चाहते थे कि पर्सनल सेक्रेटरी होने के नाते मैं भी उनके साथ चलूँ। लेकिन मेरी मजबूरी है। मेरे डैडी नहीं चाहते कि मैं बम्बई से कहीं बाहर जाऊँ। रात को देर से घर लौटने पर भी उन्हें ऐतराज होता था। मिस्टर देसाई के बार-बार बाहर साथ चलने के लिए जोर देने पर तंग आकर मैंने सर्विस छोड़ दी।"

"मिस नीना, मुझे कहीं बाहर जाना नहीं पड़ता, लेकिन ऑफिस के काम में तो देर हो ही सकती है।" रंजीत बोला।

"ऑफिस के काम में देर होना तो कोई बात नहीं। दरअसल उस ऑफिस का एटमास्फियर ही मुझे पसन्द नहीं था।"

"वैसे सभी बड़ी कम्पनियों के ऑफिसों का एक जैसा ही एटमास्फियर होता है। इसके पसन्दगी और नापसन्दगी की तो कोई बात नहीं।"

नीना फर्नांडीज ने कोई उत्तर नहीं दिया। खामोश बैठी अपने आँचल के छोर को अपनी उँगली पर लपेटती-खोलती रही।

रंजीत बड़े ध्यान से उसे देखता रहा।

नीना फर्नांडीज सिर झुकाए खामोश बैठी रही।

कुछ देर बाद रंजीत ने एक लम्बी उसाँस भरी और अपनी टेबल की दराज में रखी दवाइयों की शीशियाँ निकालकर मेज पर रखने लगा।

शीशियों के टेबल पर रखने की आवाज सुनकर नीना फर्नांडीज चौंक पड़ी और उन शीशियों की ओर देखते हुए बोली, "लगता है आपकी तबीयत कुछ खराब है सर ?"

"नहीं मिस नीना, मेरी तबीयत तो एकदम ठीक है," रंजीत ने बड़े आत्मविश्वास के साथ कहा, "हाँ, मेरी वाइफ की तबीयत कई साल से जरूर खराब है। उसी की दवाइयाँ हैं ये। कल मँगाई थीं, लेकिन काम की भीड़-भाड़ में घर ले जाना भूल गया था।"

"क्या...आपकी मिसेज काफी दिनों से बीमार हैं ?" नीना फर्नांडीज़ की आवाज में हमदर्दी झलक उठी, "बाइ-द-वे, उन्हें बीमारी क्या है सर?"

"बीमारी समझ में ही नहीं आती...मुम्बई के ही नहीं दिल्ली के भी कई बड़े-बड़े डॉक्टरों, हकीमों और वैद्यों से इलाज करा चुका हूँ। लेकिन आज तक

किसी की भी समझ में यह नहीं आ पाया कि शारदा को आखिर बीमारी है क्या ?'' रंजीत ने बहुत ही दुख और निराशा-भरी आवाज में कहा, ''अब तो मैंने उसे भगवान के भरोसे छोड़ दिया है कि या तो इसे ठीक कर दे या फिर इस दुनिया से उठा ले। वरना...वरना उसके साथ-साथ मैं भी... ।''

''नहीं, नहीं, ऐसा मत कहिए,'' नीना फर्नांडीज़ उचककर उठी और रंजीत के पास पहुँचकर बोली, ''नहीं सर, ऐसा मत कहिए। ईसू ने चाहा तो आपकी मिसेज ठीक हो जाएँगी। मेरी राय तो यह है कि आप उन्हें किसी हिल स्टेशन पर किसी सेनेटोरियम में एडमिट करा दीजिए।''

वह सिर उठाकर नीना की ओर देखने लगा। नीले सिल्किन ब्लाउज में से झाँकते नीना के गुलाबी-गोरे स्तनों की आधी गोलाइयाँ उसे साफ दिखाई दे रही थीं।

रंजीत का समूचा अस्तित्व झनझना उठा। उसकी आँखों के डोरे बड़ी तेजी से सुर्ख पड़ते चले जा रहे थे।

''बुजुर्गों ने कहा है कि इंसान को अपने दुःख-दर्द अपने दिल में ही छिपाकर रखने चाहिए। क्योंकि आज की इस दुनिया में दूसरों के दुःख-दर्द सुनकर हँसनेवाले तो बहुत मिल जाते हैं लेकिन उन्हें बाँटनेवाला तो दूर, उन पर हमदर्दी तक जतानेवाला एक भी नहीं मिलता। कोई ऐसा नहीं कि लड़खड़ाते हुए शख्स को सहारा दे दे। गिरते हुए को थाम ले। लेकिन मिस नीना, आपके कन्सर्न को देखकर आज पता चला है कि खुदगर्जों की इस दुनिया में कुछ ऐसे लोग अभी मौजूद हैं जो दूसरों के दुःख-दर्द को भले ही बाँट न सकें लेकिन महसूस जरूर कर सकते हैं, और उन्हीं गिने-चुने लोगों में से शायद एक आप हो !'' बोलते-बोलते रंजीत जैसे भावुक हो उठा था।

''सर, मैंने एक कैथेलिक फेमिली में जन्म लिया है। बचपन से बाइबिल सुनती-पढ़ती आई हूँ। प्रभु ईसा के सन्देश को ही मैं उनका सबसे बड़ा सन्देश मानती हूँ। प्रभु ईसा ने कहा है कि सारी दुनिया को प्यार करो। जो दुखी हैं उनके दुःख को मिटाने की कोशिश करो। जरूरतमन्दों की जरूरतें पूरी करो। यही परमात्मा की सबसे बड़ी पूजा है।'' नीना फर्नांडीज की धार्मिक भावनाएँ जाग उठीं। एक पल रुककर बोली, ''सर, अगर मैं आपके किसी काम आ सकूँ तो मुझे बड़ी खुशी होगी। मुझे अपनी सेक्रेटरी ही नहीं, अपना हमदर्द भी समझिए।''

''वाकई मैं बहुत खुशनसीब हूँ कि मुझे सेक्रेटरी ही नहीं मिली एक हमदर्द साथी भी मिला है जो मेरे दुःख-दर्द को समझता है—समझ सकता है !'' रंजीत के मन में उसकी अन्दरूनी मुस्कुराहट दौड़ गई। नीना फर्नांडीज की इन बातों को

सुनकर वह निर्मला को जैसे बिल्कुल ही भूल गया। उसने अपने दिल के बोर्ड पर लिखे निर्मला के नाम को बड़ी आसानी से मिटाकर उस पर नया नाम लिख लिया—नीना फर्नांडीज !"

उसने हाथ बढ़ाकर बड़ी आत्मीयता और प्यार से नीना फर्नंडीज के हाथ थाम लिये।

तभी केबिन का दरवाजा खुला। नीना ने जल्दी से अपने हाथ रंजीत के हाथों से छुड़ाए और सँभलकर बैठ गई।

रंजीत चौंककर केबिन के दरवाजे की ओर देखने लगा।

"एक्सक्यूज मी बिरादर, आपकी बातचीत में दखल दे रहा हूँ," दुर्रानी ने अधखुले दरवाजे में से झाँकते हुए कहा और फिर अन्दर आकर बोला, "अभी-अभी शॉ एंड कम्पनी का फोन आया था। आप लोगों ने अपनी बातचीत के दरम्यान उस पर ध्यान नहीं दिया। टेलीफोन की घंटी भी बजी थी, आवाज आप लोगों के कानों तक नहीं पहुँच पाई। खैर, यह शॉ एंड कम्पनी की फाइल है। वे अपने लेटर का जवाब अभी माँगते हैं। मिस निर्मला के चले जाने की वजह से अभी तक जवाब नहीं भेजा जा सका था। अब मिस नीना आ गई हैं। हेड ऑफिस से भी कल फोन आया था कि शॉ एंड कम्पनी का कांट्रेक्ट एक्सेप्ट कर लिया जाए।"

"ठीक है," रंजीत ने दुर्रानी के हाथ से फाइल ले ली, "दुर्रानी, अब तो केबिन बन गया है, मिस नीना को इनके केबिन में पहुँचा दो और ऑफिस के लोगों से इनका परिचय भी करवा दो।"

"माफ कीजिएगा बिरादर," दुर्रानी ने आगे बढ़ते हुए कहा, "अभी-अभी एक शेर मेरे जहन में उभरा है, अर्ज किया है :

भटके हुए कदमों को सहारा तो मिल गया
मंजिल मगर है दूर, बहुत दूर, बहुत दूर
जो दास्तान खत्म हुई भूल जाइए
गुज़रा हुआ फसाना न दोहराइए हुजूर !"

"वाह—वाह !" नीना ने खुशी से उछलते हुए बेसाख्ता दाद दी, "बहुत ही लाजवाब है आपका शेर। मुझे खुशी हुई कि इस ऑफिस में एक शायर साहब भी तशरीफ रखते हैं।"

"शायर नहीं तुक्कड़ कहिए मिस नीना।" दुर्रानी ने कहा, "शायरी से इस नाचीज़ का दूर का भी वास्ता नहीं है, बस तुकें भिड़ा लेता हूँ।"

नीना हँसती हुई उठ खड़ी हुई, "सर, मैं अपने केबिन में जाऊँ ?"

"हाँ जाइए। लेकिन अपनी कॉपी-पेंसिल लेकर फौरन लौट आइएगा। कई

जरूरी लेटर्स के जवाब देने हैं !'' रंजीत ने बेताबी से कहा।

नीना केबिन की ओर बढ़ने लगी तो उसकी गोरी-चिट्टी पीठ पर ब्लाउज की जिप पर उसकी नजरें जा पड़ीं। नीना ने बड़ी लापरवाही से अपनी साड़ी का आँचल बाएँ कन्धे पर डाला तो जिप थोड़ी सी और खुल गई। उसकी गोरी-गुलाबी पीठ साफ दिखाई देने लगी। रंजीत का जी चाहा कि हाथ बढ़ाकर उस जिप को नीचे तक खोल दे !

❐

ऑफिस के हाल में लगे क्लॉक ने टनटन कर छह घंटे बजाए तो रंजीत और नीना चौंककर केबिन की दीवार पर लगी घड़ी की ओर देखने लगे।

''ओह, छह बज गए—काम में वक्त का पता ही नहीं चला।'' नीना ने सीने से ढलक आए आँचल को सँभालते हुए कहा।

''बस ये दो जरूरी लेटर और रह गए हैं, उसके बाद छुट्टी।'' रंजीत ने कहा और एक पल रुककर बोला, ''बाई-द-वे आप रहती कहाँ हैं ?''

''अँधेरी ईस्ट में,'' नीना ने उत्तर दिया, ''कई साल हुए एक हाउसिंग सोसायटी में फादर ने एक फ्लैट खरीद लिया था। उसी में रहती हूँ।''

''घर में और कौन-कौन है ?'' रंजीत ने पूछा।

नीना एक पल खामोश रही। फिर कुछ सोचकर बोली, ''मेरे अलावा घर में सिर्फ मम्मी हैं और पापा हैं।''

''कोई भाई-बहन ?''

''जी नहीं। मेरी पैदाइश के बाद माँ को पता नहीं ऐसी क्या बीमारी लग गई कि वह फिर दोबारा माँ नहीं बन पाई।''

''ओह...अब चलना चाहिए ! मैं भी उधर ही रहता हूँ। मैं आपको रास्ते में ड्राप कर दूँगा।'' रंजीत ने कहा और जल्दी-जल्दी डिक्टेशन देने लगा।

❐

''सर, मैं पैदा तो गोआ में हुई थी लेकिन मेरा पूरा बचपन मुम्बई में ही बीता है। और इतनी बड़ी हो गई लेकिन मैंने आज तक पूरा मुम्बई नहीं देखा !'' नीना फर्नांडीज ने रंजीत की साथवाली सीट पर बैठते हुए कहा।

''मैं चार-छह दिन में ही तुम्हारा यह मलाल दूर कर दूँगा !'' रंजीत ने कार स्टार्ट करते हुए कहा, ''शाम को ऑफिस की छुट्टी होने के बाद तुम मेरे साथ चला करो। तुम्हारे साथ घंटे-आध घंटे इधर-उधर घूमने से मेरे मन पर हर पल

सवार रहनेवाली पत्नी की बीमारी की चिन्ता कुछ कम हो जाया करेगी। बाद में मैं तुम्हें तुम्हारे घर छोड़ आया करूँगा।"

"लेकिन अगर ऑफिस के किसी आदमी ने हम दोनों को साथ-साथ घूमते-फिरते देख लिया तो..." नीना कहते-कहते रुक गई।

"तुम उन लोगों की चिन्ता मत करो। उन लोगों की नौकरी मेरे हाथ में है। अगर किसी ने तुम्हारे बारे में एक शब्द भी बोला तो उसी वक्त उसकी छुट्टी कर दूँगा !" रंजीत ने बड़े घमंड से कहा, "और फिर तुम मेरी सेक्रेटरी हो। कम्पनी के बिजनेस के लिए मैं तुम्हें अपने साथ लेकर किसी से भी मिलने जा सकता हूँ।"

नीना ने कोई उत्तर नहीं दिया। वह खामोश बैठी रही।

नीना फर्नांडीज को उसके घर के पासवाले मोड़ पर ड्रॉप करने के बाद रंजीत ने कार अपने घर की ओर जानेवाली सड़क पर मोड़ी तो उसकी आँखों के आगे शारदा का चेहरा घूम गया। वह चेहरा नहीं, जिसे वह साइकिल एक्सीडेंट और फिर शादी के बाद से पिछले दस वर्षों तक देखता आया था बल्कि वह चेहरा जो निर्मला और उसके रोमांस के सम्बन्ध में जानने के बाद एकदम बदल गया था। उस चेहरे पर हर समय छाई रहनेवाली कोमलता कठोरता में बदल गई थी। होंठों की मुस्कान न जाने कहाँ गुम हो गई थी। आँखों में स्नेह के स्थान पर उपेक्षा, आक्रोश, असन्तुष्टि जैसी भावनाएँ झलकने लगी थीं। रंजीत ने इसकी कल्पना तक नहीं की थी। अगर वह यह सब जानता तो निर्मला के साथ पूरी तरह सावधानी बरतता। उसे लग रहा था कि शारदा में आए इस परिवर्तन का कारण स्वयं शारदा नहीं, वह खुद है।

और यह सोचते हुए उसने निश्चय कर लिया कि नीना के सम्बन्ध में वह हर कदम को फूँक-फूँककर रखेगा। दुर्रानी ने इशारों-इशारों में—शेर की शक्ल में जो हिदायत दी है, उस पर पूरा-पूरा अमल करेगा।

पिछले दिन की तरह शारदा कार के आने की आवाज सुनते ही दरवाजा खोलकर किचन में चली गई थी। रंजीत ने कोट उतारकर हमेशा की तरह सोफे पर फेंक दिया। लेकिन शारदा के रवैए को देखकर वह समझ गया था कि सोफे पर पड़ी टाई और कोट उसे खुद ही उठाकर हैंगर में लटकाना पड़ेगा।

शारदा पिछले दिन की तरह जिस खामोशी के साथ चाय रख गई, उसी खामोशी के साथ चली भी गई। रंजीत ने एक गहरी साँस लेते हुए अपने लिए चाय बनाई और हल्के-हल्के घूँट भरते हुए वर्तमान स्थिति के बारे में सोचने लगा।

❐

रात का खाना खाने के बाद रंजीत अपने बेडरूम में पहुँचा तो उसके दिल और दिमाग को फिर वही झटका लगा जो पिछली रात लगा था। उसे लगा जैसे बेडरूम की खिड़की के पास सिंगल बेड पर बिखरी चाँदनी उसका मुँह बिचका रही थी। चाँदनी वही थी जिसमें बैठकर उसने शारदा के साथ मिलकर जागते-जागते न जाने कितने सुहाने सपने देखे थे।

आज वे तमाम सपने गहराते शून्य में न जाने कहाँ गुम हो गए थे। उसे लगा सपने अब कभी भी नहीं लौटेंगे। अगर लौटेंगे भी तो नीना फर्नांडीज़ के साथ।

रात का खाना शारदा ने उसके साथ डाइनिंग टेबल पर बैठकर ही खाया था लेकिन बड़ी खामोशी के साथ। जैसे किसी होटल की एक ही टेबल पर बैठे दो अजनबी खामोशी के साथ खाना खाते रहते हैं। शारदा के चेहरे के भावों और उसके रवैए को देखकर रंजीत को जैसे विश्वास हो गया था कि दुर्रानी के सामने क्षमा याचना करने और बार-बार माफी माँगने के बावजूद शारदा ने उसे क्षमा नहीं किया है। और शायद अब कभी भी क्षमा न कर सकेगी। एक ही छत के नीचे उसे शारदा के साथ अजनबी की तरह जिन्दगी बितानी पड़ेगी।

रंजीत ने अपने बेडरूम पर एक बार फिर गहरी नजर डाली। उसे बेडरूम बदला-बदला-सा दिखाई दे रहा था। शारदा अपना सामान ही नहीं बेडरूम की दीवार पर लगा अपना फोटो तक उतारकर ले गई थी।

शारदा के साथ शादी होने के बाद आज दूसरी रात रंजीत को अपने बेडरूम में अकेले सोना पड़ रहा था। उसे बेडरूम ही नहीं अपनी जिन्दगी भी खाली-खाली और वीरान नजर आ रही थी।

एक लम्बी ठंडी साँस भरते हुए वह अपने बिस्तर पर लेट गया। बिस्तर पर लेटते ही उसकी विचारधारा एक बार फिर निर्मला की ओर मुड़ गई। निर्मला के साथ बिताया एक-एक पल, एक-एक घटना उसकी आँखों में साकार हो गई। इसमें रत्ती भर सन्देह नहीं कि निर्मला ने सचमुच ही अपने दिल की गहराइयों से उसे प्यार किया था। उसे निर्मला ने जिस तरह टूटकर प्यार किया था शारदा ने नहीं किया था। निर्मला के प्यार और शारदा के प्यार में बहुत बड़ा अन्तर था। और यह अन्तर रंजीत आज महसूस कर रहा था।

शारदा के प्यार में सागर जैसी गम्भीरता थी, उपवन जैसी शान्ति थी। और निर्मला का प्यार उस पर्वतीय सरिता की चंचल धारा के समान था, जो अपने मार्ग में आनेवाले पत्थरों और चट्टानों को रौंदती हुई उच्छृखंल अहसास के साथ दौड़ती हुई सागर की बाँहों में लिपट जाती है।

लेकिन वह नीना के मामले में अब बहुत सर्तक था। नीना—उसकी नई

पर्सनल सेक्रेटरी—क्रिश्चियन परिवार में जन्म लिया है उसने, कान्वेंट में शिक्षा पाई है। मुम्बई की नहीं गोवा की रहनेवाली है जहाँ के निवासी प्यार और रोमांस को अपने जीवन का एक अविभाज्य अंग मानते हैं। शायद इसीलिए वह इतनी आसानी से रंजीत के करीब आ गई है। उसने स्वयं ही अपने और रंजीत के बीच की दूरी को सहज भाव से मिटा दिया कि रंजीत को पता ही नहीं चल पाया कि नीना उसके निकट कब—किस क्षण आ गई। उसकी बेकरार बाँहों ने उसके यौवन के भार से बोझिल मांसल बदन को कब अपने आपमें समेट लिया। उसके प्यासे होंठ कब नीना के रस-भरे होंठों तक पहुँच गए।

नीना को पहले ही दिन देखकर रंजीत ने उसके हाव-भाव और बातों से जान लिया था कि वह बड़ी आसानी से निर्मला की जगह ले सकती है। उसे उदास देखकर नीना ने बड़े सहज भाव से उसकी उदासी का कारण पूरी तरह जाने बिना ही बड़े अपनेपन की भावना के साथ कहा था कि उसे अपनी पर्सनल सेक्रेटरी ही नहीं, अपनी हमदर्द दोस्त भी समझे। एक पर्सनल सेक्रेटरी के नाते कारोबार की उलझनों को सुलझाने में योगदान देना उतना महत्त्वपूर्ण नहीं होता जितना बास की पर्सनल समस्याओं का समाधान खोजना महत्त्वपूर्ण होता है। दिन-रात के अधिकांश घंटे साथ-साथ बितानेवालों में दूरी रह ही कहाँ जाती है। प्रभु ईसा का यह उपदेश कि मानवता की सेवा परमपिता परमात्मा की सबसे बड़ी सेवा है, नीना के जीवन का आदर्श है। वह संसार के किसी भी प्राणी को दुखी नहीं देख सकती। उसके दुःख को अपना दुःख मानकर उसे दूर करने का अथक प्रयास करना ही उसके जीवन का उद्देश्य है।

नीना के इन शब्दों से रंजीत को बड़ी राहत महसूस हुई थी। निर्मला की याद इन शब्दों ने बिल्कुल ही पोंछ डाली।

नीना के शब्दों को दोहराते-दोहराते रंजीत ने आँखें मूँद लीं। और फिर न जाने कब नींद ने उसे अपने आगोश में से लिया।

❐

सुबह खिड़की के पर्दे से सुबह के सूरज की सुनहरी किरणों से उसकी नींद खुल गई। किरणें उसके बिस्तर पर बिछी प्रिंटेड चादर के फूलों से अठखेलियाँ कर रही थीं। मौसम में हल्की-हल्की ठंडक थी इसलिए उसे सुबह के सूरज की किरणों की हल्की सी तपिश से बड़ा सुकून मिल रहा था।

तभी मेज पर चाय की ट्रे रखने की आवाज सुनकर रंजीत चौंक पड़ा। और जब तक उसके आवाज की दिशा में नजरें घुमाईं, शारदा चाय की ट्रे टेबुल पर

रखकर बेडरूम से बाहर जा चुकी थी।

वह शारदा को बेडरूम के दरवाजे से निकलकर दूर जाते देखता रहा। दो दिन पहले तक शारदा सुबह की चाय रंजीत के साथ ही पिया करती थी। लेकिन लगता है वह वक्त अब कभी नहीं आएगा।—रंजीत के चेहरे पर फिर उदासी छा गई।

उसने एक लम्बी साँस भरी और ट्रे मेज पर से उठाकर बेड पर अपने सामने रख ली और प्याले में चाय उँड़ेलकर धीरे-धीरे पीने लगा।

❏

ऑफिस जाने के लिए तैयार होकर रंजीत ने अपना ब्रीफकेस उठाया और दरवाजे की ओर बढ़ने लगा।

दरवाजे की ओर बढ़ते-बढ़ते अचानक उसे एक बात याद आ गई। वह पलटा और सोफे पर बैठी आज के अखबार के पन्ने पलटती शारदा के सामने जा खड़ा हुआ।

''शारदा !'' उसने धीरे से पुकारा।

शारदा ने अखबार से नजरें उठाई और रंजीत की ओर देखने लगी।

''मेरे कोट के बटन...'' रंजीत ने कोट के खुले बटनों की ओर इशारा करते हुए कहा, ''कई दिन से तुम मेरे कोट के बटन बन्द करना भूल गई हो।''

''अब इन बटनों को खुला ही रहने दो,'' शारदा ने अपनी नजरें फिर अखबार पर जमा दीं, ''जो बटन घर की दहलीज पार करते ही खुल जाते हों, उन्हें बन्द करने से कोई फायदा नहीं।''

शारदा की आवाज ही नहीं, उसकी आँखों से बरसती उपेक्षा नुकीली बर्छी की तरह रंजीत के सीने में उतरती चली गई। क्रोध से उसकी आँखें लाल पड़ गईं। शारदा ने उसके सम्मान और स्वाभिमान पर करारी चोट की थी। उसने सोचा था इन बीते दिनों में शारदा निर्मला की कहानी कुछ तो भूल चुकी होगी। लेकिन यह हो नहीं पाया था। उसने एक लम्बी साँस ली और शारदा पर एक उबलती हुई नजर डालते हुए दरवाजे की ओर मुड़ गया।

कार की स्पीड जैसे-जैसे बढ़ती जा रही थी रंजीत का गुस्सा भी बढ़ता चला जा रहा था। शारदा द्वारा किए गए इस अपमान को वह भूल नहीं पा रहा था।

—क्या एक विवाहित पुरुष को इतना भी अधिकार नहीं कि वह किसी पराई स्त्री के साथ हँस-बोलकर अपना थोड़ा सा वक्त गुजार सके ? अपने तन-मन की थकान मिटा सके ? निर्मला के साथ जो भी उसका रिश्ता था, उसमें आखिर पाप क्या था ? क्या किसी को प्यार करना पाप है ? फिर निर्मला तो मेरी सेक्रेटरी थी।

मैं उसे लेकर कहीं भी जा सकता था। मैंने उसके साथ कोई जोर-जबर्दस्ती नहीं की थी। फिर मैं इस घर का मालिक हूँ। मैं उसकी यह तानाशाही बर्दाश्त नहीं करूँगा—हरगिज नहीं करूँगा।

निर्मला न सही नीना तो है। मैं चाहूँ तो उसे अपनी प्रेमिका ही नहीं पार्टनर बनाकर भी रख सकता हूँ, उस दिन मुझसे खुद बड़ी भूल हो गई। दुर्रानी की बातों में आकर शारदा से माफी माँग कर मैंने शारदा के घमंड को आसमान पर पहुँचा दिया। देखता हूँ, उसका यह घमंड कब तक रहता है।

❐

रंजीत की कार से उतरकर नीना फर्नांडीज अपने अपार्टमेंट के मेन गेट की ओर बढ़ने लगी तो, उसे अपनी कामयाबी पर बहुत खुशी हो रही थी। राबर्ट की योजना के अनुरूप उसने बड़ी आसानी से रंजीत को शीशे में उतार लिया था। और पहले ही दिन उससे रुपए भी झटक लिये थे। अगर यही हालत रही तो वह महीने-भर में ही इतना पैसा इकट्ठा कर लेगी कि उसकी और राबर्ट की शादी धूमधाम से हो जाए।

लेकिन वह अभी गेट के पास पहुँच भी नहीं पाई थी कि उसके कानों से तेजी से आती हुई मोटरसाइकिल की आवाज टकराई। इस आवाज को वह पहचानती थी। यह आवाज राबर्ट की मोटरसाइकिल की थी।

दूसरे ही पल उसके दिमाग को एक जोरदार झटका लगा। उसकी आँखों के आगे राबर्ट के चेहरे के साथ ही रंजीत का चेहरा नाच उठा। एक रंजीत था जिसने उसकी मजबूरी का अहसास करके बिना माँगे पाँच सौ रुपए निकालकर दे दिए थे और दूसरा राबर्ट था जो उसकी मजबूरी का फायदा उठाने के लिए आ रहा था। उसे एक दिन का भी सब्र नहीं हुआ था। क्या किसी भी जेब से इतनी बड़ी रकम निकाल लेना आसान है ?

और फिर वह यह भी जानती थी कि पिछले दिनों देसाई एंड कम्पनी से मिली पगार उससे छीनकर राबर्ट ने किस तरह बेरहमी से अपने दोस्तों के साथ शराब पीने में उड़ा दी थी। एक भी पैसा उसके पास नहीं छोड़ा था। अगर यही हाल रहा तो वह शादी के लिए रुपए कैसे इकट्ठे कर पाएगी। राबर्ट आज फिर उससे रुपए छीन ले जाएगा।

यह सोचकर उसने पर्स से नोट निकालकर आँचल के छोर में लपेट कर छिपा लिये।

न जाने क्यों इस समय राबर्ट का आना उसे अच्छा नहीं लगा था। घड़ी-भर

पहले उसके तन-मन में दौड़ती खुशी की लहरें नफरत और गुस्से से उबल उठी थीं।

आज पहली बार उसे लग रहा था कि राबर्ट के साथ उसने सम्बन्ध जोड़कर जीवन की सबसे बड़ी भूल की है। कल तक जिस राबर्ट के फन पर वह गर्व करती थी आज वही प्यार नफरत में बदल गया था। राबर्ट की खुदगर्जी और पैसे की भूख को देखकर उसका मन कह उठा था कि उसका प्यार एक दिखावा है। पिछले तीन साल से वह उसे बराबर लूटता-खसोटता चला आ रहा है। उसकी नजर में नीना का कोई मूल्य नहीं है। मूल्य है केवल पैसे का और यही वजह है कि पिछले तीन साल से नौकरी करने के बावजूद आज नीना के पास चार पैसे होने तो दूर, चार अच्छी ड्रेसेज़ भी नहीं हैं, जिन्हें पहनकर वह कहीं आ-जा सके।

न जाने क्यों शुरू से ही, स्कूल के जमाने से ही राबर्ट उसे बहुत अच्छा लगता था। कॉलेज में आते-आते वे इतने करीब आ चुके थे कि जब राबर्ट ने उससे कहा था—आई लव यू नीना डार्लिंग—आई वांट टु मैरी यू ! और तब नीना को ऐसा लगा था जैसे राबर्ट के इन शब्दों ने उसे धरती से उठाकर चमकीले सितारों से भरे आकाश में पहुँचा दिया है। उसके चारों ओर फूल-ही-फूल खिला दिए हैं।

राबर्ट के अलावा और कोई लड़का उसके निकट नहीं आया था। राबर्ट उसकी पहली और आखिरी पसन्द था। उसने राबर्ट के साथ शादी के रंगीन सपने उसी दिन से देखने शुरू कर दिए थे, जिस दिन उसके थरथराते होंठों से निकला था, ''आई आलसो लव यू राबर्ट।''

कॉलेज छोड़कर नीना को तो प्राइवेट सेक्रेटरी का जॉब मिल गया था लेकिन राबर्ट को कोई भी नौकरी नहीं मिली थी और मजबूर होकर वह नीना पर डिपेंड करने लगा था। पहले तो नीना खुशी-खुशी अपनी पगार में से कुछ रुपए हर महीने राबर्ट को दे दिया करती थी लेकिन फिर उसने उसकी पगार पर अपना अधिकार जमाना शुरू कर दिया और नीना से जेब-खर्च लेने के बजाय वह नीना की पूरी पगार छीनकर उसे इतने पैसे दे देता था कि वह बस से अपने ऑफिस आ-जा सके। उस स्थिति में भी नीना को उससे कोई शिकायत न थी। लेकिन उसके माता-पिता की अनुभवी आँखों से राबर्ट की यह मक्कारी और लूट छिपी नहीं रह सकी थी क्योंकि आए दिन ही उनके पर्स के रुपए गायब होने लगे थे। उन्होंने नीना को समझाना शुरू कर दिया था कि वह राबर्ट का साथ छोड़ दे। उस जैसी सुन्दर, पढ़ी-लिखी, काम-धामवाली लड़की के लिए अच्छे-से-अच्छा लड़का मिल जाएगा।

लेकिन माता-पिता की सीख तब उसके दिल तक नहीं उतर पाई थी और

इसीलिए नौकरी से रिटायर हो जाने के बाद जब अपनी पैतृक जमीन-जायदाद की देखभाल करने के लिए उसके माता-पिता ने गोवा में ही रहने और काम करने की सलाह दी थी तो उसने इनकार कर दिया था ! इसी राबर्ट के लिए उसने अपने माता-पिता की सीख ही नहीं, उनके सम्बन्धों को भी ठुकरा दिया था जो अब दिन-पर-दिन उसके लिए सिर दर्द बनता जा रहा था।

इन पिछले तीन सालों में उसे कई अच्छी-अच्छी नौकरियाँ मिलीं लेकिन इसी राबर्ट की वजह से उसे उन नौकरियों को छोड़ देने पर मजबूर होना पड़ा, क्योंकि राबर्ट की गिनती पढ़े-लिखे बेकार नौजवान के बजाय एक आवारा नौजवान के नाते होने लगी थी। बेकारी और पैसे की तंगी से तंग आकर वह अपने एरिया के उन आवारा नौजवानों के गिरोह में शामिल हो गया था, जिनका चरित्र समाज ही नहीं, पुलिस की नजरों में भी सन्दिग्ध था। स्थिति यहाँ तक पहुँच गई थी कि राबर्ट के परिवार के लोगों ने उसे घर से निकाल दिया था और अब वह अपने उन्हीं आवारा दोस्तों के साथ एक खोली में रहने लगा था।

नीना को इन सब बातों का पता नहीं था, इसीलिए वह राबर्ट की लूट का शिकार होते रहने के बावजूद उसे अपने दिल से नहीं निकाल सकी थी। वह उसकी हर ज्यादती को अनदेखा करती चली जा रही थी।

आज सुबह इस नई सर्विस पर जाते समय राबर्ट ने उससे खुले शब्दों में कहा था, "मुझे रुपया चाहिए। जब तक मेरे पास दस-बीस हजार रुपए नहीं होंगे, मैं कोई धन्धा शुरू नहीं कर पाऊँगा...नीना डार्लिंग, मैं तुम्हारी कम्पनी के मैनेजर रंजीत के बारे में बहुत कुछ जान चुका हूँ। बहुत ही दिलफेंक और पैसेवाला आदमी है, तुम एक ही तिरछी नजर में उसकी जेब खाली करा सकती हो...और नीना डार्लिंग, रोमांस वगैरह में औरत का कभी कुछ नहीं बिगड़ता। अगर रंजीत से रुपए हथियाने के लिए तुम थोड़ा वक्त उसके साथ बिता भी लोगी तब भी यह राबर्ट तुम्हें डार्लिंग ही समझता रहेगा। क्योंकि यह राबर्ट तुम्हें दिलोजान से इश्क करता है...प्यार करता है।"

और राबर्ट के इन शब्दों ने नफरत और गुस्से का लावा बनकर नीना के दिलो-दिमाग को ही नहीं, उसके पूरे वजूद को जलाकर राख कर दिया था। उसे राबर्ट के नाम से नफरत हो गई थी। वह उसे अपने पैसे का ही नहीं, अपनी अस्मत का, अपनी जिन्दगी का लुटेरा समझ लेने पर मजबूर हो गई थी।

वैसे राबर्ट का असली नाम रनवीर वर्मा था। उसकी सोसायटी शुरू से ही खराब थी, इसका अन्दाज नीना को नहीं हुआ था। वह दो बार कालेज से रस्टीकेट होते-होते बचा था, पर वह नीना का पीछा करते हुए हर इतवार को चर्च आने

लगा था। एक बार उसने नीना को अपनी ओर आकर्षित और खुश करने के लिए यह भी कहा था कि नीना चाहेगी तो वह अपना धर्म बदल कर क्रिश्चियन भी हो जाएगा। तब नीना ने उससे कहा भी था कि वह धर्म वगैरह की बात न करे क्योंकि स्नेह-प्यार में धर्म को आड़े नहीं आना चाहिए...तब से रनवीर उर्फ राबर्ट और ज्यादा शेर हो गया था...

नीना के सोचने का सिलसिला अभी रुका नहीं था कि राबर्ट की मोटरसाइकिल उसके पास पहुँचकर रुक गई।

''हैलो नीना डार्लिंग,'' राबर्ट ने मोटरसाइकिल पर बैठे-ही-बैठे ही मुस्कुराकर पूछा, ''कैसा गुजरा आज का पहला-पहला दिन...और यह बताओ कि तुम कहाँ तक पहुँचीं ? मेरा मतलब है हमारी योजना की प्रोग्रेस क्या है ?''

''हथेली पर सरसों तो शायद उगाई जा सके राबर्ट, लेकिन आम का पौधा नहीं उगाया जा सकता। आज पहला-पहला दिन था। अभी तो ऑफिस में काम करनेवालों से भी जान-पहचान नहीं हो पाई है। और न ऑफिस का काम ही पूरी तरह समझ पाई हूँ,'' नीना ने बहुत ही सपाट लहजे में उत्तर दिया, ''ऑफिस के बॉस को समझने में तो अभी वक्त लगेगा।''

''मैंने तो सुना है कि मैनेजर रंजीत बहुत ही दिलफेंक टाइप का आदमी है। जवान और खूबसूरत लड़कियों को देखते ही अपने होश-हवास खो बैठता है। मैं हैरान हूँ कि इतने घंटे साथ रहने पर भी तुम्हारा जादू उस पर नहीं चल पाया...खैर, इस वक्त दफ्तर से आ रही हो ?''

''हाँ, कई दिन हुए मिस्टर रंजीत की सेक्रेटरी काम छोड़कर चली गई थी।'' नीना ने बताया, ''बहुत काम पेंडिंग पड़ा था। इसलिए नौ बज गए।''

''ऑफिस में तुम्हारे और तुम्हारे बास के अलावा और भी कोई था ?'' राबर्ट सन्देह-भरी नजरों से नीना के चेहरे को देखने लगा।

''हमारे अलावा और भी तीन-चार क्लर्क थे। एक टाइपिस्ट भी थी,'' नीना ने राबर्ट को घूरते हुए कहा, ''काम काफी पेंडिंग पड़ा है। शायद चार-छह दिन देर से ही ऑफिस छोड़ना पड़े।''

''मुझे ऑफिस के पेंडिंग काम से कोई सरोकार नहीं, मेरा इंट्रेस्ट तो मेरे प्लान में है। आज मेरे दोस्तों ने मुझे अल्टीमेटम दे दिया है कि या तो मैं राक्सी में उन्हें मँगनी की पार्टी दूँ या फिर उनका साथ छोड़ दूँ। और उनका साथ छोड़ने का मतलब है अपना धन्धा बन्द करना,'' राबर्ट ने बहुत ही खुश्क लहजे में कहा, ''कम-से-कम पाँच हजार रुपए खर्च होंगे।''

''राबर्ट, जिस दिन मँगनी हुई थी, उस फंक्शन का सारा पैसा मैंने खर्च किया

था। उस दिन भी तो तुमने अपने तमाम दोस्तों को इन्वाइट किया था। पानी की तरह शराब बहाई गई थी, फिर अब कैसी पार्टी ?''

''खैर, पार्टी-वार्टी तो बाद में देखी जाएगी। पहले तो मुझे अपनी गाड़ी की किश्तें देनी हैं। दो-तीन महीने से न तो तुमने पूरे पैसे दिए और न मैं किस्त दे पाया। पाँच हजार रुपए चाहिए। पहले तुम गाड़ी की किस्तों का इन्तज़ाम कर दो, वरना फाइनेंस कम्पनीवाले गाड़ी उठाकर ले जाएँगे और जो रकम उनके पास पहुँच चुकी है वह भी मारी जाएगी।''

''मैंने उस दिन भी मना किया था कि जब तक कोई भी रेग्युलर जॉब नहीं मिल जाता, किस्तों पर मोटरसाइकिल मत लो। अपना खर्च तो तुम चला नहीं पाते, हर वक्त भिखमंगे की तरह मेरे सामने हाथ फैलाए खड़े रहते हो। फाइनेंस कम्पनी की किस्तें कहाँ से चुकाओगे ?'' नीना की नफरत गुस्से की शक्ल में फूट पड़ी।

''क्या कहा !'' राबर्ट ने क्रोध से दाँत पीस डाले, ''मैं भिखमंगा हूँ ! अपनी होनेवाली बीवी से पैसे माँगना भीख माँगना है ? दुनिया में कौन सा मर्द ऐसा है जो अपनी बीवी से पैसे नहीं माँगता ?''

''मिस्टर राबर्ट !'' नीना गुस्से से चीख उठी, ''मैं तुम्हारी बीवी नहीं हूँ। और अब इस जिन्दगी में न कभी तुम्हारी बीवी बनना चाहूँगी।''

''लेकिन हमारी मँगनी जो हो चुकी है ?'' नीना के गुस्से से सिटपिटाकर राबर्ट की अकड़ ढीली होने लगी थी।

''मुझे उस मँगनी को तोड़ने का पूरा-पूरा हक है राबर्ट—समझ लो हमारी मँगनी नहीं हुई। आज से हमारा कोई रिश्ता नहीं,'' नीना ने तड़पकर अपना फैसला सुना दिया, ''आज के बाद आइन्दा न तो मेरे घर में कदम रखना, न ऑफिस में।''

''हरामजादी !'' राबर्ट ने क्रोध से चीखते हुए मोटर साइकिल का इंजन स्टार्ट कर दिया, ''अपने किसी साथी से कहकर कल ही छुरे से तेरे पेट को तरबूज की तरह फड़वा दूँगा...तेरे ऊपर तेजाब डलवा दूँगा...तेरी खूबसूरती को खत्म करके तेरी जिन्दगी को मौत से भी बदतर बना दूँगा। मेरा नाम राबर्ट है—राबर्ट ! पूरा इलाका मेरे नाम से थर्राता है। तेरी तो बिसात ही क्या है ?''

इससे पहले कि राबर्ट का उठा हुआ हाथ नीना के गाल पर पड़ता फर्स्ट फ्लोर की बाल्कनी में खड़ी मिसेज रूबी डिसिल्वा की रोबीली आवाज सन्नाटे को चीर कर गूँज उठी, ''नीना, ऊपर आओ...?''

राबर्ट ने अपना उठा हुआ हाथ जबर्दस्ती मोड़कर अपनी मोटरसाइकिल के

हैंडिल पर जमाया और स्टार्ट गाड़ी को रेस देकर नौ-दो ग्यारह हो गया।

नीना कुछ देर गम और गुस्सा-भरी नजरों से राबर्ट की तेजी से दूर जाती मोटरसाइकिल की ओर देखती रही और फिर क्रोध से पैर पटकती हुई गेट के अन्दर चली गई।

राबर्ट की आवाज सुनकर बिल्डिंग का गार्ड गेट पर आ गया था और हैरानी-भरी नजरों से नीना के चेहरे को देख रहा था, जो गुस्से की ज्यादती से तमतमा उठा था।

❑

''अब तो अच्छी तरह समझ गई होगी नीना कि तजुर्बेकार बुजुर्गों की नजरें कभी धोखा नहीं खा सकतीं,'' मिसेज रूबी डिसिल्वा ने नीना के दोनों कन्धों को थामकर उसे अपने कन्धे से लगाते हुए बड़े प्यार और हमदर्दी-भरे लहजे में कहा, ''आज तुम्हें राबर्ट का असली चेहरा जरूर दिखाई दे गया होगा।''

क्रोध से काँपती नीना कोई उत्तर नहीं दे पाई, चुपचाप मिसेज रूबी डिसिल्वा के साथ-साथ उनके फ्लैट में चली गई।

''बैठो नीना, मैं तुम्हारे लिए चाय ले आऊँ,'' मिसेज रूबी डिसिल्वा ने नीना को सोफे पर बैठाते हुए कहा, ''मेरा खयाल है इस मनहूस हादसे को भूलने में चाय जरूर मदद करेगी।''

नीना खामोश बैठी सोचती रही।

''डोंट वरी बेबी,'' मिसेज रूबी डिसिल्वा मुस्कुराकर बोलीं, ''हर यंग लड़की के साथ ऐसे बल्कि इससे भी खतरनाक हादसे होते रहते हैं। डरने-घबराने की जरूरत नहीं है।''

''लेकिन आंटी, राबर्ट कह रहा था कि तेजाब...''

''उस हरामजादे की क्या मजाल जो तुम्हारी तरफ आँख उठाकर भी देख सके—इस वक्त तो रात के दस बज रहे हैं। कल सवेरा होते ही मैं इस महानगर के सबसे बड़े दादा दुर्रानी को फोन करके बुलाती हूँ—राबर्ट की तो लाश का भी पता नहीं चलेगा...अमजद दुर्रानी पर तुम्हारे अंकल ने इतने अहसान किए थे कि वह मेरे एक इशारे पर सब कुछ कर सकता है। उसकी एक डाँट से राबर्ट की अक्ल ठिकाने आ जाएगी। वैसे अमजद दुर्रानी जितना शरीफ इंसान है उतना ही खतरनाक भी है।''

''दुर्रानी...'' नीना को अपने ऑफिस के शायर दुर्रानी की याद आ गई। ''एक दुर्रानी हमारे ऑफिस में भी काम करता है। रफीक़ दुर्रानी।''

"रफ़ीक...वह इतना छोटा सा छोकरा ? इतना बड़ा हो गया ? उसे बचपन से ही शायरी का शौक था। अमजद दुर्रानी का बड़ा लाड़ला भतीजा है। वह जब भी हमारे घर आया करते थे, उसे जरूर अपने साथ लाया करते थे। शायद वही हो।"

"आप ठीक कहती हैं आंटी, दुर्रानी साहब बहुत अच्छे शायर हैं। साथ ही हमारे बॉस के वे क्लासफेलो और गहरे दोस्त भी हैं।"

"यह तो और भी अच्छी बात है। तुम्हें राबर्ट की फिक्र करने की कतई जरूरत नहीं। तुम रफीक से कह देना कि तुम्हारी रूठी आंटी ने तुम्हें याद किया है !" मिसेज डिसिल्वा ने कहा और किचन में चली गई।

नीना खामोश बैठी राबर्ट के बारे में सोचने लगी।

❐

"एक बात कहूँ नीना बेटी," मिसेज रूबी डिसिल्वा ने चाय की ट्रे नीना के सामने टेबल पर रखते हुए कहा, "तुम अपने आपको अकेली मत समझना। तुम्हारे मम्मी-डैडी भले ही गोवा में हों, लेकिन मैं यहाँ मौजूद हूँ। और तुम तो जानती ही हो कि मेरा कोई बेटा-बेटी नहीं। जब से तुम पैदा हुई हो, मैं तुम्हीं को अपनी बेटी मानती आई हूँ।"

"जानती हूँ आंटी, आपने तो मुझे माँ से भी बढ़कर प्यार दिया है। ममता दी है..." नीना ने चाय का प्याला उठाते हुए कहा।

"और बेटी, एक बात और भी गाँठ बाँध लो—औरत किसी भी हालत में कमजोर नहीं होती। मर्द में इतनी ताकत नहीं होती कि वह औरत की तरफ आँख तक उठाकर देख सके। मेरी एक आवाज सुनते ही अपने आपको शेर खाँ समझनेवाला राबर्ट किस तरह दुम दबाकर भाग गया !"

मिसेज रूबी डिसिल्वा की आवाज सुनते ही राबर्ट के चेहरे पर जो हवाइयाँ उड़ने लगी थीं, उनकी याद आते ही नीना को हँसी आ गई।

"वाकई आप ठीक कह रही हैं आंटी। राबर्ट की सारी अकड़-फूँ छूमन्तर हो गई थी।"

"मेरा भी जिन्दगी में इस तरह के बदमाशों से कई बार पाला पड़ चुका है।" मिसेज रूबी डिसिल्वा बोली, "मैंने तो तुम्हारे अंकल की भी तानाशाही बर्दाश्त नहीं की थी। साफ कह दिया था कि कानून की रौ से हम दोनों को बराबर के हुकूक हासिल हैं। मैं सिर्फ आपकी बीवी हूँ, गुलाम नहीं हूँ कि आपकी मर्जी के मुताबिक जिन्दगी गुजारूँ। मेरी अपनी जिन्दगी है और मुझे अपनी मर्जी से गुजारने

का कानूनी हक हासिल है। वह औरत ही क्या हुई जो मर्द की हर ज्यादती को खामोशी से बर्दाश्त करती रहे। नीना ! याद रखो औरत उस ज्वालामुखी का नाम है कि जब वह खामोश होता है तो लोग उसके दहाने पर पिकनिक मनाते रहते हैं, लेकिन जब उसकी बर्दाश्त की हद खत्म हो जाती है तो उसका गुस्सा लावे की शक्ल में फूटकर कोसों दूर तक के इलाके को जलाकर खाक कर देता है।''

''आप ठीक कह रही हैं, आंटी,'' नीना ने सोच-भरी आवाज में कहा, ''लेकिन आंटी सोचती हूँ कल मैं ऑफिस न जाऊँ।''

''लगता है तुम राबर्ट से डर गई हो। तुम फिक्र मत करो, जैसे ही अमजद दुर्रानी से फोन पर कांटेक्ट हो गया मैं तुम्हारी हिफाजत का इन्तजाम कर दूँगी। नई-नई सर्विस है, तुम कल ऑफिस जरूर जाओगी। अगर अमजद दुर्रानी से फोन पर बात नहीं हुई तो मैं खुद तुम्हें तुम्हारे ऑफिस पहुँचाने चलूँगी—जाओ और खाना खाकर सो जाओ।''

मिसेज रूबी डिसिल्वा ने खाने की प्लेट लाकर नीना के सामने रख दी।

❒

शारदा की बेरुखी बढ़ती ही जा रही थी। दिन पर दिन गुजरते जा रहे थे...

रंजीत की कार जब काटेज के गेट से निकलकर ऑफिस की ओर जानेवाली सड़क पर मुड़ गई तो शारदा ड्राइंगरूम में वापस आकर थकी-थकी सी एक सोफे पर बैठी अपनी उस योजना के बारे में सोचने लगी जो उसने पिछली दो रातों में जाग-जागकर तैयार की थी।

रंजीत से अलग दूसरे बेडरूम में शारदा शादी के बाद पहली बार सोई थी। दरअसल, वह सोई थी यह कहना गलत होगा। उसने दोनों रातें बिस्तर पर करवटें बदलते हुए ही गुजार दी थीं। एक पल के लिए भी उसकी पलकें झपक नहीं पाई थीं। उसे लगा था जैसे उसकी नींद को खुद कहीं नींद आ गई हो।

उसने जिस कदम को उठाने का निश्चय किया है, क्या वह कदम उचित होगा ? जहाँ तक घर-परिवार से बाहर के समाज की बात थी, उसका यह कदम समाज के विरुद्ध नहीं था। कॉटेज के आसपास रहनेवाली पड़ोसिन महिलाओं को वह जानती थी कि वे भी अपने पति की तरह किसी-न-किसी ऑफिस में काम करती हैं। कुछ सरकारी कार्यालयों में हैं और कुछ प्राइवेट फर्मों और छोटी-बड़ी कम्पनियों में। आज का जीवन, आज का रहन-सहन इतना खर्चीला हो गया है कि एक व्यक्ति की कमाई पर घर का गुजारा होना एक दुष्कर समस्या बन गया

है। पति-पत्नी दोनों ही कमाते हैं, तब कहीं जाकर उन्हें अपने समाज के अनुरूप जीवन बिता पाने में सहूलियत मिल पाती है।

हालाँकि रंजीत को अच्छा-खासा वेतन मिलता था। उसी वेतन से उसने यह खूबसूरत काटेज खरीदा था, नई कार खरीदी थी। घर में जीवन की सुख-सुविधा के सभी साधन जुटा लिए थे। उसका बेटा रिंकू महानगर के एक बहुत अच्छे प्राइवेट स्कूल में पढ़ रहा था। जीवन में पैसे का कभी अभाव नहीं रहा था। दिल खोलकर खर्च करने के बाद भी कुछ बच रहता था। शारदा के सामने वास्तव में पैसे की कोई समस्या नहीं थी। वह रंजीत को केवल यह दिखा देना चाहती थी कि समाज भले ही नारी को पुरुष के समान अधिकारों से वंचित रखे, लेकिन इस नए भारत ने उन्हें बराबरी के अधिकार दिए हैं और वह उन अधिकारों का उपयोग करने के लिए स्वतन्त्र है। रंजीत ही नहीं, संसार की कोई भी ताकत उसे उसके इस अधिकार से वंचित नहीं कर सकती।

शारदा ने टेलीफोन अपनी गोद में रख लिया और कोई नम्बर डायल करने लगी।

नम्बर आसानी से मिल गया।

''हैलो भैया, मैं शारदा बोल रही हूँ !'' शारदा ने कहा और फिर दूसरी ओर से उत्तर मिल जाने के बाद देर तक बातें करती रही।

वह जैसे-जैसे बातें करती जा रही थी उसका मुरझाया चेहरा फूल की तरह खिलता जा रहा था। उदासी से पत्थर बने होंठों पर एक मीठी मुस्कुराहट दौड़ती चली जा रही थी।

काफी देर तक बातें करने के बाद उसने टेलीफोन उठाकर तिपाई पर रख दिया और उठ खड़ी हुई।

शारदा की आँखों की चमक बता रही थी कि उसने मन-ही-मन कोई निश्चय कर लिया है। और उस निश्चय की पूर्णता के लिए वह कमर कसकर तैयार हो चुकी है।

❒

अगले दिन नीना फर्नांडीज ऑफिस पहुँची तो दुर्रानी ने आगे बढ़कर मुस्कुराते हुए उसका स्वागत किया। दुर्रानी के होंठों पर एक अजीब सी मुस्कुराहट थी। आँखों में इत्मीनान की चमक थी।

''आप खैरियत से ऑफिस पहुँच गईं मिस नीना !'' दुर्रानी ने उसके करीब जाकर धीरे से पूछा।

"खैरियत से ? मैं समझी नहीं..." उसकी आवाज में हैरानी थी।

"मेरा मतलब है शायद बस तो आसानी से मिल गई थी न ! सुना था कि वेस्टवाले हड़ताल करनेवाले हैं !" दुर्रानी ने जल्दी से बात पलट दी।

"नहीं, आज तो ऐसा कुछ दिखाई नहीं दिया। हमेशा की तरह बसें आ-जा रही थीं।" नीना ने दुर्रानी के चेहरे की ओर देखते हुए कहा, "सुबह के अखबार में भी ऐसी कोई खबर नहीं थी। कहीं यह आपके शायराना दिमाग की उड़ान तो नहीं है।"

"चलो अच्छा है, मुसीबत टली। वरना अँधेरी वेस्ट से आते-आते अपनी टाँगें तो अगले दिन ऑफिस की ओर बढ़ने से साफ इनकार कर देतीं।"

"ओह, आप अँधेरी वेस्ट में रहते हैं !" नीना खुश होकर बोली, "और मैं अँधेरी ईस्ट में रहती हूँ।"

"मुझे खुशी हुई !" दुर्रानी ने कहा और अपनी सीट की ओर बढ़ गया।

जैसा कि नीना को अन्देशा था, रास्ते में राबर्ट की परछाईं तक नजर नहीं आई थी। बस स्टाप पर भी उसने किसी मवाली टाइप के नौजवान को अपने आसपास नहीं देखा था। वह मन-ही-मन कह उठी, "राबर्ट की घुड़कियाँ सिर्फ गीदड़ घुड़कियाँ थीं।...और फिर वह ऐसी जलील हरकत कर भी कैसे सकता है। बरसों से हम एक-दूसरे को प्यार करते चले आ रहे हैं। वह इस बात को भी अच्छी तरह जानता है कि उसी की वजह से मैं अपने मम्मी-डैडी के साथ गोवा नहीं गई। और फिर मुझसे बिगाड़कर उसे मिलेगा भी क्या ? कल ही फाइनेंस कम्पनीवाले उसकी मोटरसाइकिल छीन ले जाएँगे। या फिर पेट्रोल न होने पर उसके घर के एक कोने में पड़ी उसके नाम को रोती रहेगी। वह इतना बेवकूफ नहीं है कि सोने के अंडे देनेवाली मुर्गी की गर्दन मरोड़ दे।"

❐

लेकिन नीना जो कुछ सोच रही थी, हकीकत उससे कोसों दूर थी।

मिसेज रूबी डिसिल्वा के पति महानगर के पुलिस विभाग में एस.पी. रहे थे। और इसी मारे महानगर के हर स्मगलर, हर बदमाश और दादा टाइप के हर शख्स से परिचित थे। अमजद दुर्रानी एक्सपोर्ट-इम्पोर्ट का बिजनेस करता था। साफ-सुथरा कारोबार था। लेकिन अपने काम के लिए उसने महानगर के ऐसे कई लड़कों को अपने पास रख छोड़ा था जो पुलिस की नजरों में संदिग्ध थे। लेकिन अमजद दुर्रानी ने उन्हें जुर्म के रास्तों से हटाकर ईमानदारी और शराफत से जीने के रास्ते पर लगा दिया था। फिर भी उन नौजवानों का दबदबा अपने आप बन

गया था और अमजद दुर्रानी ने उनके दबदबे को खत्म करने की कभी कोशिश भी नहीं की थी। क्योंकि उन नौजवानों के दबदबे से उसे अपने कारोबार में बड़ी मदद मिलती थी।

उन नौजवानों की वजह से ही अमजद दुर्रानी का एस.पी. मिस्टर डिसिल्वा से परिचय हुआ था। और जब एस.पी. डिसिल्वा को अमजद दुर्रानी और उनके पास काम करनेवाले नौजवानों के बारे में कोई शिकायत नहीं मिली थी, तो उन दोनों के बीच गहरी दोस्ती हो गई थी। अमजद दुर्रानी और उसके नौजवानों की मदद से ही एस.पी. डिसिल्वा महानगर के कई बड़े-बड़े स्मगलरों और अपराधियों की गर्दनों के करीब पहुँच पाए थे और उस कामयाबी की वजह से ही उन्हें डिप्टी कमिश्नर बना दिया गया था। लेकिन इस पोस्ट पर दो-चार महीने ही काम कर पाए थे कि कार एक्सीडेंट में उनकी मृत्यु हो गई थी।

अपनी दोस्ती के कारण अमजद दुर्रानी ने उनकी विधवा पत्नी रूबी डिसिल्वा की भरपूर मदद की थी। अपने ऑफिस में ही उन्हें सर्विस दे दी थी। हालाँकि रूबी डिसिल्वा की उम्र ज्यादा नहीं थी। वह काफी खूबसूरत भी थीं लेकिन अमजद दुर्रानी ने उनकी हमेशा वही इज्जत की, जो एक जिगरी दोस्त या बड़े भाई की पत्नी की की जाती है। एस.पी. डिसिल्वा की मौत के बाद वह रूबी डिसिल्वा के हर सुख-दुःख में बराबर का साझीदार रहा था। हालाँकि रूबी डिसिल्वा ने अचानक तबीयत खराब हो जाने की वजह से उसकी नौकरी छोड़ दी थी लेकिन अमजद दुर्रानी रोजाना फोन करके उनकी खैरियत पूछ लेता था।

उस रात लगभग ग्यारह बजे मिसेज रूबी डिसिल्वा की अमजद दुर्रानी से फोन पर बात हो गई थी। रूबी डिसिल्वा ने नीना फर्नांडीज और राबर्ट की पूरी कहानी उसे सुनाई थी।

''भाभी जान, आप कतई फिक्र न करें। मैं राबर्ट को जानता हूँ। महानगर में यह उसकी आखिरी रात होगी, वह आज ही अपने घरवालों और यार-दोस्तों को छोड़कर महानगर से सैकड़ों मील दूर चला जाएगा। आप नीना बिटिया को भरोसा दिला दें कि अब राबर्ट उसे धमकी देने के लिए उसके पास कभी नहीं आएगा। वह बेफिक्री से अपनी सर्विस करे !'' अमजद दुर्रानी ने मिसेज डिसिल्वा को तसल्ली देकर रिसीवर रखते हुए अपने नौजवानों को हुक्म दिया था कि राबर्ट जहाँ भी हो, उसे तलाश करके फौरन उसके सामने पेश किया जाए।

और वे नौजवान आधे घंटे में ही राबर्ट को उसके दोस्त की खोली में से उठाकर ले आए, जहाँ वह अपने साथियों को नीना के बारे में बताते हुए कह

रहा था कि वे उसके चेहरे पर तेजाब फेंककर उसे इतना बदसूरत बना देगा, कि शादी तो दूर कोई नौजवान उसके बदसूरत चेहरे पर थूकने के लिए भी तैयार नहीं होगा।

राबर्ट अपने दोस्तों के साथ अगले दिन का प्रोग्राम बना ही रहा था कि अमजद दुर्रानी के लड़कों ने उसकी और उसके दोस्तों की जमकर पिटाई की और फिर राबर्ट को घसीटते हुए लाकर अमजद दुर्रानी के कदमों में डाल दिया।

और राबर्ट को उसी रात आबूधावी के उस व्यापारी के हवाले कर दिया गया जिसके साथ अमजद दुर्रानी के बहुत ही अच्छे व्यापारिक सम्बन्ध थे। उस अरब व्यापारी ने अमजद दुर्रानी को यकीन दिला दिया था कि राबर्ट अब जिन्दगी में कभी भी हिन्दुस्तान लौटकर नहीं आ पाएगा।

राबर्ट की दास्तान खत्म होने के बाद सुबह होते ही अमजद दुर्रानी ने अपने भतीजे रफीक दुर्रानी को बुलाकर पूरी कहानी सुनाई थी।

और इसीलिए जब नीना ऑफिस में पहुँची थी, रफीक दुर्रानी ने बड़ी आत्मीयता से उसका स्वागत किया था।

❐

जैसे-जैसे घड़ी की सुइयाँ पाँच की ओर बढ़ती जा रही थीं, नीना के दिल की धड़कनें भी बढ़ती चली जा रही थीं, वह सोच रही थी कि भले ही किसी वजह से राबर्ट ने सुबह उसका पीछा नहीं किया हो, लेकिन वह शाम को एक बार फिर उससे मिलने की कोशिश करेगा और अगर नीना ने उसे रुपए न दिए या उसकी बात मानने से इनकार कर दिया तो वह भले ही उस पर तेजाब न फिंकवाए उसे बदनाम जरूर कर देगा। इसलिए जैसे-जैसे शाम नजदीक आती जा रही थी, उसका भय बढ़ता जा रहा था।

आज रंजीत ने उसे ऐसे जरूरी कामों में उलझा लिया था कि जब वह आखिरी लेटर टाइप करके रंजीत के केबिन में पहुँची तो छह बज चुके थे।

''ओह,'' रंजीत ने पहले एक नजर सामने दीवार पर लगे क्लॉक पर डाली और फिर नीना के चेहरे की ओर देखते हुए बोला, ''मिस नीना, भले ही आपको ऑफिस टाइम के अलावा घंटे-दो घंटे अधिक काम करना पड़ा है लेकिन मुझे इस बात की खुशी है कि इतने से वक्त में ही सारे पेंडिंग काम को आपने निपटा दिया। आज के बाद आपको ऑफिस टाइम से ज्यादा वक्त तक रुकना नहीं पड़ा करेगा ! आपके मम्मी-डैडी को यह शिकायत करने का मौका नहीं मिला करेगा कि मैं आपसे ऑफिस टाइम के बाद भी बेगार लेता हूँ।''

''नहीं सर, मेरे मम्मी-डैडी मेरे घर देर से लौटने पर भी आपसे शिकायत करने नहीं आएँगे। क्योंकि वे लोग इन दिनों यहाँ नहीं हैं, गोवा में हैं !'' नीना ने अपना पर्स सँभालते हुए कहा।

''अगर आपके पैरेंट्स यहाँ नहीं हैं तो आपको देर-सबेर की चिन्ता ही नहीं करनी चाहिए। लेकिन आप तो शाम को पाँच बजते ही घर जाने के लिए बेचैन हो उठती हैं।'' रंजीत ने पूछा, ''शायद घर पर आपके छोटे भाई-बहन होंगे।''

''जी नहीं, मेरी पैदाइश के बाद मेरी माँ ने और किसी सन्तान को जन्म नहीं दिया,'' नीना ने बताया, ''दरसअल मेरी आंटी मेरे साथवाले फ्लैट में ही रहती हैं। मुझे माँ से भी ज्यादा प्यार करती हैं। जब मैं देर से घर पहुँचती हूँ तो उनकी परेशानी और चिन्ता बढ़ जाती है। बुजुर्ग होने के अलावा वे हॉर्ट पेशेंट भी हैं इसीलिए मैं समय से घर पहुँच जाने की कोशिश किया करती हूँ। रोज-रोज देर से घर लौटने पर आंटी को मेरे बारे में शक हो सकता है। इसलिए मैं आज जल्दी ही घर लौटना चाहती हूँ।''

''तब तो मामला ही गड़बड़ हो गया। मैंने आज रात के खाने के लिए होराइजन में इन्तजाम किया था। डाइनिंग हाल में टेबल न मिलने पर एक कमरा ही बुक करा लिया था कि इत्मीनान से खाना खाते हुए बातें कर सकें,'' रंजीत ने कहा, ''दरअसल हम दोनों एक-दूसरे को अभी तक अच्छी तरह जान ही नहीं पाए हैं। हालाँकि रात को सड़कें करीब-करीब वीरान होती हैं फिर भी नीना, बहुत सी बातें ऐसी होती हैं जिन्हें हम खुले स्थान पर नहीं कर सकते।''

''वह तो ठीक है सर, लेकिन आज आंटी ने...'' नीना ने कहना चाहा।

''कोई बात नहीं। आज भर और देर से घर पहुँच जाना !'' रंजीत ने पार्किंग में खड़ी अपनी कार की ओर बढ़ते हुए कहा।

''सर, मेरा खयाल है कि आपके साथ रोजाना जाना मुनासिब नहीं है। अगर ऑफिस के किसी कुलीग ने देख लिया तो...! नहीं सर, मैं बस से चली जाऊँगी, दस-दस मिनट के बाद अँधेरी ईस्ट के लिए बसें जाती रहती हैं।''

नीना जैसे-जैसे रंजीत के साथ जाने से इनकार करती जा रही थी रंजीत की परेशानी बढ़ती चली जा रही थी। समुद्र के किनारे की सड़कें रात को भले ही वीरान और सुनसान होती थीं, लेकिन नीना को जी-भर प्यार करने का मौका रंजीत को अभी तक नहीं मिला था। निर्मला के मामले में उससे जो भूलें हुई थीं वह उन्हें दोहराना नहीं चाहता था। उसे आज भी इस बात का मलाल है कि इतने दिनों साथ रहने, घंटों-घंटों रात के सन्नाटे भरे अँधेरे में साथ-साथ घूमने पर भी वह निर्मला से कहीं एकान्त में जी-भर कर प्यार नहीं कर पाया था। उसकी हसरतें

तड़पती ही रह गई थीं। कई बार उसने होटल में कमरा बुक कराया लेकिन कोई-न-कोई ऐसी अड़चन आ गई कि वह उस बुक कराए हुए कमरे तक निर्मला को लेकर नहीं पहुँच पाया।

और इस तरह निर्मला को पाने की कोशिश में उसका इतना वक्त और इतना रुपया बेकार बर्बाद हो गया था। सूने कमरे में निर्मला के खूबसूरत और जवान कुँवारे बदन को अपनी बाँहों में पाकर अपनी प्यास बुझाने की चाहत अधूरी ही रह गई थी।

नीना पर तो वह इतने से दिनों में, निर्मला से भी ज्यादा रुपए खर्च कर चुका था। नकद रुपया भी नीना के न माँगने पर भी देता रहा था। क्योंकि नारी देह को पाने की वह प्यास नीना के पास आते ही और भी तेजी से भड़क उठती थी। नीना के सिलसिले में वह अब और ज्यादा वक्त बर्बाद नहीं करना चाहता था, इसलिए उसने सुबह ऑफिस आते समय ही होराइज़न होटल में रात के लिए एक कमरा बुक करा लिया था। उसका पेमेंट भी कर आया था। पूरी रात न सही, घंटे-दो घंटे ही सही। शारदा की इस कमी को आज वह नीना से पूरी कर लेना चाहता था।

रंजीत ने कार की ड्राइविंग सीट पर बैठकर बाईं ओर का दरवाजा खोल दिया, ''अभी तो सवा छह ही बजे हैं। मैं आठ बजे तक तुम्हें घर पहुँचा दूँगा। ऑफिस में दो-तीन घंटे देर हो जाना तो मामूली बात होती है नीना। तुमने बताया था कि शादी से पहले तुम्हारी आंटी भी किसी बहुत बड़ी कम्पनी में पर्सनल सेक्रेटरी की पोस्ट पर काम कर चुकी हैं। उन्हें काम की जिम्मेदारियाँ अच्छी तरह मालूम होंगी।''

न चाहते हुए भी नीना कार में जा बैठी। और उसे अपनी आंटी मिसेज रूबी डिसिल्वा की अपनी सर्विस के दौरान घटी घटनाएँ याद आने लगीं। रंजीत के लहजे और अपने साथ चलने की उसकी जिद ने नीना के दिल में कई सन्देहों को जन्म दे दिया था। डिसिल्वा ने अपनी जिन्दगी के हादसों की कहानियाँ सुनाते हुए नीना को यह बात अच्छी तरह समझा दी थी कि एक अनमैरिड जवान लड़की ऐसे हालात में फँस जाने पर सम्भावित हादसों से अपने आप को किस तरह बचा सकती है। अपनी इज्जत-आबरू की किस तरह हिफाजत कर सकती है।

इन्हीं नसीहतों के कारण वह बड़ी बेफिक्री के साथ रंजीत के साथ अँधेरे में महानगर की ऐसी सड़कों पर घूमती रही थी, जहाँ ट्रैफिक नाममात्र के लिए ही होता था। वह कई बार रंजीत के साथ रेस्तराओं में जाती रही थी, लेकिन उन

भीड़-भरे रेस्तराओं में तो किसी तरह के हादसे की कोई गुंजाइश ही नहीं थी। हाँ, वीरान सड़कों पर अँधेरे या कम रोशनी का लाभ उठाकर रंजीत ने कई बार उसे चूम जरूर लिया था। रंजीत के इन चुम्बनों से उसके कुँवारे और अछूते बदन में एक अजीब सी मदहोश सनसनी जाग उठा करती थी और उस मादक मोहक सनसनी में वह अपनी सुध-बुध खो बैठती थी। और वह सनसनी उसे अच्छी लगती थी इसलिए उसने रंजीत को कभी रोका भी नहीं था।

लेकिन अब वह चाहने पर भी उसे रोक नहीं सकती थी। रंजीत ने अपनी कम्पनी के जनरल मैनेजर पर जोर डालकर नीना की पे काफी बढ़वा दी थी। और अब इतनी अच्छी पगार की सर्विस छोड़ने पर वह अपने पाँव में अपने हाथों से कुल्हाड़ी मारना नहीं चाहती थी। फिर आए दिन सर्विस मिलती भी कहाँ है ?

नीना अपने खयालों में डूबी हुई थी कि कार हल्के झटके के साथ रुक गई। नीना ने चौंककर देखा। कार एक बहुत बड़ी इमारत के पार्किंग में खड़ी थी। नीना ने रंग-बिरंगी रोशनियों से जगजगाती इमारत की ओर देखा—वह होराइज़न होटल की इमारत थी।

नीना ने मन-ही-मन अपने आपको सम्भावित स्थिति का सामना करने के लिए तैयार कर लिया।

"आओ नीना डार्लिंग !" रंजीत ने हाथ बढ़ाकर नीना को कार से उतारा और उसका हाथ थामे होराइज़न होटल के मेन गेट की ओर चल दिया।

नीना बड़ी खामोशी से रंजीत के साथ-साथ चलती रही।

लिफ्ट से रंजीत नीना को लेकर होटल के सातवें फ्लोर पर एक कमरे के सामने पहुँचकर रुक गया।

"आओ नीना।" रंजीत नीना का हाथ थामकर उसे कमरे के अन्दर ले आया।

"अब जब इतने रुपए खर्च किए हैं तो कुछ देर तो होटल के इस शानदार कमरे में रहने का आनन्द लिया जाए !" रंजीत ने कहा और एक सोफे पर बैठने के बाद क्रेडिल पर से रिसीवर उठा लिया।

"नीना डार्लिंग, क्या खाना पसन्द करोगी ?" रंजीत ने पूछा।

"अभी भूख तो लगी नहीं सर," नीना झिझकती हुई बोली, "अगर होटल में आने का प्रोग्राम बनाना था तो आप कल जिक्र कर देते।"

"नीना डार्लिंग, इन थोड़े से दिनों में ही तुमने मुझ पर न जाने क्या जादू कर दिया है कि ऑफिस से घर लौटने के बाद भी तुम्हें भूल नहीं पाता हूँ। तुमसे दूर रहना अब मैं बर्दाश्त नहीं कर पा रहा हूँ...।"

रंजीत ने नीना को अपनी बाँहों में भर लिया।

''नीना, मैं तुम्हें यहाँ होटल के इस सूने कमरे में ले आया हूँ, शायद तुम्हें घबराहट हो रही है। लेकिन नीना ट्रैफिक से भरी सड़कों पर तुमसे अपने मन की बात कहने का कभी मौका ही नहीं मिला था,'' रंजीत ने नीना के दोनों हाथ थामकर कहा, ''तुम मेरे साथ होती हो तो मैं अपनी पत्नी शारदा के बारे में सब कुछ भूल जाता हूँ। शारदा की इस लम्बी बीमारी ने मेरी जिन्दगी की तमाम खुशियाँ छीन ली हैं। और सच पूछो नीना तो, अपनी जिन्दगी की खुशियों के साथ-साथ मैं जीने की चाह भी खो बैठा हूँ। शारदा की मौत यकीनी है–और नीना, जब शारदा नहीं रहेगी तो मैं इस भरी दुनिया में बिल्कुल तन्हा रह जाऊँगा।''

''आपकी फेमिली में...''

''कोई नहीं है नीना, शारदा और मेरे अलावा मेरी फेमिली में और कोई नहीं है। मैंने कल ही अपने वकील से कहा है कि वह मेरा वसीयतनामा तैयार कर दे। मैं वसीयत कर देना चाहता हूँ कि मेरी डैडबॉडी किसी भी मेडिकल कॉलेज को दे दी जाए ताकि मेडिकल स्टूडेंट्स के काम आ सके। मेरी आँखें किसी अन्धे को दे दी जाएँ ताकि वह इस दुनिया की खूबसूरती को देख सके। इस धरती के चप्पे-चप्पे पर बिखरी सुन्दरता को देख सके–उसका लुत्फ उठा सके।''

नीना ने जैसे घबराकर दाईं हथेली रंजीत के होंठों पर रख दी, ''अब बस कीजिए सर, मौत के नाम से मेरा दिल बैठने लगता है। आप हैरान होंगे कि मैंने अपनी जिन्दगी में आज तक न तो किसी को मरते देखा है और न कोई डैडबॉडी ही देखी है। मौत का नाम सुनते ही मेरा पूरा बदन ही नहीं, मेरी रूह तक काँप उठती है। और फिर आपको कमी ही क्या है ! शानदार सर्विस है। शानदार काटेज में इतने बढ़िया एरिया में आप रहते हैं ! आप चाहें तो बीमार पत्नी के होते हुए भी दूसरी शादी कर सकते हैं।''

''नहीं नीना, मुझे यकीन नहीं कि इस उम्र में कोई लड़की मुझे प्यार दे सकेगी। पैंतीस साल की उम्र कम नहीं होती !'' रंजीत ने जैसे निराश होकर कहा।

नीना हँस पड़ी, ''आप भी कमाल की बातें करते हैं सर, आजकल तो लोग इसी उम्र में शादी करते हैं। और फॉरेन में तो अस्सी साल के बूढ़े भी तीसरी-चौथी या पहली शादी कर डालते हैं। और वह भी अपनी हमउम्र औरत के साथ नहीं, बाईस-पच्चीस साल की जवान और कुँआरी लड़की के साथ।''

''यह यूरोप या अमेरिका नहीं, हिन्दुस्तान है नीना डार्लिंग। मुझे यकीन नहीं

कि यहाँ कोई जवान और कुँवारी लड़की मेरे साथ शादी करने के लिए तैयार हो जाएगी," रंजीत की आवाज में और भी दुःख और निराशा घुल गई, "शादी तो दूर, यहाँ तो फ्रेंडशिप भी समान उम्रवालों में ही होती है।"

नीना रंजीत की इस बात का उत्तर खोज रही थी कि रंजीत ने उसे एकाएक अपनी बाँहों में भर लिया और उसकी आँखों में झाँकते हुए बोला, "मैं तुमसे ही पूछता हूँ नीना डार्लिंग, अगर शारदा को कुछ हो गया तो क्या जिन्दगी-भर तुम मेरा साथ दे सकोगी ? मैं तुम्हें बेहद प्यार करता हूँ नीना—तुम्हारे बिना अब मैं अपनी जिन्दगी की कल्पना तक नहीं कर सकता।"

रंजीत की बाँहों में जकड़ी नीना ने अपने आपको छुड़ाने की कोशिश की तो रंजीत ने उसे अपने सीने से सटाकर टेबल लैम्प बुझाते हुए उसे सोफे पर लिटा लिया।

भयभीत होकर नीना के मुँह से चीख उभरकर होंठों तक ही आने पाई थी कि रंजीत ने नीना के दोनों होंठ अपने होंठों में दबा लिए। नीना की चीख उसके होंठों में कैद होकर रह गई।

सहसा उसे मिसेज रूबी डिसिल्वा की एक तरकीब याद आ गई। उसने जल्दी से रंजीत को अपनी बाँहों में लेने की कोशिश करते हुए, अपने होंठ रंजीत के होंठों की पकड़ से आजाद कर लिये और लम्बी-लम्बी साँस भरकर रंजीत के नीचे से कराहते हुए उठने लगी।

"रंजीत बाबू..." नीना ने रंजीत की गर्दन में बाँहें डालते हुए कहा, "मैंने होटल आने से पहले ही आपसे कहा था कि आपको होटल का कार्यक्रम बनाना था तो मुझे पहले ही बता देते। मैं आपको प्यार करती हूँ। आपकी पत्नी के होते हुए भी आपकी पत्नी बनने के लिए तैयार हूँ। आपने इस प्रोग्राम के बारे में अगर मुझसे बात की होती तो मैं आपसे रिक्वेस्ट करती कि आज कोई प्रोग्राम न रखें। मैं तो आज आपके साथ कहीं घूमने भी नहीं जाना चाहती थी...रंजीत बाबू, औरत इसी सिलसिले में मर्द से कमजोर है। बेबस और मजबूर है। हर महीने का यह सिलसिला हालाँकि एक कुदरती सिलसिला है लेकिन मेरी तो जान ही ले लेता है। चार-पाँच दिन मेरी हालत इतनी खराब रहती है कि मेरा न तो किसी काम में मन लगता है और न मेरा शरीर ही किसी काम के लिए इजाजत देता है। डॉक्टर का कहना है कि इस मन्थली पीरियड में मैं पूरी तरह आराम करूँ। लेकिन नौकरी आखिर नौकरी है। मजबूरन आना ही पड़ता है और काम भी करना पड़ता है।"

"नीना डार्लिंग, इसका मतलब है कि तुम मुझे अपना नहीं समझतीं। अगर

समझतीं तो अपनी परेशानी मुझसे छिपातीं नहीं, पहले ही बता देतीं !'' रंजीत ने नीना से दूर खिसकते हुए कहा।

''हर औरत अपनी इस परेशानी को मर्दों से छिपाकर रखती है !'' नीना ने कहा और सोफे से उठकर अपने कपड़े सँवारने लगी।

तभी दरवाजे पर आहिस्ता से वेटर ने दस्तक दी।

''आ जाओ !'' रंजीत ने दरवाजे की ओर मुड़कर कहा।

वेटर ने बड़े अदब से पूछा, ''सर, कुछ ड्रिंक वगैरह ?''

''हाँ, कुछ देर बाद कॉफी ले आना, बाकी बाद में फोन कर दूँगा !'' रंजीत ने कहा।

❑

अपने घर के मोड़ पर रंजीत की कार से उतरकर नीना जब अपने फ्लैट की ओर बढ़ने लगी तो उसे ऐसा लग रहा था जैसे वह किसी बहुत ही भयानक संकट से सही-सलामत निकल आई है। मिसेज रूबी डिसिल्वा की जिन्दगी के तजुर्बे उसे बेहद कीमती और लाभकारी मालूम हो रहे थे।

''नीना बेटी, शुक्र है आज तुम जल्दी लौट आईं। वरना इस बेचारे दुर्रानी को तुम्हारी वापसी तक मेरी बकबक से बोर होना पड़ता।'' नीना को सीढ़ियाँ चढ़कर बाल्कनी में आते देख मिसेज रूबी डिसिल्वा ने कहा। वह फ्लैट के दरवाजे के सामने ही खड़ी थीं।

''आंटी, वह राबर्ट—राबर्ट तो नहीं आया ?'' नीना ने मिसेज रूबी डिसिल्वा से पूछा।

''नहीं बेटी, राबर्ट नहीं आया। और अब वह शायद ही कभी यहाँ आए !'' मिसेज डिसिल्वा ने मुस्कुराते हुए कहा।

''नहीं आंटी, वह यहाँ आए बिना रह नहीं सकता !'' नीना ने मिसेज रूबी डिसिल्वा के साथ दरवाजे की ओर मुड़ते हुए कहा, ''वह मेरे और आपके मना करने पर भी यहाँ आए बिना नहीं रहेगा। वरना खाएगा क्या ? उसकी मोटरसाइकिल के लिए पेट्रोल कहाँ से आएगा ?''

''नीना बेटी, मुझे तो ऐसा लग रहा है कि वह कॉलोनी में ही नहीं, तुम्हारी जिन्दगी में भी अब कभी नहीं आएगा।''

''यह आप कैसे कह रही हैं आंटी ! वह कितना मक्कार, झूठा, बेईमान और चालबाज है, मैं अच्छी तरह जान गई हूँ।'' नीना ने नफरत और क्रोध भरे स्वर में कहा, ''मुझे उसकी सूरत से ही नहीं, अब तो उसके नाम से भी नफरत हो

गई है।''

''अरे, अरे ऐसी क्या बात हो गई मोहतरमा !'' अचानक मिसेज रूबी डिसिल्वा के ड्राइंगरूम में बैठा दुर्रानी नीना की आवाज सुनकर उठ खड़ा हुआ। ''आप शायद नहीं जानतीं...गुस्सा जवान और खूबसूरत लड़कियों की सेहत के लिए जितना नुकसानदेह साबित होता है उतना ही उनकी खूबसूरती के लिए भी।''

दुर्रानी को देखते ही नीना बुरी तरह चौंक पड़ी। फिर अपने आपको सँभालकर बोली, ''आप कब तशरीफ लाए दुर्रानी साहब ?''

''पन्द्रह-बीस मिनट हुए होंगे।'' दुर्रानी फिर सोफे पर बैठ गया।

''क्या ऑफिस के किसी जरूरी काम से तशरीफ लाए हैं ?'' नीना ने खड़े-खड़े ही पूछा।

''नहीं, मैं तो आंटी से मिलने आया हूँ,'' दुर्रानी ने बताया, ''काफी दिनों से आंटी के हाथ का बना खाना तो दूर, चाय तक नसीब नहीं हुई थी। काफी अरसा हो गया। आज जरा फुर्सत मिली तो चला आया।''

''नीना बेटी, दुर्रानी का तो लड़कपन से इस घर से नाता रहा है। मैं जिन अमजद दुर्रानी का जिक्र कर रही थी, वह इसी के चाचा हैं !'' मिसेज रूबी डिसिल्बा ने बताया।

''दरअसल आंटी, मैं दुर्रानी साहब के नाम से वाकिफ नहीं थी इसीलिए समझ नहीं पाई कि आप हमारे ऑफ़िस के इन्हीं शायरे आज़म के बारे में कह रही हैं।'' नीना के चेहरे पर एक मोहक मुस्कुराहट दौड़ गई।

''मोहतरमा, दुर्रानी के होते हुए अब आपको किसी भी तरह की कोई फिक्र करने की जरूरत नहीं है। आपका यह दुर्रानी हालाँकि अपने ऑफिस का बॉस नहीं है। बॉस तो हमारे रंजीत बाबू ही हैं लेकिन मैं आपको यह यकीन दिला देता हूँ कि जब तक दुर्रानी इस ऑफिस में है तुम्हें कोई भी परेशान नहीं कर सकता। यहाँ तक कि रंजीत बाबू भी नहीं। एम.डी. साहब मेरे चाचाजान के अच्छे दोस्तों में से हैं, इसलिए रंजीत बाबू के कहने के बावजूद अपने ऑफिस में बिना दुर्रानी के मशवरे के एम.डी. साहब तक कुछ नहीं बोलते !'' दुर्रानी ने नीना को बड़ी सादगी से बताया। उसकी आवाज में घमंड नहीं था।

''दुर्रानी साहब, आपके बर्ताव से, और आपकी शायरी से मैं पहले दिन ही मुतास्सिर हो गई थी। आपके शेरों में छिपे इशारों को समझ गई थी। लेकिन नौकरी की मजबूरी है। शायद आंटी ने बता ही दिया होगा कि राबर्ट के साथ शादी करने की जिद में मैं अपने मम्मी-डैडी को एक तरह से खो चुकी हूँ। और

आप तो जानते ही हैं कि नौकरी मिलना कोई खालाजी का घर नहीं है !'' नीना बोली।

''नीना बेटी, याद रखो, औरत कमजोर नहीं होती। लेकिन जब किसी पराए मर्द के हाथों का खिलौना बन जाती है तो अपनी तमाम ताकत खो बैठती है !'' मिसेज रूबी डिसिल्वा ने कहा, ''तुमसे पहले रंजीत बाबू की जो पर्सनल सेक्रेटरी थी, उसकी दास्तान मैं दुर्रानी से सुन चुकी हूँ। और इसीलिए तुम्हें आगाह कर रही हूँ कि नौकरी के लालच में निर्मला की तरह रंजीत के हाथों का खिलौना मत बन जाना।''

मिसेज रूबी डिसिल्वा की बात सुनकर नीना के चेहरे पर गहरी उदासी छा गई। वह समझ गई कि उन्होंने रंजीत के साथ उसे आते-जाते कहीं-न-कहीं देख जरूर लिया है। और वह मोड़ भी तो इस बिल्डिंग से दूर नहीं है, जहाँ रंजीत रोजाना उसे ड्रॉप करता है।

''और बेटी, एक मशवरा और भी देना चाहती हूँ,'' मिसेज रूबी डिसिल्वा ने कहा, ''पेड़ पर पकनेवाले फलों में जो जायका होता है मौसम का तकाजा ठुकराकर जबर्दस्ती पाल या गैस की मदद से पकाए फलों में वह जायका नहीं होता। तुम्हारी शादी की उम्र हो चुकी है। मैं पहले ही कई बार कह चुकी हूँ कि कोई शरीफ-सा लड़का खोजकर शादी कर डालो। राबर्ट तो अब हिन्दुस्तान लौटनेवाला नहीं।''

मिसेज डिसिल्वा ने राबर्ट के बारे में सब कुछ नीना को बता दिया। राबर्ट से छुटकारा पाने की जहाँ नीना को खुशी हुई, वहीं इस बात का दुःख भी हुआ कि बेरोजगारी ने एक पढ़े-लिखे और शरीफ घराने के नौजवान को किस हालत में पहुँचा दिया।

''राबर्ट की बर्बादी की वजह नीनाजी, उसकी बेरोजगारी ही नहीं थी उसकी आदतें थीं। हमारे मुल्क में बेरोजगार नौजवानों की कमी नहीं है लेकिन अगर सभी राबर्ट के रास्ते पर चलने लगें तो मुल्क में चोर-डाकुओं और बदमाशों की बाढ़ आ जाए,'' दुर्रानी ने कहा, ''आप खूबसूरत हैं, पढ़ी-लिखी हैं। अच्छी-खासी नौकरी कर रही हैं। कोई भी शरीफ नौजवान आपको पाकर फख्र महसूस करेगा।''

''और बेटा दुर्रानी, जिस तरह एक लड़की की सही उम्र पर शादी होना जरूरी है उसी तरह एक नौजवान को भी सही उम्र में शादी कर लेनी चाहिए। तुम्हारा अपने बारे में क्या खयाल है ?'' मिसेज रूबी डिसिल्वा ने कहा और फिर ठहाका मारकर हँस पड़ी।

दुर्रानी ने नजरें झुका लीं।

और उसकी झुकी हुई नजरें मिसेज रूबी डिसिल्वा से बहुत-कुछ कह गईं।

❒

ऑफिस के हाल में लगे क्लॉक ने जैसे ही शाम के पाँच बज जाने की घोषणा की, टाइपराइटर पर दौड़ती नीना की उँगलियाँ इस तरह रुक गईं जैसे उन्हें किसी ने जोरदार ब्रेक लगा दिया हो।

उसने टाइपराइटर से कागज निकाला, मेज की दराज से अपना पर्स निकालकर कन्धे पर लटकाया और टाइप किए तमाम लेटर्स उठाकर रंजीत के केबिन में चली गई।

उसने टाइप किए हुए लेटर रंजीत के सामने मेज पर रख दिए।

''बैठो नीना !'' रंजीत ने लेटरों पर साइन करते हुए कहा, ''रूस से बैले कलाकारों का एक ग्रुप आया है। रॉक्सी होटल के हाल में उनका प्रोग्राम है। मैंने टिकटें मँगा ली हैं। आज हम वहाँ चलेंगे।''

''सॉरी सर, मैं नहीं जा सकूँगी !'' नीना ने धीमी आवाज में बड़ी पुख्तगी के साथ कहा।

''शायद तुम कल की बात से नाराज हो गई हो। आज दिन में भी मैं तुम्हारा बर्ताव नोट कर रहा था,'' रंजीत ने कहा, ''नीना, जब हम एक-दूसरे को चाहते हैं तो साथ-साथ चलने में बुराई क्या है ? आखिर आज नहीं तो कल मेरी पत्नी शारदा को इस दुनिया से चले ही जाना है। उसके बाद तो तुमको ही मेरी तन्हा जिन्दगी का साथी बनना है।''

''सर, मेरे दिल में कोई नाराजगी नहीं है। मैं जानती हूँ कि सेक्रेटरी का काम करनेवाली लड़कियों को अक्सर इसी रास्ते से गुजरना पड़ता है। दरअसल मेरी आंटी की तबीयत कल रात से खराब है। अगर आपको यकीन न आए तो दुर्रानी साहब से पूछ लीजिए।''

''दुर्रानी ! क्या कल रात दुर्रानी तुम्हारे घर गया था ? क्यों...? किसलिए...?'' रंजीत का पारा सातवें आसमान पर पहुँच गया।

''सर, मिस्टर दुर्रानी मेरे घर नहीं आए थे,'' नीना ने बहुत ही शान्त स्वर में बताया, ''मिस्टर दुर्रानी के चाचा अमजद दुर्रानी आंटी के पति मिस्टर डिसिल्वा के गहरे दोस्त थे। उनकी मौत के बाद मिस्टर अमजद दुर्रानी ने उन्हें भरपूर सहारा दिया था। बचपन से ही मिस्टर रफीक दुर्रानी आंटी के घर आते-जाते रहे हैं। उन लोगों के पारिवारिक सम्बन्ध हैं। मिस्टर दुर्रानी मेरे घर नहीं आंटी के

घर गए थे। और यह तो इत्तिफाक था कि आंटी के घर पर उनसे मेरी मुलाकत हो गई।''

रंजीत का गुस्सा सोच में बदल गया। कुछ पल खामोश रहने के बाद बोला, ''क्या दुर्रानी मेरे बारे में कुछ कह रहा था ?''

''जी हाँ, बहुत कुछ बताया उन्होंने आपके बारे में।'' नीना ने मुस्कुराते हुए उत्तर दिया।

और नीना की यह मुस्कुराहट रंजीत के सीने में बर्छी की तरह उतरती चली गई। झल्लाकर बोला, ''क्या-क्या बताया उसने ?''

''यही कि आप दोनों स्कूल टाइम के दोस्त हैं। कॉलेज में भी साथ-साथ पढ़ते रहे हैं और आप इस दुनिया में इकलौते ऐसे दोस्त हैं जिन्हें मिस्टर दुर्रानी दोस्त कम और भाई ज्यादा समझते हैं।'' नीना ने रुक-रुककर बताया।

रंजीत ने इत्मीनान की साँस ली।

''दुर्रानी साहब ने बताया कि आपकी और शारदा भाभी की कब मैरेज हुई थी। आपका एक प्यारा-प्यारा बेटा भी है रिंकू !'' नीना ने जैसे रहस्योद्घाटन किया।

रंजीत गर्दन झुकाकर गहरी सोच में पड़ गया। उसे गुस्सा आ रहा था कि दुर्रानी को यह सब बताने की जरूरत ही क्या थी ? उसकी जगह कोई दूसरा होता तो कल ही जी.एम. से कहकर उसे ऑफिस से निकलवा देता, लेकिन वह दुर्रानी के चाचा अमजद दुर्रानी से अच्छी तरह परिचित था। उसे यह भी पता था कि अमजद दुर्रानी और उसके जी.एम. के साथ कैसे सम्बन्ध हैं। अमजद दुर्रानी की बदौलत ही उनकी नकली आटोमोबाइल्स पाट्र्स बनाने की फैक्टरी चल रही है।...एक लम्बी ठंडी साँस लेकर उसने चेयर की बैक से पीठ सटा ली और आँखें मूँदकर सोचने लगा कि उसकी हकीकत जानने के बाद नीना अब उसके जाल में नहीं फँसेगी और वह चाहकर भी नीना को नहीं पा सकेगा।

अमजद दुर्रानी का रौबीला चेहरा उसकी पलकों तले उभर आया।

और कुछ देर बाद जब उसने आँखें खोलीं तो नीना केबिन से जा चुकी थी।

❑

अपने दस्तूर के खिलाफ रंजीत घर पहुँचा तो ड्राइंगरूम की घड़ी छह बजा रही थी। नीना अपनी आंटी की बीमारी की वजह से पाँच बजते ही अपने घर चली गई थी। अकेला रंजीत कहाँ जाता ? फिर दुर्रानी के साथ नीना की मुलाकात और नीना की गार्जियन मिसेज रूबी डिसिल्वा के साथ दुर्रानी के पारिवारिक सम्बन्धों

ने उसके मन में डर पैदा कर दिया था। यह बात स्पष्ट हो गई थी कि नीना उसके चंगुल से निकल चुकी है। उसे शारदा और रिंकू के बारे में दुर्रानी ने बता दिया है। उसकी और शारदा की शादी की दास्तान भी सुना दी है।

उसे निर्मला से सब कुछ तो नहीं, पर बहुत कुछ मिला था। लेकिन नीना से तो वह उतना भी नहीं पा सका था। उसने नीना पर बेतहाशा पैसा खर्च किया था। आए दिन उसे नकद रुपए इस उम्मीद में देता रहा था कि वह रकम नीना को एक रात उसके साथ होटल में बिताने पर मजबूर कर देगी। लेकिन पिछले दिन सारी व्यवस्थाओं के बावजूद नीना उसके चंगुल से अछूती निकल गई थी। कहा नहीं जा सकता कि उसने अपने छुटकारे के लिए जो मजबूरी बताई थी, वह सच थी या झूठ थी।

बिछे हुए जाल पर बिखरे हुए दानों को चुग कर पंछी साफ उड़ गया था। उसे जाल को खींचने का मौका तक नहीं मिल पाया था। इसमें कोई शक नहीं कि उसने यह जाल बड़ी चतुराई से बिछाया था। अपनी प्लानिंग के मुताबिक जाल पर दानों के ढेर बिखेर दिए थे, लेकिन जैसे ही जाल खींचने की घड़ी आई, पंछी अपने आपको बचाकर बिछे हुए जाल पर से सही-सलामत उड़ गया।

यह कमबख्त दुर्रानी बीच में कहाँ से आ मरा ? उसके समूचे बदन में यह सोच-सोचकर आग सुलग उठती थी। दुर्रानी की दोस्ती पर उसे कल तक बड़ा नाज़ था। इस लम्बी-चौड़ी भीड़-भरी दुनिया में वह सिर्फ दुर्रानी को अपना पक्का दोस्त मानता था। ऐसा दोस्त जिसने हर सुख-दुःख में रंजीत का साथ दिया था। नीना के सिलसिले में न तो शारदा को ही कुछ पता था और न उसे, नीना के साथ घूमते-फिरते, रेस्तराँ या होटल में आते-जाते भी कोई देख नहीं पाया था। उसने वे सड़कें बदल दी थीं जिन पर वह निर्मला को लेकर जाया करता था। वे रेस्तराँ और होटल भी बदल दिए थे। उसने नीना के सिलसिले में पूरी-पूरी सावधानी बरती थी। फिर दुर्रानी उसके घर क्यों गया ? क्या वह भी मेरी तरह नीना को...? और जब दुर्रानी का मिसेज रूबी डिसिल्वा के घर आना-जाना है तो मुमकिन है नीना के साथ उसकी पहले से ही मुलाकात हो। या फिर दुर्रानी शारदा का बेहद खयाल रखता है और शारदा भी दुर्रानी पर बेहद यकीन करती है। हो सकता है वह शारदा की वजह से ही नीना को सारी बातें बताने गया हो। और जब उसने शारदा और रिंकू के बारे में नीना को सब कुछ ही बता दिया है तो निर्मला के बारे में भी जरूर बता दिया होगा...।

घूम-फिरकर उसकी नजर अपने ऑफिस की टाइपिस्ट रोज़ी पर जा टिकी। रोज़ी पिछले पाँच बरस से उसके ऑफिस में काम कर रही थी। केरल की

रहनेवाली थी। नाक-नक्श तो अच्छे थे लेकिन रंजीत जितना गोरा-चिट्टा था, रोज़ी की रंगत उतनी ही गहरी काली थी। उसकी उम्र भी तीसेक साल से कम नहीं थी। हालाँकि उसने अभी तक शादी नहीं की थी। उसका बदन कुछ भारी हो गया था, शायद इसीलिए किसी नौजवान की नजरें उस पर नहीं पड़ी थीं। खुद रंजीत ने भी उसे कभी ध्यान से देखने की कोशिश नहीं की थी। वह एक वर्किंग गर्ल्स होस्टल में रहती थी। इस महानगर में उसका कोई गार्जियन या रिश्तेदार भी नहीं था जो उसके देर से होस्टल लौटने पर नजर रख सके।

रोज़ी ही ठीक रहेगी। अकेली है बेचारी। हर वक्त उदास-उदास और बुझी-बुझी सी रहती है। हो सकता है रंजीत की दोस्ती उसमें नई जान फूँक सके। मर्द का हाथ लगते ही औरत फूल की तरह खिल जाती है।

अच्छा होता कि वह रोज़ी को टाइपिस्ट के बजाय अपनी पर्सनल सेक्रेटरी बना लेता। वह शार्टहैंड नहीं जानती लेकिन अगर रंजीत ने उससे निकटता बढ़ाई होती तो वह अब तक अपनी यह कमी भी पूरी कर लेती।

"कल से मैं रोज़ी की तरफ ध्यान दूँगा। रोज़ी मेरी अच्छी पार्टनर साबित होगी। उसे मेरे साथ देखकर भी कोई शक नहीं कर सकेगा।"

और यह निश्चय करके उसने अपना ब्रीफकेस उठाया और केबिन से निकल आया।

कुछ देर बाद उसकी कार बड़ी तेज रफ्तार से घर की ओर दौड़ी चली जा रही थी।

❐

रंजीत घर पहुँचा तो रिंकू अपने दोस्तों के साथ खेल रहा था।

"आज तो डैडी आप बहुत जल्दी आ गए !" रिंकू ने बॉल अपने साथियों की ओर उछालते हुए कहा।

"हाँ बेटा, आज ऑफिस में ज्यादा काम नहीं था। इसलिए छुट्टी होते ही घर चला आया।" रंजीत ने कहा और ड्राइंगरूम की ओर चला गया।

"चाय पी लीजिए साब..." नौकरानी चन्दा ने एक प्याले में चाय उँडेलते हुए कहा।

"आज तुम दोपहर का काम निबटाकर अपने घर नहीं गईं चन्दा ?" रंजीत ने चाय का प्याला उठाते हुए पूछा।

"नहीं साब, अब मैं यहीं रहा करूँगी !" चन्दा ने बड़ी खुशी के साथ बताया, "बीबीजी ऑफिस जाने लगी हैं। इसलिए घर पर कोई तो होना ही

चाहिए। इसलिए बीबीजी ने मुझे पीछेवाला स्टोर दे दिया है रहने के लिए।"

"बीबीजी ऑफिस जाने लगी हैं !" रंजीत ने हैरान होकर प्याला ट्रे में रख दिया, "कहाँ है शारदा ?"

"ऑफिस गई हैं। आती ही होंगी।" चन्दा ने कहा।

तभी दरवाजे पर ऊँची एड़ी के सैंडिलों की खटा-खट सुनाई दी। रंजीत ने पलटकर देखा। और फिर देखता ही रह गया।

उसके दिमाग को रह-रहकर झटके लगने लगे। क्या यह वही शारदा है, जिसे उसने जी-जान से प्यार किया था, जो उसकी पत्नी थी, जो उसके बेटे रिंकू की माँ थी !

शारदा के गोरे-चिट्टे बदन पर गहरे सुर्ख रंग की मिनी स्कर्ट थी, जिससे उसकी खूबसूरत पिंडलियाँ ही नहीं सुडौल चिकनी जाँघें स्पष्ट दिखाई दे रही थीं। हल्के पिंक कलर का स्लीवलैस ब्लाउज था। इतना टाइट कि उसके सीने की गोलाइयाँ उभर रही थीं। स्लीवलैस ब्लाउज का गला इतना खुला हुआ था कि ब्रेजरी के बावजूद उसके उरोज छिप नहीं रहे थे।

और फिर नीचे से होती हुई रंजीत की नजरें शारदा के बदन के ऊपरी हिस्से में पहुँचीं तो उसे इतना जोरदार झटका लगा कि अपने आपको सँभाल पाना कठिन दिखाई देने लगा।

शारदा की लम्बी केशराशि के स्थान पर आधुनिक महिलाओं की तरह कटे हुए बाल थे। भौंहों को किसी ब्यूटीपार्लर में बड़ी खूबूसरती से क्लिप कराया गया था। होंठों पर नेचुरल कलर की लिपस्टिक थी। गालों पर बहुत ही हल्की रूज़ और पाउडर की परतें नजर आ रही थीं।

शारदा के इस बदले हुए रूप को देखकर रंजीत सोच रहा था, आखिर इस बदलाव की जरूरत क्या थी ? ऐसी क्या जरूरत आ पड़ी थी शारदा को नौकरी करने की ? रह-रहकर यह सवाल रंजीत के दिमाग पर हथौड़े की तरह चोटें मारने लगा।

वह काफी देर तक अपने आपको रोके रहा। लेकिन कब तक रोक पाता अपने आपको। शिकायत और नाराजगी-भरे अन्दाज में उसने पूछा, "तुम्हें नौकरी करने की क्या जरूरत थी ? क्या मेरी पे में घर का गुजारा नहीं हो पा रहा था ?"

"आप ऑफिस चले जाते हैं। रिंकू दोपहर दो-ढाई बजे स्कूल से लौटता है। सारे दिन घर में अकेली पड़ी रहती थी," शारदा ने शान्त स्वर में कहा, "टी.वी. देखते रहने या फिर मैगजीन और नॉवल पढ़ते रहने से कब तक वक्त

गुजारा जाए...मैं बोर हो गई थी। विक्रम खन्ना के ऑफिस में आसानी से पर्सनल सेक्रेटरी का जॉब मिल गया। बुराई क्या है ? मेरा मन भी बहला रहेगा और घर की आमदनी भी बढ़ेगी। अगले सैशन से रिंकू को देहरादून के किसी स्कूल में एडमिट करना है। उसके जाने के बाद तो इस घर में अकेले जीना भी दूभर हो जाएगा।''

''विक्रम खन्ना...! मैं उसे अच्छी तरह जानता हूँ। बहुत ही करप्ट आदमी है,'' रंजीत झल्लाकर बोला, ''नहीं, तुम कल से कहीं नहीं जाओगी—अपने घर में रहोगी। रिंकू, मेरी और घर की देखभाल करना ही बहुत बड़ा काम है।''

''देखिए, रिंकू अब इतना बड़ा हो गया है कि अपने सारे काम खुद कर लेता है। मुझे उसका कोई भी काम नहीं करना पड़ता। घर की देखभाल चन्दा करेगी। बेचारी के पास सिर छिपाने के लिए जगह नहीं थी। दादर पुल के नीचे किसी पाइप में पड़ी रहती थी; सर्दी, गर्मी के मौसम में तो बेचारी किसी तरह रात गुजार लेती थी लेकिन दो दिन से मानसून आ गया है। रात-दिन बारिश की झड़ी लगी है। किसी दिन पाइप में पानी भर आया तो सीधा समन्दर में ले जाकर पटकेगा, इसलिए मैंने उसने पीछेवाला स्टोर दे दिया है। रहने के लिए जगह मिल जाने की वजह से उसने अपनी पगार बढ़ाने के लिए भी नहीं कहा। जो पगार पहले लेती थी, वही लेती रहेगी।''

''लेकिन मैं पूछता हूँ तुम्हें नौकरी करने की जरूरत क्या थी ?'' रंजीत ने गुस्से से तड़पकर कहा, ''विक्रम खन्ना को मैं बहुत अच्छी तरह जानता हूँ। उसकी पर्सनल सेक्रेटरी हो गई हो तुम ! नो...तुम विक्रम खन्ना के ऑफिस में नहीं जाओगी।''

''मेरी समझ में यह नहीं आ रहा कि नौकरी करने में आखिर बुराई क्या है ?'' शारदा ने भी अकड़कर जवाब दिया, ''आप विक्रम खन्ना को जानते होंगे। लेकिन आज सारे दिन उसके साथ काम करने पर मैंने तो उसमें कोई बुराई नहीं देखी। कोई गलत बिहेवियर नहीं देखा। और आपकी इन्फॉर्मेशन के लिए बता दूँ कि शादी से पहले दो-तीन महीने मैं उसकी पर्सनल सेक्रेटरी की हैसियत से काम कर चुकी हूँ।''

''तो इसका मतलब है पुरानी जान-पहचान है !'' रंजीत की आवाज में जहर-भरा दंश था।

''जी हाँ !'' शारदा ने कहा, ''आपको इस बात से क्या परेशानी हो रही है ? दरअसल आप हर शख्स को अपने चश्मे से देखते हैं—अपने पैमाने से नापते हैं। आप शायद इस बात पर यकीन नहीं कर सकते कि हर शख्स आप जैसा

नहीं होता और न ही हर औरत निर्मला या नीना जैसी होती है !"

शारदा ने एक नफरत और गुस्से भरी नजर रंजीत पर डाली और चाय का खाली प्याला ट्रे में रखकर वहाँ से चली गई।

रंजीत को लगा जैसे शारदा ने उसे भरे बाजार में नंगा कर दिया हो ! शारदा के इन शब्दों ने उसके करेक्टर पर सिर्फ चोट ही नहीं की थी, उसे स्पष्ट शब्दों में उजागर भी कर दिया था।

वह एक लम्बी साँस भरकर सोच में डूब गया।

❒

नीना को तो उसके ऑफिस में नौकरी करते हुए एक महीना भी नहीं हुआ फिर शारदा उसका नाम कैसे जान गई ? हो सकता है इसने ऑफिस फोन किया हो और उसकी अनुपस्थिति में नीना ने फोन रिसीव किया हो और शारदा के पूछने पर बता दिया हो कि वह रंजीत की पर्सनल सेक्रेटरी नीना बोल रही है।

विक्रम खन्ना के बारे में आए दिन कोई-न-कोई अफवाह वह बरसों से सुनता चला आ रहा था। धन-सम्पन्न बाप का इकलौता बेटा, लम्बा-चौड़ा कारोबार... पिता कारोबार से संन्यास लेकर हरिद्वार जा बसे थे। व्रिकम खन्ना ही अपने कारोबार का सर्वेसर्वा था। रंजीत ने सुन रखा था कि वह हर तीन-चार महीने बाद अपनी पर्सनल सेक्रेटरी बदल देता है, और हर एक साल के बाद अपनी कार ! रंजीत को बरसों से न जाने क्यों विक्रम खन्ना से जलन-सी थी। दोनों खन्ना थे। लेकिन एक इतनी बड़ी फैक्टरी और इतने बड़े कारोबार का मालिक था और दूसरा एक ब्रांच ऑफिस का मैनेजर। जमीन-आसमान के इस फर्क ने ही शायद रंजीत के दिल में विक्रम खन्ना के लिए ईर्ष्या भर दी थी और आज जब उसे यह पता चला कि उसकी पत्नी शारदा ने उसी बदनाम विक्रम खन्ना के ऑफिस में नौकरी कर ली है तो उसकी ईर्ष्या क्रोध में बदल गई।

उसे पता था कि शादी से पहले शारदा सर्विस करती रही है लेकिन उसकी सर्विस के सम्बन्ध में उसे और कुछ मालूम नहीं था। क्या जॉब है, कौन सा ऑफिस है—यह सब जानने की रंजीत ने कभी जरूरत ही महसूस नहीं की थी। और शादी के बाद तो वह एकदम भूल गया था कि शारदा किसी ऑफिस में सर्विस कर चुकी है और वह भी मालिक के नौजवान बेटे की पर्सनल सेक्रेटरी की पोस्ट पर।

आज पहली बार रंजीत को पता चला था कि अपनी भरपूर जवानी में शादी से पहले शारदा विक्रम खन्ना की पर्सनल सेक्रेटरी रह चुकी है। उस विक्रम खन्ना

की, जो अपने ट्रेड-सर्किल में अपनी पर्सनल सेक्रेटरीज के सिलसिले में काफी बदनाम था।

विक्रम खन्ना में बारे में सोचते-सोचते रंजीत के खून की रफ्तार बढ़ती चली जा रही थी। उसे लग रहा था जैसे उसके बदन का सारा उबलता हुआ लहू उसकी कनपटियों पर सिमट कर आ गया हो और जोर-जोर से टक्कर मार रहा हो।

वह यह सोच-सोचकर पागल हुआ जा रहा था कि जब विक्रम खन्ना ने अपनी किसी भी पर्सनल सेक्रेटरी को नहीं बख्शा तो भला शारदा को ही कब बख्शा होगा। उस वक्त तो वह उस अधखिली कली की तरह थी, जो खिलने के लिए किसी पुरुष के प्यार-भरे स्पर्श की प्रतीक्षा कर रही थी।

और आज भी—शादी के दस बरस के बाद भी शारदा ठीक वैसी ही दिखाई देती है जैसी उसे उस दिन दिखाई दी थी, जिस दिन उसकी और शारदा की साइकिलें एक-दूसरी से टकराई थीं। शारदा के बदन की गठन, सौन्दर्य, आकर्षण और लावण्य—एक बच्चे की माँ बन जाने के बाद भी जैसा शादी से पहले था, वैसा ही आज भी था ! रंजीत को इस बात का गर्व था कि शादी के दस साल बीत जाने के बाद भी उसकी पत्नी आज भी कुँवारी और अछूती जैसी है। इस बात को वह बड़े गर्व से अपने दोस्तों से कहा करता था।

उसने मन-ही-मन कुछ निश्चय किया और सोफे पर पड़ा अपना कोट, टाई और ब्रीफकेस उठाकर अपने बेडरूम में चला गया।

❐

रात का खाना खाते हुए शारदा बड़ी गहरी नजरों से रंजीत के चेहरे और आँखों में घुमड़ते भावों और विचारों की भीड़ को देखती रही। वह जान गई थी कि उसका तीर सही निशाने पर जा बैठा है और रंजीत उसके नौकरी करने की खबर सुनकर तिलमिला उठा है। और वह भी विक्रम खन्ना की पर्सनल सेक्रेटरी का जॉब ! वह पहले से ही जानती थी कि रंजीत को विक्रम खन्ना के नाम से उस दिन से चिढ़ हो गई है, और जिस दिन से उसकी पहली पर्सनल सेक्रेटरी मनु ने उसके ऑफिस से रिजाइन करके विक्रम खन्ना के ऑफिस में सर्विस ज्वाइन कर ली थी। हजार कोशिशें करने के बावजूद रंजीत मनु की उँगली तक नहीं छू पाया और इसीलिए निर्मला और नीना जैसी—और इनके अलावा ऑफिस की उन लड़कियों को भूल नहीं पाया था जो उसके यहाँ से सर्विस छोड़कर विक्रम खन्ना के ऑफिस में मामूली टाइपिस्ट तक की सर्विस करने चली गई थीं। वैसे विक्रम खन्ना से उसकी कोई जाती दुश्मनी नहीं थी।

लेकिन शारदा के उसी की पर्सनल सेक्रेटरी बन जाने की बात, उसके दिल के किसी कोने में बैठी-छिपी नफरत, आज जाती दुश्मनी बनकर अंगारों की तरह धधक उठी थी, जिस पर पड़ी राख को शारदा के बदले हुए रूप और तेवर ने हवा का जोरदार थपेड़ा बनकर हटा दिया था और ईर्ष्या के अधबुझे अंगारों को एक बार फिर से धधका दिया था।

खाना खाते हुए शारदा रिंकू को अपने ऑफिस के बारे में, अपने काम के बारे में, अपने ऑफिस के कर्मचारियों और विशेष रूप से अपने ऑफिस के मालिक विक्रम खन्ना के बारे में इस तरह बताती रही थी, जैसे वे किसी बहुत ही दिलचस्प दास्तान या किसी सुपरहिट फिल्म के महत्त्वपूर्ण अंश और करेक्टर हों।

विक्रम खन्ना की तारीफ सुनते-सुनते रंजीत का खून खौल उठा था। गुस्से की ज्यादती की वजह से सामने रखा खाना उसे जहर जैसा महसूस होने लगा था और फिर वह चार-छह निवाले पानी के घूँटों के साथ हलक से उतारकर अपने बेडरूम में चला आया था।

पलंग पर बेचैनी से करवटें बदलते हुए वह सोचने लगा कि विक्रम और शारदा का सिलसिला निश्चय ही एक ठोस सच्चाई में बदल जाएगा एक ऐसी हकीकत में जिसे झुठलाया नहीं जा सकेगा।

'शारदा ने निर्मला को मुझसे छीन लिया और अब नीना को भी मुझसे दूर कर देना चाहती है। मैं इसके विक्रम खन्ना को जिन्दा नहीं छोड़ूँगा। उसे गोली से उड़ा दूँगा।

'न रहेगा बाँस, न बजेगी बाँसुरी...' उसने मन-ही-मन दाँत पीसते हुए कहा और आँखें मूँदकर सोने की कोशिश करने लगा।

लेकिन रंजीत ने आज की पूरी रात जागते-जागते ही गुजारी थी। एक पल के लिए भी वह आँखों के सामने नाचते विक्रम खन्ना के चेहरे को हटा नहीं पाया था। और फिर उसके सोच का सिलसिला उस वक्त टूटा जब सिरहाने की खिड़की के पीछे से उषा की लालिमा झाँकने लगी थी।

❒

रंजीत अपने ऑफिस में पहुँचा तो ऑफिस के लोग हैरान रह गए क्योंकि आज उनके अभिवादन के प्रत्युत्तर में हाथ हिलाना तो दूर, सिर तक को जुम्बिश दिए बिना वह सीधा अपने केबिन में चला गया।

''दुर्रानी साहब, क्या बात है, आज साहब का मूड कुछ ठीक दिखाई नहीं

दे रहा !'' कुछ कर्मचारियों ने दुर्रानी के पास जाकर धीमी आवाज में पूछा।

दुर्रानी अभी कोई उत्तर नहीं दे पाया था कि केबिन के अन्दर से रंजीत की दहाड़ती हुई आवाज सुनाई दी...

''यह तुमने सफाई की है गंगादीन...? मेज और कुर्सी पर एक-एक अंगुल मोटी रेत की तह जमी हुई है,'' रंजीत उँगली के पोर से अपनी टेबल के शीशे को रगड़ते हुए चीख रहा था, ''नौकरी करनी है तो ध्यान से करो—मन लगाकर करो, वरना इस्तीफा देने की जरूरत नहीं है, मैं इस्तीफा लिये बिना ही छुट्टी कर दूँगा तुम्हारी।''

रंजीत के साथ दुर्रानी के बचपन से सम्बन्ध थे लेकिन उसने रंजीत को इतने गुस्से में कभी नहीं देखा था। उसे इस तरह खराब मूड में दहाड़ते हुए कभी नहीं सुना था। आज जब रंजीत उसके सलाम और अन्य कर्मचारियों के गुडमॉर्निंग का रोजाना की तरह उत्तर दिए बिना अपने केबिन में चला गया था तभी दुर्रानी का माथा ठनक उठा था।

उसके मन में एक सन्देह ने सिर उभारा। कहीं शारदा भाभी को निर्मला की तरह नीना के बारे में भी पता न चल गया हो ? उन्होंने रंजीत के साथ नीना को कार में घूमते-फिरते न देख लिया तो ? या निर्मला के होंठों की लिपस्टिक के निशानों से भरे रूमाल कीं तरह रंजीत के कोट की जेब में उन्हें वैसा ही कोई दूसरा रूमाल न मिल गया हो।

लेकिन नीना को उसने लिपस्टिक लगाकर ऑफिस आते हुए एक दिन भी नहीं देखा था। और पिछली रात रूबी आंटी के फ्लैट में नीना के साथ जो बातें हुई थीं, उनसे साफ जाहिर हो गया था कि रंजीत के होंठों ने नीना के होंठों तक पहुँचने की कोशिश तो बहुत की थी, लेकिन सिर्फ रंजीत की उँगलियाँ ही नीना के होंठों को छू पाई थीं।

या फिर कहीं शारदा भाभी के साथ निर्मला की खत्म हुई कहानी को लेकर झगड़ा हो गया हो। और झगड़ा इस हद तक बढ़ गया हो कि शारदा गुस्से में आकर रंजीत को छोड़कर अपने पिता के पास चली गई हो।

दुर्रानी जैसे-जैसे सोचता जा रहा था उसका दिमाग उतना ही उलझता जा रहा था।

उसने नीना के केबिन की ओर नजर डाली। नीना अपनी सीट पर नहीं थी।

''मिस नीना आज ऑफिस नहीं आईं ?'' दुर्रानी ने नीना के केबिन के शीशे से झाँकते हुए पास ही बैठी टाइपिस्ट रोज़ी से फुसफुसाकर पूछा।

"अभी तक तो नीनाजी को देखा नहीं !" रोज़ी ने उसी तरह धीमी आवाज में उत्तर दिया।

दुर्रानी सोच में डूबा हुआ अपनी सीट की ओर पलटा ही था कि फोन की घंटी बज उठी। उसने झपटकर रिसीवर उठा लिया।

"हैलो !" दुर्रानी ने धीमी आवाज में कहा।

"दुर्रानी साहब, मैं नीना बोल रही हूँ !" दूसरी ओर से नीना की आवाज आई।

"क्या बात है मोहतरमा, आप आज ऑफिस नहीं आ रहीं ?"

"दुर्रानी साहब, आप तो शायद जानते ही हैं कि रूबी आंटी हार्ट पेशेंट हैं। कल आधी रात के बाद उनके हार्ट में हल्का-हल्का पेन होने लगा था। मैं उन्हें उसी वक्त लेकर जसलोक हास्पिटल चली गई थी। माइनर अटैक था। लेकिन डॉक्टरों ने कहा है कि उन्हें कम-से-कम दो दिन हास्पिटल में ही रहना पड़ेगा !" नीना ने भारी आवाज में कहा, "और दुर्रानी साहब, आप तो जानते ही हैं कि मेरे सिवा रूबी आंटी का अपना कोई भी नहीं है जो उनकी देखभाल करने के लिए हास्पिटल में रह सके। आप रंजीत साहब से मेरी मजबूरी बताते हुए कह दीजिए कि मैं आज और हो सकता है कल भी ऑफिस नहीं आ सकूँगी।"

"डोंट वरी मिस नीना, लंच में मैं आंटी को देखने आऊँगा।" दुर्रानी ने कहा और रिसीवर रखकर रंजीत के केबिन की ओर चल दिया।

दुर्रानी ने केबिन का दरवाजा थोड़ा सा खोलकर देखा–रंजीत अपनी टेबल के पास खड़ा टेबल के टाप पर उँगली रगड़-रगड़कर देख रहा था।

"गंगादीन, आज छुट्टी के बाद तुम यहाँ तब तक रुकोगे जब तक इस केबिन की पूरी-पूरी सफाई न हो जाए।" रंजीत ने कहा।

"जी साब।" गंगादीन ने धीरे से उत्तर दिया और झाड़न उठाकर केबिन के दरवाजे की ओर मुड़ गया।

"मे आई कम इन सर !" दुर्रानी ने गंगादीन के जाने के बाद दरवाजे में से सिर निकालकर रंजीत से पूछा।

"आओ दुर्रानी, अभी-अभी मैं तुम्हारे बारे में ही सोच रहा था।" रंजीत ने अपने होंठो पर मुस्कुराहट लाने की नाकाम कोशिश करते हुए कहा।

"मैं आपको एक इत्तिला देने आया हूँ।" दुर्रानी ने रंजीत की ओर बढ़ते हुए कहा।

"इत्तिला...?"

"जी हाँ," दुर्रानी करीब आकर बोला, "अभी-अभी हुजूर की पर्सनल सेक्रेटरी

मिस नीना फर्नांडीज का फोन आया था। उन्होंने बताया है कि उनकी रूबी आंटी को हार्ट का दौरा पड़ गया है पिछली रात ! और वह उनके साथ जसलोक हास्पिटल में है !" दुर्रानी ने बताया।

"रूबी आंटी ? वही जो नीना के साथवाले फ्लैट में रहती हैं ?" रंजीत ने जैसे याद करते हुए पूछा।

"जी हाँ, जिस तरह फिलहाल नीना अकेली है उसी तरह मिसेज रूबी डिसिल्वा भी अकेली हैं। उनकी देखभाल करनेवाली सिर्फ नीना है। और डॉक्टरों का कहना है कि शायद कल भी मिसेज डिसिल्वा को हॉस्पिटल में रहना पड़े। इसलिए मिस नीना ने दो दिन की छुट्टी माँगी है·!" दुर्रानी ने दुःख और फिक्र भरे लहजे में बताया।

"मिस नीना फर्नांडीज को इस ऑफिस में काम करते एक महीना भी तो नहीं हुआ और छुट्टियाँ शुरू हो गईं !" रंजीत की आवाज में नाराजगी थी, "नहीं दुर्रानी, इस तरह मेरा काम नहीं चलेगा।"

"देखिए बिरादर, बीमारी और मौत, दुनिया में सिर्फ दो ही ऐसी चीजें हैं जिन पर इंसान का कोई काबू नहीं है," दुर्रानी ने फिलोस्फाना अन्दाज में कहा, "और फिर रूबी आंटी की देखभाल करनेवाला नीना के अलावा और कोई है भी तो नहीं। इस मजबूरी की वजह से ही मिस नीना ऑफिस नहीं आ सकेंगी।"

"ठीक है। आने पर उससे छुट्टियों की एप्लीकेशन ले लेना।" रंजीत ने कहा और ट्रे में से एक फाइल निकालकर अपने सामने रखकर खोल ली।

काम में विजी देख दुर्रानी रंजीत के केबिन से निकलकर अपनी सीट पर आ बैठा और रूबी आंटी के बारे में सोचने लगा।

❐

फाइल का पन्ना पलटते ही रंजीत को पिछली रात का अपना निश्चय याद आ गया।

एक पल वह सोचता रहा और फिर घंटी बजाने की बजाय दरवाजे की ओर देखते हुए पुकार उठा, "गंगादीन !"

रंजीत की आवाज सुनते ही स्टूल पर बैठा गंगादीन जल्दी से उठा और दरवाजा खोलकर अन्दर चला गया।

"जी साब !" उसने बड़े अदब से कहा।

"मिस रोज़ी को भेजो !" रंजीत ने आदेश दिया।

रोज़ी को इस ऑफिस में काम करते कई बरस बीत चुके थे लेकिन आज

तक उसके बॉस ने उसे अपने केबिन में शायद ही कभी बुलाया हो। रोज़ी टाइपिस्ट थी। टाइप करने के लिए जो भी पेपर होते थे, रंजीत गंगादीन के हाथ उसके पास भेज दिया करता था।

रंजीत का बुलावा पाकर रोज़ी का हैरान होना स्वाभाविक था। वह जल्दी से उठी और गंगादीन के पीछे केबिन में चली गई।

"आपने मुझे याद फर्माया सर ?" रोज़ी ने डरते-डरते पूछा। उसे लग रहा था कि उससे कोई बहुत बड़ी गलती हो गई है इसीलिए उसे केबिन में बुलाया गया है।

"बैठिए मिस रोज़ी..." रंजीत ने रोज़ी की ओर देखते हुए कहा।

सहमी-सहमी रोज़ी सामने पड़ी एक खाली कुर्सी पर बैठ गई।

"मिस रोज़ी," रंजीत ने सामने रखी फाइल की ओर इशारा करके कहा, "यह आपकी सर्विस रिकॉर्ड फाइल है। आपने अपने जॉब के लिए जो एप्लीकेशन आज से पाँच बरस पहले दी थी इसमें आपने लिखा है कि आप अंग्रेजी टाइपिंग के अलावा शार्टहैंड जानती हैं, लेकिन मामूली सी। आप यह बताइए कि सर्विस के इन पाँच सालों में आपकी शार्टहैंड में कुछ इम्प्रूवमेंट भी हुआ है ?"

"नहीं सर, मैं तो जितना जानती थी, वह भी भूल गई। क्योंकि मुझसे सिर्फ टाइप का काम ही लिया गया। आप शायद इस बात को भूल ही गए कि मैं थोड़ी-थोड़ी शार्टहैंड भी जानती हूँ। इसीलिए आपने मुझे कभी मौका ही नहीं दिया। प्रैक्टिस नहीं रही तो जो कुछ थोड़ा-बहुत जानती थी वह भी भूल गई !" रोज़ी ने बड़ी विनम्रता से बताया।

"देखिए मिस रोज़ी, हमारे ऑफिस में मिस नीना फर्नांडीज ही शार्टहैंड जानती हैं। आज वह छुट्टी पर हैं। उनकी एक दिन की छुट्टी ने ऑफिस का ढेर सारा काम रोक दिया, इसलिए मैं चाहता हूँ कि आप एक बार फिर से शार्टहैंड सीखने की कोशिश कीजिए, ताकि किसी एक के छुट्टी ले लेने पर ऑफिस का काम रुका न करे।"

मिस रोज़ी हर्ष और आश्चर्य भरी नजरों से रंजीत की ओर देखती रह गई। इन पिछले पाँच सालों में आज पहली बार रंजीत ने उसे अपने केबिन में बुलाकर इतनी देर बातें की थीं।

"और मिस रोज़ी, अगर आपने शार्टहैंड सीख ली तो मैं हेड ऑफिस से सिफारिश करूँगा कि आपको वही पे दी जाए जो सेक्रेटरी को मिलती है।"

रोज़ी की खुशी का कोई ठिकाना नहीं रहा। खुशी की ज्यादती से वह कुछ भी नहीं कह पाई।

"आज मिस नीना फर्नांडीज़ छुट्टी पर हैं। उनकी आंटी को दिल का दौरा पड़ा है। आप उनके केबिन से शॉर्टहैंड वाली कॉपी और पेंसिल ले आइए।"

"लेकिन सर !" रोज़ी ने कहना चाहा।

"मैं धीरे-धीरे डिक्टेशन दूँगा, आप उसे लिखने की कोशिश करती रहें। शायद कल भी मिस नीना ऑफिस न आएँ। मैं चाहता हूँ कि मिस नीना के न आने से ऑफिस के काम में कोई रुकावट न आने पाए।"

"जी बहुत बेहतर है।" रोज़ी ने कहा और बड़ी फुर्ती से उठकर नीना के केबिन में चली गई।

❒

पाँच साल की सर्विस में आज पहली बार मैनेजर रंजीत ने उसके साथ बड़े सम्मान और स्नेह भरा बर्ताव किया था।

रोज़ी की शुरू से ही यह लालसा रही थी कि वह अपने ऑफिस के मैनेजर की पर्सनल सेक्रेटरी बन जाए। उसने इसीलिए शॉर्टहैंड सीखा था। लेकिन रंजीत ने आज तक उसकी ओर कोई ध्यान नहीं दिया था। जवान होते हुए भी उसके साँवले रंग के कारण रंजीत ने उसकी ओर कभी आँख उठाकर भी नहीं देखा था और उसे प्रमोट करने के बजाय नई सेक्रेटरी अपॉइंट करता रहा था। इन पाँच सालों में कई सेक्रेटरी आईं और चली गई थीं। लेकिन रंजीत ने कभी भी रोज़ी को रिस्पांस नहीं दिया था। वह बेचारी टाइपिस्ट की टाइपिस्ट ही बनी रह गई थी। और तब झल्लाकर रोज़ी ने शॉर्टहैंड सीखना छोड़ दिया था।

रोज़ी ने नीना की टेबल की दराज से शॉर्टहैंड की कॉपी और पेंसिल निकाली और रंजीत की टेबल के सामने पड़ी कुर्सी पर आ बैठी।

रंजीत डिक्टेशन देने लगा तो रोज़ी उसे शॉर्टहैंड में ही नोट करने की कोशिश करने लगी।

अपनी सीट पर आकर उसने लेटर टाइप किए और उन्हें पढ़ने लगी। कुछ गलतियाँ तो जरूर हुई थीं लेकिन रोज़ी को विश्वास हो गया कि वह एक हफ्ते के अन्दर-अन्दर नीना के काम को अच्छी तरह सँभाल लेगी।

आखिरी लेटर टाइप करके जब रोज़ी रंजीत के केबिन में पहुँची तो पौने छह बज चुके थे। ऑफिस में काम करनेवाले कभी के जा चुके थे। केवल रंजीत अपने केबिन में बैठा आखिरी लेटर का इन्तजार कर रहा था।

रोज़ी ने टाइप किया लेटर रंजीत के समाने टेबल पर रख दिया और अदब से कुर्सी पर बैठ गई।

रंजीत ने लेटर पर दस्तखत किए और ट्रे में रख दिया, और फिर अपनी कलाई पर बँधी घड़ी पर नजर डालकर बोला, ''ओह, कितना वक्त हो गया। छह बजनेवाले हैं। आज तुम्हें घर पहुँचने में देर हो जाएगी। शाम के वक्त बसें भी तो देर से मिलती हैं। मेरे साथ चलना। मैं तुम्हारे घर के पास तुम्हें ड्रॉप कर दूँगा। देर से घर पहुँचोगी तो जरूर डाँट पड़ेगी।''

''नहीं सर, मुझे डाँटनेवाला वहाँ कोई नहीं है। मैं तो अँधेरी के एक वर्किंग गर्ल्स होस्टल में रहती हूँ। मेरे पैरेंट्स तो कोचीन में रहते हैं।'' रोज़ी ने उत्तर दिया।

''तब तो फिक्र की कोई बात ही नहीं है।'' रंजीत ने कहा और अपना ब्रीफकेस उठाकर उठ खड़ा हुआ।

रोज़ी भी उसके पीछे-पीछे चल पड़ी।

❒

''रोज़ी, इतने साल से तुम इस ऑफिस में काम कर रही हो लेकिन तुमसे बातचीत करने का कभी मौका नहीं मिला। एक बात पूछूँ ?'' रंजीत ने कार ड्राइव करते हुए पूछा।

''जरूर पूछिए सर !'' रोज़ी ने खुशी-भरे लहजे में कहा। दरअसल आज सुबह से ही वह बहुत खुश थी। आज पहली बार उसके बॉस ने उसे इतने करीब आने का मौका दिया था।

''तुम्हारी उम्र मेरे हिसाब से पच्चीस तो पार कर ही चुकी होगी, तुमने अभी तक शादी क्यों नहीं की ?'' रंजीत ने रोज़ी के साँवले चेहरे पर नजरें गड़ाते हुए पूछा, ''आखिर वर्किंग गर्ल्स होस्टल में कब तक रहोगी ?''

रोज़ी के खिले हुए चेहरे पर उदासी छा गई। वह समझ ही नहीं पाई कि रंजीत के इस प्रश्न का क्या उत्तर दे।

''आजकल की लड़कियाँ तो कॉलेज में कदम रखते ही अपने जीवन-साथी का चुनाव करना शुरू कर देती हैं। जो कॉलेज नहीं जातीं, सोलह को पार करते ही कोई-न-कोई नौजवान उनसे आ टकराता है और फिर उन दोनों का रिश्ता पति-पत्नी के रिश्ते में बदल जाता है। और फिर केरल की लड़कियों का रंग कैसा भी साँवला हो, उनके नाक-नक्श...?''

''माफ कीजिएगा सर, आजकल के नौजवानों की नजरों में माधुरी दीक्षित और श्रीदेवी जैसी फिल्मी हीरोइनों के सपने बसे होते हैं। मुझ-जैसी काली-कलूटी से तो कोई बात करना तक पसन्द नहीं करता।'' रोज़ी ने एक लम्बी ठंडी साँस भरकर कहा।

"यह तुम्हारा अपना खयाल है रोज़ी। दरसअल कोई भी आदमी उस वक्त तक किसी औरत की ओर हाथ नहीं बढ़ाता जब तक कि औरत की ओर से उसे कोई इशारा न मिले," रंजीत ने खुले शब्दों में कहा, "और यही वजह है कि पाँच साल की सर्विस में एक दिन भी मैंने तुम्हें अपने केबिन में नहीं बुलाया। काश, तुम मेरी नजरों से अपने आपको देख पातीं।"

रंजीत की बातों ने रोज़ी के तन-मन में एक गुदगुदी भरी सिहरन जगा दी। उस पर बेसुधी-सी छाती चली जा रही थी। अब तक की इस तीस-साला जिन्दगी में पहली बार किसी मर्द ने उससे इस तरह की रोमांटिक बातें की थीं। उसकी पलकें मुँद गईं और उन अधमुँदी पलकों के साए में वे तमाम सपने साकार होते चले गए जो उसने अपनी कल्पना के राजकुमार के साथ रात की तन्हाइयों में बिस्तर पर करवटें बदलते हुए देखे थे।

रंजीत बड़ी गहराई से रोज़ी के चेहरे पर आते-जाते भावों को देख रहा था। उसके होंठों पर मुस्कुराहट नाच उठी थी। अपनी कामयाबी पर उसकी आँखें चमक उठी थीं। उसने अपना बायाँ हाथ बढ़ाया और आहिस्ता से रोज़ी के कन्धे पर रखकर बहुत ही रोमांटिक अन्दाज में धीरे से कहा, "रोज़ी...आई लाइक यू...।"

रंजीत की आवाज किसी सुरीले नगमे की तरह रोज़ी के कानों के पर्दों को छूती हुई उसके दिल में उतरती चली गई। उसे लगा कि जैसे रंजीत के हाथ के स्पर्श ने उसे इस दुनिया से उठाकर किसी ऐसी दुनिया में पहुँचा दिया है जहाँ चारों ओर खुशियाँ बिखरी पड़ी हैं।

❐

ऑफिस से निकलकर लगभग दो घंटे रोज़ी के साथ जूहू बीच पर घूमने के बाद रंजीत अपने घर पहुँचा तो रिंकू के कमरे से जोर-जोर से किसी पोयट्री की लाइनों को बार-बार दोहराने की आवाजें आ रही थीं। रिंकू की पढ़ाई में बाधा न पड़े इसलिए रंजीत ड्राइंग रूम में न जाकर सीधा अपने बेडरूम की ओर चल दिया।

सीढ़ियाँ चढ़कर वह ऊपर पहुँचा तो उसकी नजरें अनायास उस कमरे की ओर घूम गईं, जिसे शारदा ने इन दिनों अपना बेडरूम बना रखा था।

रंजीत ने हल्के खुले दरवाजे की सेंध से देखा—शारदा अपनी साड़ी, पेटीकोट और ब्लाउज उतार चुकी थी। इस समय उसके बदन पर केवल पेंटी और ब्रेजरी थी। इन कुछ इंच चौड़े कपड़ों से अपने बदन के सर्वाधिक महत्त्वपूर्ण अंगों को ढक लेने के बावजूद शारदा सिर से लेकर पाँव तक अनावरित दिखाई दे रही थी।

नाम मात्र के इन दो कपड़ों ने उसके बदन की सम्पूर्ण गोलाइयों, उभारों और गहराइयों को उजागर कर दिया था।

रंजीत ने देखा शारदा आदमकद आईने के सामने खड़ी थी और आईने के आगे अपने आपको घुमाती हुई अपने बदन के एक-एक अंग को, एक-एक कोण और एक-एक रेखा को बड़े ध्यान से देख रही थी। रंजीत को शारदा की इस हरकत पर बहुत ही हैरानी हो रही थी। शारदा इतनी शर्मीली थी कि रात के अँधेरे में भी बेडरूम में अपने सारे कपड़े नहीं उतारती थी। बेड पर लेटते समय भी उसके शरीर पर पेंटी और ब्रेज़री के अलावा स्लीपिंग गाउन या मैक्सी होती थी। यह अलग बात है कि वे आवरण बहुत ही झीने और लगभग पारदर्शी कपड़े के बने होते थे।

दरवाजे की आड़ में खड़े रंजीत ने देखा, अपने बदन के एक-एक अंग को बड़ी गहरी नजरों से देखते हुए शारदा के चेहरे पर एक अजीब सी खुशी लहरा रही थी। आँखों से झलकती खुशी में गहरे सन्तोष की भावना भी थी। जैसे वह अपने शरीर के प्रत्येक अंग के सौन्दर्य तथा आकर्षण से पूरी तरह सन्तुष्ट ही नहीं हो बल्कि उस पर उसे गर्व हो रहा हो।

शारदा की इस हरकत को देखकर रंजीत के सिर से लेकर एड़ी तक आग लग गई। जिस दिन से शारदा ने विक्रम खन्ना के ऑफिस में उसके पर्सनल सेक्रेटरी की पोस्ट ज्वाइन की थी, उसके रंग-ढंग ही बदल गए थे। उसकी वेश-भूषा, हेयर स्टाइल ही नहीं, उसके बोलने का स्टाइल तक बदल गया था। उसके चेहरे पर हर वक्त जो उदासी छाई रहती थी उसकी जगह शोखी ने ले ली थी। ऐसा लगता था जैसे उसकी उम्र दस वर्ष कम हो गई हो, क्योंकि घर का सारा काम उसने चन्दा के सिर पर डाल दिया था, इसलिए ऑफिस से लौटने के बाद या तो वह अपनी पुरानी सहेलियों से फोन पर देर-देर तक बातें करती रहती थी या फिर रिंकू के साथ खेलती रहती थी। रंजीत ने जिसे कभी टी.वी. के फिल्मी गीतों के शुरू होते ही टी.वी. ऑफ करते देखा था, वह अब पाप म्यूजिक की धुन पर थिरकती दिखाई देने लगी थी।

क्रोध और घृणा के लावे को अपने सीने में दबाए रंजीत अपने बेडरूम में चला गया, और ब्रीफकेस कोनेवाली मेज पर पटककर जल्दी-जल्दी कपड़े बदलने लगा।

बाथरूम में हाथ मुँह धोने के लिए पहुँचा तो उसकी आँखों के आगे बीती जिन्दगी के कुछ सीन नाच उठे। जब वह अपने बेटे रिंकू के साथ नहाते हुए गाया करता था, "ठंडे-ठंडे पानी में नहाना चाहिए..." और फिर किसी बहाने से शारदा

को बाथरूम के दरवाजे पर बुलाकर उसे जबर्दस्ती अन्दर घसीट लिया करता था और फिर वह और रिंकू छटपटाती शारदा को सिर से पाँव तक भिगो देते थे।

वे सपने वक्त के बेरहम नाखूनों ने नोचकर किसी अँधेरी गहरी खाई में फेंक दिए थे और आज जो सपना उसकी आँखें देख रही थीं, वह बेहद खौफनाक और दर्दनाक था। एक ऐसा सपना जो अगर हकीकत में बदल गया तो उसका यह छोटा सा घर-परिवार बर्बादी के उस कगार पर पहुँच जाएगा, जहाँ हवा के हल्के से झोंके से ही तिनका-तिनका बिखरकर नदी की गहराइयों में समा जाएगा।

"साहब, खाना मेज पर लगा दिया है।" चन्दा ने रंजीत के बेडरूम के दरवाजे पर आकर सूचना दी।

चन्दा को कोई जवाब दिए बिना रंजीत उठा और सीढ़ियों की ओर बढ़ गया।

डाइनिंग टेबल पर हमेशा की तरह शारदा भी थी और रिंकू भी। शारदा रिंकू को चुटकुले सुना रही थी और कहकहे लगाकर हँस रही थी।

और रंजीत को खाना खाते हुए ऐसा लग रहा था जैसे शारदा के हँसी और कहकहे उसके खाने में हलाहल घोलते चले जा रहे हों।

❒

अपने ऑफिस में पहुँचकर यह मालूम किए बिना ही कि उसकी पर्सनल सेक्रेटरी नीना आई है या नहीं उसने गंगादीन चपरासी को हुक्म दिया कि वह टाइपिस्ट रोज़ी को बुला लाए।

रोज़ी केबिन में पहुँची तो रंजीत उसे देखता ही रह गया। आज रोज़ी ने सिल्क की सफेद साड़ी-ब्लाउज पहन रखा था। उसके एड़ी को चूमते हुए बालों में सफेद फूलों से गूँथी बहुत ही सुन्दर वेणी बँधी हुई थी, कानों में सफेद मोती जड़े कुंडल थे और गले में सफेद मोतियों की माला। आज वह बिल्कुल ही नई रोज़ी दिखाई दे रही थी। उसके इस परिवर्तन को देखकर आफिस के सभी कर्मचारी हैरानी-भरी नजरों से उसे देख रहे थे।

"मिस रोज़ी, क्या आज आपका बर्थ डे है ?" दुर्रानी ने उसे देखते ही पूछा था।

"जी हाँ दुर्रानी साहब, आज मेरा बर्थ डे है !" रोज़ी ने बड़ी लज़ीली मुस्कुराहट के साथ दुर्रानी की बात का समर्थन किया था।

"तो फिर बर्थ डे केक...?" कई साथी एक साथ बोल उठे थे।

रोज़ी के फूल से खिले चेहरे पर उदासी की हल्की सी बदली छा गई थी। एक पल रुककर बोली, "आप लोग तो जानते ही हैं कि इस मुम्बई महानगर में

मैं बिल्कुल अकेली हूँ। एक वर्किंग गर्ल्स होस्टल में रहती हूँ। इसलिए सुबह चर्च जाकर, माँ मरियम को सिर झुकाकर ही अपना बर्थ डे मना लेती हूँ ! उस होस्टल में आप लोगों को इन्वाइट भी तो नहीं कर सकती। और मुझे इतनी पगार मिलती नहीं है कि किसी होटल न सही, किसी ईरानी रेस्तराँ में आप लोगों को ले जाकर अपना बर्थ डे मना सकूँ—इसलिए माफी चाहती हूँ।''

रोज़ी की इस बात से खुशी-भरा वातावरण उदासी से बोझिल हो उठा और तभी गंगादीन ने रोज़ी से आकर कहा, ''साहब आपको बुलाता मिस साब।''

और रोज़ी कॉपी-पेंसिल उठाकर रंजीत के केबिन की ओर बढ़ गई।

❑

रंजीत रोज़ी में आए इस परिवर्तन को कुछ देर तक आश्चर्य से आँखें फाड़े देखता रहा फिर जल्दी से सामने रखी खाली कुर्सी पर बैठने का इशारा करते हुए बोला, ''आज तो तुम बहुत ही खूबसूरत दिखाई दे रही हो रोज़ी।''

''सर, आज मेरा बर्थ डे है !'' रोज़ी ने बैठते हुए बताया।

''तुम्हारा बर्थ डे ? तुमने यह बात कल शाम क्यों नहीं बताई थी ?'' रंजीत ने हैरानी से कहा। फिर एक पल कुछ सोचकर बोला, ''कोई बात नहीं, आज हम अपने ऑफिस में ही तुम्हारा बर्थ डे मनाएँगे।''

रोज़ी के कुछ कहने से पहले ही रंजीत ने गंगादीन को आवाज देकर कहा, ''दुर्रानी साहब को भेजो।''

दुर्रानी रंजीत की आवाज सुनते ही केबिन में आ गया।

''दुर्रानी साहब, मिस रोज़ी ने बताया कि आज इनका बर्थ डे है, लेकिन इस शहर में अकेले होने की वजह से यह अपना बर्थ डे नहीं मना पातीं। मैं चाहता हूँ कि आज मिस रोज़ी का बर्थ डे अपने ऑफिस में ही मनाया जाए !'' रंजीत ने कहा और अपने ब्रीफकेस में से पैसे निकालकर दुर्रानी की ओर बढ़ाते हुए बोला, ''लंच टाइम में पार्टी का अरेंजमेंट कर लो। रुपए कम पड़ें तो और ले लेना। मैं चाहता हूँ कि मेरे ऑफिस में काम करनेवाला हर वर्कर खुश रहे। और हम सब लोग हर एक की खुशी और गम में बराबर का हिस्सा लेते रहें।''

''बहुत-बहुत शुक्रिया बिरादर !'' दुर्रानी ने खुशी-भरे लहजे में कहा और केबिन के दरवाज़े की ओर बढ़ने लगा।

लेकिन दरवाजे तक पहुँचकर वह फिर पलट आया।

''एक मशवरा है बिरादर !''

''कैसा मशवरा ?''

"लंच टाइम के बजाय अगर पार्टी शाम को रखी जाए तो लोग काम के बोझ से फ्री होकर ज्यादा इंज्वाय कर सकेंगे। वक्त की भी कोई पाबन्दी नहीं रहेगी।"

"लेकिन आज शाम छह बजे मुझे तो एक पार्टी से मिलने जाना है।"

"देखिए बिरादर, इन बिजनेस पार्टियों से तो आप रोजाना ही मिलते रहेंगे। लेकिन मिस रोज़ी का जन्मदिन तो एक साल बाद आएगा," दुर्रानी बोला, "आप मुझे उस पार्टी का नाम बताइए। मैं फोन करके कल का अपॉइंटमेंट तय किए देता हूँ।"

रंजीत कुछ देर सोचता रहा फिर बोला, "नहीं, मैं खुद ही फोन करके आज का अपॉइंटमेंट कैंसिल कर दूँगा।"

दुर्रानी ने एक नजर रोज़ी पर डाली और केबिन से निकल गया।

❐

शाम को किसी पार्टी से मिलने का तो कोरा बहाना था, दरअसल रोज़ी के जन्मदिन पर रंजीत उसे कोई शानदार प्रेजेंट देकर अपने और करीब ले आना चाहता था। लेकिन जिद करके वह दुर्रानी के दिल में शक पैदा करना नहीं चाहता था। इसलिए उसने दुर्रानी का मशवरा मान लिया था।

"रोज़ी, तुम्हारे बर्थ डे की खुशी में मैं आज रात तुम्हें किसी शानदार होटल में डिनर देना चाहता हूँ।" रंजीत ने कहा, "तुम सब लोगों के साथ शाम को ऑफिस से निकलकर बस स्टाप पर चली जाना। लेकिन सब लोगों के जाने के बाद वहीं रुक जाना। मैं देर से ऑफिस से निकलूँगा और तुम्हें पिकअप कर लूँगा।"

"लेकिन सर, किसी होटल में डिनर पर तो बहुत पैसा खर्च होगा। शाम की पार्टी के लिए भी आप काफी रुपए दे चुके हैं। मैं नहीं चाहती कि आप मुझ पर इतना रुपया खर्च करें," रोज़ी ने बड़ी विनम्रता से कहा, "मैं बहुत ही गरीब लड़की हूँ सर ! मुझे मुम्बई के होटलों और रेस्तराँओं के वे सपने मत दिखाइए जिनकी यादें बाद में मेरे दिल का नासूर बन जाएँ।"

"उफ रोज़ी," रंजीत बोला, "दरअसल तुम गरीब नहीं, भोली हो। प्यार करनेवालों के लिए दिल कभी गरीब नहीं होते। वे अमीरी-गरीबी के फर्क और उनकी हदों से भी वाकिफ नहीं होते। असल में हम दोनों के बीच अमीरी-गरीबी का कोई सवाल ही नहीं पैदा होता।"

रोज़ी ने कोई उत्तर नहीं दिया। सिर झुकाए सोच में डूबी बैठी रही।

रोज़ी सोच रही थी कि एक दिन में ही उसमें यह तब्दीली कैसे आ गई ? रंजीत के साथ पिछले दिन कुछ घंटे गुजारते ही उसे ऐसा महसूस हो रहा था जैसे

वह एक-दो नहीं, पूरे दस बरस पीछे लौट गई हो। उसके तन-मन में एक अजीब सी पुलक जाग उठी थी। रात-भर वह न जाने कैसे-कैसे सुहाने सपने देखती रही थी। वे सपने जो उसने आज से दस साल पहले देखे थे, जो उसके अतीत की दर्दभरी यादें बनकर रह गए थे। रंजीत ने अपने प्यार की थपकी देकर उन सपनों को जैसे नई जिन्दगी दे दी थी।

हकीकत में आज उसका बर्थ डे नहीं था लेकिन उसे इस तरह बदला-बदला देखकर ऑफिस के साथियों की आँखों में जो सवाल उभर आया था, उसके जवाब के लिए उसे इतना बड़ा झूठ बोलना पड़ा था। और सच पूछा जाए तो उसने झूठ भी नहीं बोला था। 28-30 साल की उम्र में किसी पुरुष ने उससे कहा था, "मैं तुम्हें बेहद पसन्द करता हूँ रोज़ी।"...और रंजीत की प्यार भरी इन बातों ने, उसके स्पर्श ने रोज़ी को सचमुच एक नई जिन्दगी दे डाली थी। सचमुच आज उसका नया जन्म हुआ था।

❐

रंजीत रोज़ी को लेकर महानगर के एक फाइव स्टार होटल में पहुँचा। डिनर के लिए वह पहले ही एक टेबल बुक करा चुका था। संयोग से वह टेबल डाइनिंग हाल के एक कोने में थी।

ऑफिस से आते समय रंजीत ने हैदराबाद की बनी, हल्के पिंक कलर के मोतियों की एक बहुत ही खूबसूरत माला खरीदी थी। डाइनिंग टेबल पर बैठते ही उसने वह माला रोज़ी की सुराहीदार गर्दन में पहना दी।

"मेरी ओर से यह है तुम्हारा बर्थ डे प्रेजेंट !" रंजीत ने रोज़ी के गले में पड़ी माला के एक-एक मोती पर हाथ फेरते हुए कहा। जैसे ही रंजीत की उँगलियाँ रोज़ी के सीने की गोलाइयों पर पहुँचीं, रोज़ी का रोम-रोम रोमांचित हो उठा। एक अजीब सा नशा उसके तन-बदन में छाता चला गया। शरीर में एक नशीली सिहरन दौड़ गई। उसकी पलकें उस नशे से बोझिल होकर झुक गईं।

"मेरा प्रेजेंट तुम्हें पसन्द आया रोज़ी ?" रंजीत ने पूछा।

"सर...!" रोज़ी के काँपते होंठों से धीमी सी आवाज निकली।

"सर नहीं, रंजीत कहो रोज़ी।" रंजीत की आवाज में प्यार-भरा आग्रह था।

"जी...जिन्दगी में आज पहली बार किसी ने मुझे प्रेजेंट दिया है रंजीत बाबू," रोज़ी की आवाज काँप रही थी, "आज जितनी खुशी मैंने जिन्दगी में कभी महसूस नहीं की।...कितना हसीन है यह सपना—जी चाहता है जिन्दगी की आखिरी साँस तक यह सुहाना सपना मेरी आँखों में बसा रहे।"

''जरूर बसा रहेगा रोज़ी,'' रंजीत बोला, ''शायद तुम्हें पता नहीं मेरी पत्नी कई साल से बिस्तर पर पड़ी है। डॉक्टर और हकीम उसका इलाज करके हार चुके हैं। ऑफिस में बैठे-बैठे हर वक्त यही फिक्र लगी रहती है कि कहीं मेरी एबसेंस में उसकी साँसों का सिलसिला न टूट जाए।''

''नहीं, नहीं, ऐसा मत कहिए,'' रोज़ी ने जल्दी से कहा, ''गॉड उन्हें लम्बी उम्र दे–और आज तो कोई भी ऐसा मर्ज नहीं है जिसका डॉक्टरों के पास इलाज न हो।''

रंजीत कुछ कहनेवाला ही था कि अचानक उसकी नजर डाइनिंग हाल के दरवाजे पर पड़ी। उसकी आँखें पहले तो हैरानी से फटी रह गईं, फिर गुस्से से लाल पड़ गईं।

हाल के दरवाजे में शारदा विक्रम खन्ना के साथ खड़ी थी।

विक्रम खन्ना ने हाथ के इशारे से स्टीवॉर्ड को करीब बुलाया और धीमी आवाज में उससे कुछ कहकर शारदा का हाथ थामे ऊपर की मंजिल की ओर जानेवाली लिफ्ट की ओर बढ़ गया।

रंजीत के तन-मन में आग लग गई। इस एक ही थपेड़े ने उसके पूरे वजूद को हिलाकर रख दिया था। रोज़ी को लेकर उसने जो स्कीम बनाई थी, इस थपेड़े की चोट में उसने दम तोड़ दिया। डिनर के लिए सीट बुक कराते वक्त उसने एक रूम भी बुक करा लिया था, जहाँ वह रोज़ी के साथ हनीमून मनाना चाहता था।

टेबल पर खाने की तरह-तरह की चीजों से भरी प्लेटों को देखकर उसे ऐसा लग रहा था जैसे उनमें खाना नहीं, जहर रखा है। उसके सारे शरीर में जैसे आग भड़क उठी थी।

''क्या बात है सर !'' रोज़ी ने उसके गुस्से से तमतमा उठे चेहरे और अंगारों की तरह दहकती सुर्ख आँखों की ओर देखते हुए कहा। रंजीत के चेहरे की तब्दीली और खामोशी से वह सहम उठी थी।

''तुम एक मिनट बैठो रोज़ी, मैं अभी आता हूँ !'' रंजीत ने कहा और तेजी से उठकर लिफ्ट की ओर बढ़ गया।

लिफ्ट ऊपर की पाँचवीं मंजिल पर रुकी हुई थी। उसने लिफ्ट के इंडीकेटर को गौर से देखा। पाँचवीं मंजिल–वह इतनी सीढ़ियाँ चढ़कर पाँचवीं मंजिल तक नहीं जा सकता था।

तभी उसने लिफ्ट को पाँचवीं मंजिल से नीचे आते देखा।

जैसे ही लिफ्ट नीचे आकर रुकी, वह झपटकर लिफ्ट में घुसते हुए लिफ्टमैन से बोला, ''फिफ्थ फ्लोर।''

लिफ्ट तेजी से फिफ्थ फ्लोर की ओर बढ़ने लगी।

फिफ्थ फ्लोर पर पहुँचकर रंजीत बड़ी तेजी से लिफ्ट से निकला और कॉरीडोर के इस छोर से उस छोर तक नजरें दौड़ाने लगा।

उसकी नजरें कॉरीडोर के एक छोर पर पहुँचकर रुक गईं। शारदा और विक्रम खन्ना उस छोर के एक कमरे के दरवाजे पर खड़े थे। फ्लोर बॉय कमरा खोल रहा था। वह बड़े ध्यान से उन दोनों को देखने लगा।

कुछ सेकेंड वे दोनों दरवाजे पर खड़े बातें करते रहे और फिर दरवाजा खुलते ही अन्दर चले गए।

रंजीत दौड़कर उस दरवाजे पर पहुँच गया।

उसका जी चाहा कि दरवाजा तोड़कर अन्दर चला जाए। लेकिन यह सोचकर कि अगर वह यहाँ विक्रम खन्ना से उलझ गया तो रोज़ी डाइनिंग हाल में बैठी उसका इन्तजार ही करती रहेगी। क्योंकि विक्रम खन्ना के साथ होनेवाली इस मुठभेड़ का अंजाम कुछ भी हो सकता था। वह अपने गुस्से पर काबू नहीं कर पा रहा था। उसका जी चाह रहा था कि अन्दर घुसकर विक्रम खन्ना की गर्दन दबोचकर उसका गला घोंट दे ! 'मैं इस हरामजादे को छोड़ूँगा नहीं !' डाइनिंग हाल की ओर बढ़ते हुए उसने मन-ही-मन फैसला कर लिया।

❐

रोज़ी को उसके होस्टल के करीब छोड़कर रंजीत अपने घर पहुँचा तो शारदा लौटी नहीं थी। रंजीत जानता था कि इतनी जल्दी विक्रम खन्ना उसे छोड़ेगा भी नहीं। जो आदमी इतना रुपया खर्च करेगा वह शारदा से सूद के साथ एक-एक पाई वसूल करके ही उस कमरे से निकलेगा।

उसने जैसे-तैसे कपड़े बदले और कटे पेड़ की तरह अपने बिस्तर पर जा गिरा।

और बिस्तर पर लेटते ही उसकी आँखों के आगे शारदा और विक्रम खन्ना के चेहरे घूम गए।

उस कमरे में वे दोनों अकेले हैं। न जाने इस वक्त वे क्या कर रहे होंगे। विक्रम जैसा औरतखोर आदमी शारदा को किसी भी सूरत में छोड़ेगा नहीं।

रंजीत की आँखों के आगे अपने बेड पर वस्त्रहीन लेटी शारदा की तस्वीर घूम गई। उसके शरीर का एक-एक अंग उसकी आँखों में बिजली की तरह कौंधता चला गया जिन्हें छूते उसके सारे शरीर में हाई पावर वोल्टेज का शक्तिशाली करंट दौड़ जाया करता था।

उसकी कल्पना में विक्रम खन्ना की बाँहों में सिमटा शारदा का कोमल बदन झाँक उठा। उसे लगा, जैसे उसके शरीर का लहू किसी आग उगलते ज्वालामुखी के लावे की तरह चारों ओर फैलने लगा है।

'मैं इस हरामजादे को मार डालूँगा। जान से मार डालूँगा—अपने रिवाल्वर की आठों गोलियाँ उसके सीने में उतार दूँगा...जब तक मैं खून से लथपथ विक्रम खन्ना की लाश को तड़पते हुए नहीं देख लूँगा मुझे चैन नहीं मिलेगा...वरना यह आग मुझे उम्र-भर जलाती रहेगी...' रंजीत ने गुस्से से बड़बड़ाते हुए अपने आपसे कहा और पलंग के पास तिपाई पर रखा पानी से भरा जग उठाकर पूरी ताकत से फर्श पर दे मारा।

रात की खामोशी में जग के फर्श पर जोर से टकराने की आवाज पूरे कॉटेज में गूँजती चली गई।

"क्या हुआ साब ?" चन्दा दौड़कर रंजीत के बेडरूम में पहुँच गई।

रिंकू भी दौड़ता हुआ वहाँ पहुँच गया, "डैडी, क्या हुआ ?—आपकी तबीयत तो ठीक है न ?" रिंकू ने पिता के चेहरे को बड़े ध्यान से देखा और फिर डरकर पीछे हट गया।

चन्दा भी हैरान-परेशान नजरों से रंजीत की अंगारों जैसी दहकती आँखों, फड़कते हुए होंठ और क्रोध से तमतमाए चेहरे को देखने लगी जो किसी इंसान का नहीं, किसी खूँखार भेड़िए के चेहरे की तरह दिखाई दे रहा था।

उस चेहरे की भयानकता को देखते ही चन्दा काँप उठी। उसके मन में आशंकाओं के तूफान मचलने लगे। उसने जल्दी से रिंकू का हाथ पकड़ा और उसे खींचती हुई अपने कमरे में पहुँचकर धड़ाम से दरवाजा बन्द कर लिया।

क्रोध से पागल रंजीत अपने बिस्तर पर बैठा हाँफता रहा।

चन्दा और रिंकू को देखते ही वह समझ गया कि शारदा अभी तक घर नहीं लौटी है—उसने दीवार पर लगी घड़ी पर नजर डाली। ग्यारह बजनेवाले थे।

'हरामजादी...अभी तक अपने यार के साथ रंगरेलियाँ मना रही है !" रंजीत ने क्रोध और घृणाभरी आवाज में कहा, "मैं पहले विक्रम खन्ना को ठिकाने लगाऊँगा और फिर शारदा को गोली मार दूँगा। मैं विक्रम खन्ना के उन हाथों के टुकड़े-टुकड़े कर डालूँगा जो हाथ शारदा के नर्म-नाजुक और जवान जिस्म को इस वक्त सहला रहे होंगे, गुदगुदा रहे होंगे, मसल रहे होंगे...मैं शारदा को भी जिन्दा नहीं छोड़ूँगा...मैं रंजीत हूँ ! मैं मर्द हूँ ! विक्रम खन्ना की तरह कमीना नहीं, कुत्ता नहीं जो दूसरों की जूठन खाना अपनी बहुत बड़ी खुशकिस्मती समझता है।'

क्रोध से जलता, सुलगता, छटपटाता हुआ रंजीत बिस्तर से उतरकर जग के

फैले पानी से भीगे फर्श पर आ लेटा।

ठंडे पानी में बदन भीगते ही उसके खून की गर्मी कम होती चली गई।

फिर बहुत देर बाद उसके खर्राटे बेडरूम की छत और दीवारों से टकराकर गूँज उठे।

❐

सुबह उठकर रंजीत ने शेव बनाई, नहाया, और कपड़े बदलने के बाद अपना ब्रीफकेस उठा लिया।

दीवार घड़ी में अभी साढ़े सात बजे थे। सुबह उठते ही उसने बेडरूम का दरवाजा बन्द कर दिया था। चन्दा सुबह की चाय लेकर आई थी लेकिन दरवाजा बन्द था। उसने कई बार दरवाजे पर दस्तक दी थी—रंजीत को आवाजें भी दी थीं। निराश होकर चन्दा चाय की ट्रे लेकर किचन में वापस लौट गई थी।

अपना ब्रीफकेस लिये रंजीत तेजी से सीढ़ियाँ उतरकर ड्राइंगरूम में पहुँचा और किसी की ओर नजर डाले बिना तीर की तरह बाहर निकल गया।

उसके सीढ़ियों से उतरते कदमों की आहटें सुनकर जब तक चन्दा और शारदा ड्राइंगरूम में पहुँचतीं, रंजीत की कार स्टार्ट होकर कॉटेज के गेट से निकल गई।

शारदा और चन्दा दरवाजे में खड़ी रंजीत की जाती हुई कार को देखती रहीं।

"बीबीजी, साहब ने रात भी खाना नहीं खाया था और आज चाय तक पिए बिना चले गए !" चन्दा की आवाज फिक्र में डूबी हुई थी।

शारदा एक पल दरवाजे में खड़ी कुछ सोचती रही। फिर उसने पूछा, "साहब, रात कितने बजे घर लौटे थे ?"

"साढ़े नौ बजे," चन्दा ने कहा, "और मुझसे और रिंकू से बात किए बिना अपने कमरे में चले गए थे। मैं खाने के लिए कहने गई तो मुझसे कहा कि मेरी तबीयत ठीक नहीं है। मैं खाना नहीं खाऊँगा। और रात को कोई भी मुझे डिस्टर्ब न करे। उन्होंने अपने बेडरूम में रखा टेलीफोन उठाकर बाहर दरवाजे पर रख दिया था !" चन्दा ने उदास आवाज में बताया।

"हूँ !" शारदा ने एक लम्बी गहरी साँस ली ओर अपने कमरे में जाकर ऑफिस जाने की तैयारी करने लगी।

❐

रंजीत ने तुलसी चौक पर मेट्रो के साथवाले रेस्तराँ में पहुँचकर नाश्ता किया। रात विक्रम खन्ना के साथ शारदा को होटल के सूने कमरे में जाते देख उसकी भूख

उड़ गई थी। घर लौटकर भी उसने कुछ नहीं खाया था। इसलिए उसे जोरों की भूख लग रही थी।

'रंजीत, अगर तुमने खाना छोड़ दिया तो तुम विक्रम खन्ना से कैसे बदला ले सकोगे। वह तुमसे ज्यादा ताक़तवर है !' रंजीत ने रेस्तराँ में एक टेबल पर बैठते हुए खुद से कहा और फिर बैरे को ढेर सारी चीजों का ऑर्डर दे दिया।

नाश्ता करते-करते उसने विक्रम खन्ना को अपने रास्ते से हटाने की पूरी योजना बना डाली।

'लेकिन मैंने तो आज तक चींटी भी नहीं मारी—फिर विक्रम खन्ना जैसे लहीम-शहीम, हट्टे-कट्टे और ताकतवर आदमी को कैसे मार सकूँगा !' रंजीत ने अपने आपसे कहा और रेस्तराँ से निकलकर विक्टोरिया टर्मिनस के एक बुक स्टाल पर जा खड़ा हुआ।

उसने एक सिरे से रैकों में सजी किताबों पर नजर डालनी शुरू की। हिन्दी और अंग्रेजी के कई डिटेक्टिव नॉवेल वहाँ रखे थे। रंजीत ने लगभग डेढ़ दर्जन किताबें निकलवाईं और उनमें से सात-आठ छाँटकर पैक करा लीं।

ऑफिस में पहुँचते ही रंजीत ने जासूसी नॉवेल अपने ब्रीफकेस में रखकर उसे लॉक कर दिया। और फिर शारदा और विक्रम खन्ना को भूल जाने के लिए काम में डूब गया।

❒

''रोज़ी आज मुझे घर पर कई जरूरी काम हैं,'' रंजीत ने कार अँधेरी की ओर जानेवाली सड़क की ओर दौड़ाते हुए कहा, ''मैं तुम्हें तुम्हारे होस्टल के गेट पर ड्रॉप कर दूँगा। कल हम लोग तुलसी लेक की ओर घूमने चलेंगे।''

''तुलसी लेक !'' रोज़ी ने हैरानी से दोहराया, ''मैंने आज तक तुलसी लेक नहीं देखी।''

''कोई बात नहीं, कल दिखाऊँगा।'' रंजीत ने कहा और एक्सीलेटर पर पाँव का दबाव बढ़ा दिया।

❒

घर पहुँचकर उसने कार से ब्रीफकेस निकाला और सीधा अपने बेडरूम में चला गया।

उसने बेडरूम का दरवाजा बन्द कर लिया और फिर ब्रीफकेस में से किताबें निकालकर पलंग पर रख दीं। उनमें से मर्डर की एक किताब निकालकर अपने

बिस्तर पर तकिए के नीचे रख दी और बाकी किताबें पॉलीथीन के एक बड़े थैले में भर दीं।

उसने बेडरूम पर नजर डाली। बेडरूम में कहीं कोई भी ऐसी जगह नहीं थी जहाँ वह इन किताबों को छिपाकर रख पाता। अचानक उसे एक बात याद आ गई। जिन दिनों उसका रोमांस निर्मला से चल रहा था, वह सेक्स की सारी किताबें बाथरूम में फ्लश की टंकी के पीछे रखा करता था। वहाँ किताबें सुरक्षित भी थीं और बाथरूम में बैठकर उन किताबों को पढ़ने की सुविधा भी थी। पेट में गड़बड़ होने का बहाना करके वह कमोड पर बैठा-बैठा देर तक किताबें पढ़ता रहता था।

उसकी आँखें खुशी से चमक उठीं। उसने किताबों का पैकेट उठाया और बाथरूम में फ्लश की टंकी के पीछे छिपा आया।

किताबों की ओर से निश्चिन्त हो जाने के बाद रंजीत नहाया और कपड़े बदलकर ड्राइंगरूम में आ गया।

उसने देखा, आज शारदा भी शायद ऑफिस की छुट्टी होते ही घर चली आई थी। वह बैठी रिंकू के साथ नाश्ता कर रही थी।

रंजीत को देखते ही चन्दा ने चाय और नाश्ते की ट्रे लाकर रंजीत के सामने रख दी।

रंजीत ने प्लेट में से एक बिस्कुट उठाया और उसे धीरे-धीरे कुतरने लगा। बीच-बीच में वह शारदा पर भी नजर डाल लेता था। उसे इस बात पर हैरानी हो रही थी कि शारदा के साथ-साथ रिंकू ने भी उससे बोलना छोड़ दिया था। वह रंजीत की ओर पीठ किए चुपचाप बैठा नाश्ता कर रहा था।

एक बार तो रंजीत का जी चाहा कि पिछले दिन की हरकतों के बारे में शारदा से पूछे, लेकिन फिर यह सोचकर कि जिन लोगों को आज नहीं तो कल मौत की नींद सुला देनी है उनसे कुछ पूछताछ करना ही बेकार है। अकारण ही फिर दिमाग में तनाव पैदा हो जाएगा और फिर सारी रात जागकर ही गुजारनी पड़ेगी।

उसने चुपचाप नाश्ता किया और रात का खाना अपने बेडरूम में पहुँचाने के लिए चन्दा से कहकर अपने बेडरूम में चला गया।

बेडरूम का दरवाजा बन्द करके वह बिस्तर पर जा बैठा और तकिए के नीचे से मर्डरवाला जासूसी नॉवेल निकालकर बड़ी गम्भीरता से पढ़ने लगा।

❐

मिसेज रूबी डिसिल्वा को तीसरी बार दिल का दौरा पड़ा था इसलिए डॉक्टरों ने उन्हें लगभग सप्ताह भर अस्पताल में रहने की सलाह दी। हालाँकि अस्पताल की

नर्सें उनकी देखभाल कर रही थीं लेकिन मिसेज रूबी डिसिल्वा को उनके काम से सन्तोष नहीं था इसलिए उन्होंने नीना फर्नांडीज से कहा कि वह सर्विस की चिन्ता न करे और अस्पताल में प्राइवेट वार्ड में साथ रहकर उनकी देखभाल करे।

एक सप्ताह के बाद नीना ऑफिस पहुँची तो सब लोगों ने उससे मिसेज रूबी डिसिल्वा की तबीयत के बारे में पूछा। नीना के छुट्टी लेते ही दुर्रानी ने ऑफिसवालों को मिसेज रूबी डिसिल्वा की बीमारी के बारे में बता दिया था और खुद रोजाना शाम को ऑफिस की छुट्टी हो जाने के बाद बराबर अस्पताल जाता रहा था।

पूरी तरह स्वस्थ हो जाने के बाद मिसेज रूबी डिसिल्वा ने अपने पड़ोसियों से कहा था कि इस बार नीना और रफीक दुर्रानी की देखभाल और सेवा सुश्रूषा ने उन्हें बचा लिया। अगर वह अस्पताल की नर्सों के भरोसे रहती तो या तो बचती नहीं या फिर उन्हें ठीक होने में काफी दिन लग जाते।

मिसेज रूबी डिसिल्वा को दिन-भर ली जानेवाली दवाइयों और डॉक्टरों द्वारा दी गई हिदायतें बताने के बाद नीना ऑफिस पहुँची तो सभी लोग आ चुके थे। रंजीत अपने केबिन में था। नीना ने अपनी शार्टहैंड की कॉपी और पेंसिल अपनी मेज की दराज में से निकाली और रंजीत के केबिन की ओर बढ़ गई।

''मे आई कम इन सर ?'' नीना ने केबिन के शीशा को थोड़ा सा खोलकर पूछा।

और उसकी आवाज सुनते ही रंजीत और उसके बाजू से सटी खड़ी रोज़ी बुत की तरह उसे देखते रह गए। उनके मुस्कुराते हुए चेहरे पर जैसे किसी ने स्याही पोत दी।

नीना दरवाजे में खड़ी उन दोनों को देखती रही। उसने अभी तक रंजीत के कन्धे से सटी खड़ी रोज़ी की ओर ध्यान नहीं दिया था, केवल रंजीत की ओर ही देखती रही थी।

रंजीत और रोज़ी को विश्वास न था कि नीना आज ऑफिस ज्वाइन कर लेगी। पिछले दिनों दुर्रानी की बातों से उन्हें ऐसा लगा था कि नीना अभी कुछ दिनों तक ऑफिस नहीं आ सकेगी।

रंजीत ने हाथ के इशारे से अपने कन्धे से सटी खड़ी रोज़ी को कुर्सी पर बैठने को कहा और अपने आपको सँभालते हुए बोला, ''आइए...आइए...आपकी आंटी की तबीयत अब ठीक है ना ?''

''जी हाँ, परमात्मा की कृपा से उनके सिर पर से मौत का साया टल गया

है। कल रात वह घर लौट आई हैं !'' नीना ने रंजीत की टेबल के सामने खड़े-खड़े ही बताया।

''क्या मिसेज डिसिल्वा का और कोई रिश्तेदार नहीं था, जो आपको उनकी तीमारदारी करनी पड़ी ?'' रंजीत ने कहा, ''आपने यह भी नहीं सोचा कि आपको इस ऑफिस में सर्विस करते हुए अभी एक महीना भी नहीं हुआ और आपने इतनी लम्बी छुट्टी ले डाली।''

''मजबूरी थी सर,'' नीना ने अपनी बेबसी जाहिर की, ''आंटी का इस भरी दुनिया में अपना कोई नहीं है। बचपन से ही उन्होंने मुझे अपनी बेटी की तरह पाला है, मेरी परवरिश की है। माँ-बाप के गोवा चले जाने के बाद से मेरी देख-भाल की है। हर सुख-दुःख में मेरा साथ दिया है। फिर यह कैसे हो सकता था कि उनकी मुसीबत के वक्त मैं काम न आती। शायद आप भूल गए, मैंने पहले ही दिन आपसे कहा था कि मैं इंसान की खिदमत को गाड की सबसे बड़ी पूजा मानती हूँ। उनकी देखभाल के लिए छुट्टी लेना मेरी मजबूरी थी सर।''

''मिस नीना फर्नांडीज ! जिस तरह आपकी जिन्दगी के कुछ उसूल हैं उसी तरह हर ऑफिस के भी कुछ उसूल हो सकते हैं। सर्विस ज्वाइन करने के बाद आपने सिर्फ दस दिन काम किया है। अगर आपके सामने कोई मजबूरी थी तब भी आप वक्त निकालकर थोड़ी-बहुत देर के लिए ऑफिस आ सकती थीं !'' रंजीत ने सीधे-सपाट लहजे में कहा। फिर दरवाजे की ओर मुँह उठाकर ऊँची आवाज में पुकारा, ''गंगादीन !''

''जी साब !'' गंगादीन रंजीत की कड़कदार आवाज सुनकर अन्दर आ गया।

''दुर्रानी साहब को भेजो।''

दुर्रानी शायद केबिन के दरवाजे के पास ही खड़ा उनकी बातें सुन रहा था। गंगादीन के केबिन से निकलते ही वह अन्दर आ गया।

''दुर्रानी, मिस नीना फर्नांडीज ने सिर्फ दस दिन हमारे यहाँ काम किया है और आज एक हफ्ते की लम्बी छुट्टी के बाद तशरीफ लाई हैं। ऑफिस के कायदे-कानून के मुताबिक तो इन्हें कुछ मिलना नहीं चाहिए, लेकिन मैं किसी गरीब का दिल दुखाना पाप समझता हूँ। इनका हिसाब करवा दीजिए।''

''सर, यह भी तो हो सकता है कि मिस नीना को काम करने दिया जाए और इतने दिनों की इनकी पे काट ली जाए !'' दुर्रानी ने सुझाव दिया।

दुर्रानी को नीना की तरफदारी करते देख रंजीत का गुस्सा भड़क उठा। दुर्रानी की ओर जलती हुई नजरों से देखते हुए गुर्राकर बोला, ''मिस्टर दुर्रानी, इस ऑफिस के बॉस आप हैं या मैं हूँ ? यहाँ की सारी जिम्मेदारी मुझ पर है। ऑफिस

की भलाई-बुराई का जिम्मेदार मैं हूँ, आप नहीं। इन्हें ले जाइए और इनका हिसाब करवा दीजिए।''

इतने सालों की दोस्ती में आज पहली बार रंजीत ने दुर्रानी के साथ इस तरह का सुलूक किया था, इस लहजे में बात की थी।

दुर्रानी पिछले कई दिनों से रंजीत और रोज़ी की तेजी से बढ़ती घनिष्ठता को बड़ी पैनी नजरों से देख रहा था। उसने ऑफिस टाइम के बाद रोज़ी को रंजीत के साथ कार में जाते हुए कई बार देखा था। उसके पास कोई ऐसा साधन नहीं था जो वह रंजीत की कार का पीछा करके उसे और रोज़ी को रंगे हाथों पकड़ता। उसके पास इतना पैसा भी नहीं था कि वह किसी टैक्सी से उन दोनों का पीछा करता। और आज जब रंजीत ने नीना फर्नांडीज की नौकरी खत्म कर दी, तो उसे विश्वास हो गया कि रोज़ी रंजीत के बहुत ही करीब आ चुकी है। उन दोनों के दरम्यान अब कोई दूरी नहीं रही है। क्योंकि रंजीत को जहाँ एक औरत की जरूरत थी, वहीं रोज़ी को एक मर्द की सख्त जरूरत थी। और रोज़ी की जरूरत रंजीत की जरूरत से ज्यादा थी। अट्ठाईस-तीस बरस तक कुँवारी रहने के बाद रोज़ी को किसी मर्द का साथ मिला है, इसलिए उसने अपने आपको सम्पूर्ण रूप से रंजीत को समर्पित कर दिया होगा।

कुछ कहे-सुने बिना नीना उठी और दुर्रानी के पीछे-पीछे केबिन से निकल गई।

''इस बात की रिपोर्ट मैं मैनेजिंग डाइरेक्टर से करूँगा !'' दुर्रानी ने अपनी सीट पर पहुँचकर बहुत ही धीमी लेकिन गुस्से से उबलती हुई आवाज में कहा।

''नहीं दुर्रानी साहब, मैं अब यहाँ नौकरी करना नहीं चाहती। मिस्टर रंजीत की असलियत मैं जान चुकी हूँ ! उनके जबड़ों में एक बार फँस जाने पर मैं किस तरह उनसे निकली हूँ, मैं ही जानती हूँ। वरना अब तक मेरा सब कुछ लुट चुका होता !'' नीना ने गुस्से और नफरत से काँपती आवाज में कहा, ''दुर्रानी साहब, मैं रोज़ी नहीं बन सकती। इज्जत के रूखे-सूखे दो टुकड़े खाकर गुजारा कर सकती हूँ लेकिन फाइव स्टार के लजीज खानों के लिए अपनी इज्जत नहीं लुटा सकती। आप फिक्र मत कीजिए, मुझे और कोई नौकरी मिल जाएगी।''

''लेकिन जोर-जुल्म को बर्दाश्त करना भी तो गुनाह होता है नीनाजी।''

''आंटी की बीमारी के दौरान कई बार आपके चाचा अमजद दुर्रानी से मुलाकात हो चुकी है। उन्होंने कहा था कि रंजीत का चाल-चलन अच्छा नहीं है। अगर कोई हरकत करे तो मुझे बता देना। मैं उसी की नौकरी खत्म करवा दूँगा,''

नीना ने बताया, "लेकिन मैं ऐसी कमीनी हरकत हरगिज नहीं कर सकती। जब मैं किसी के भूखे पेट के लिए एक निवाला नहीं दे सकती तो उसके सामने से खाने की चीजों से भरा थाल कैसे खींच सकती हूँ। अब एकाउंटेंट को बुलाकर मेरी दस दिन की जो भी पे बनती हो दिलवा दीजिए। यहाँ मेरा दम घुटा जा रहा है।"

"तुम्हारी वजह से रंजीत मुझसे भी नाराज है लेकिन नीना, तुम्हें नौकरी से हटा देना जितना आसान है, उतना ही मुश्किल है कम्पनी के मालिकों से मेरे खिलाफ मुँह खोलना। अगर रंजीत ने मेरे खिलाफ एक लफ्ज भी निकाला तो मेरे बजाय वह सड़क पर खड़े दिखाई देंगे," दुर्रानी ने गुस्से से कहा। फिर अपनी आवाज पर काबू पाते हुए बोला, "लेकिन नीनाजी, मैं रंजीत की बीवी शारदा की बेहद इज्जत करता हूँ। क्योंकि वह बहुत ही नेक खातून हैं। रंजीत के बेटे रिंकू को मैं बेहद प्यार करता हूँ। मैं उन दोनों को परेशान नहीं देख सकता।"

नीना फर्नांडीज़ को नौकरी से हटाने की बात ऑफिस में काम करनेवाले हर शख्स को मालूम हो गई थी। ऑफिस के कर्मचारी रोज़ी की बर्थ-डे पार्टी के बाद से ही रंजीत और रोज़ी के सम्बन्धों पर शक करने लगे थे। दिलचस्प बात यह थी कि अपने रवैए से रंजीत और रोज़ी ने उनके शक को दूर करने के बजाय और भी हवा दे दी थी। और आज नीना की सर्विस इस तरह खत्म कर देने के रंजीत के फैसले ने सभी लोगों के दिल में यह शक यकीन की तरह जमा दिया कि रोज़ी ने अपने आपको नौकरी के लालच में रंजीत के हाथों सौंप दिया है।

इस बात को लेकर ऑफिस के हर कर्मचारी के दिल में रंजीत और रोज़ी के लिए गुस्से और नफरत की आग धधका दी थी।

"दुर्रानी साहब, इसका मतलब तो यह हुआ कि अगर किसी के घर में किसी की मौत भी हो जाए तो वह छुट्टी ही नहीं ले सकता !" एकाउंटेंट ने नीना फर्नांडीज़ का पेमेंट दुर्रानी की मेज पर रखते हुए इतनी ऊँची आवाज में कहा कि उसकी आवाज केबिन में रोज़ी के साथ मौजूद रंजीत के कानों तक पहुँच गई। रोज़ी के होंठों पर मुस्कुराहट दौड़ गई, उसे ऐसा महसूस हुआ जैसे उसने किसी बहुत ही जबर्दस्त मोर्चे पर फतह हासिल कर ली हो।

नीना ने रुपए उठाकर अपने पर्स में रख लिये। और फिर अपने आसपास खड़े अपने साथियों का हाथ जोड़कर अभिवादन करती हुई बोली, "इन थोड़े से दिनों में आप लोगों का जो प्यार-इज्जत और सहयोग मिला उसे मैं कभी भूल नहीं पाऊँगी।"

नीना के साथियों के मन भारी हो गए थे। उनके होंठों से प्रत्युत्तर में एक

भी शब्द नहीं निकला।

नीना ने दरवाजे की ओर कदम बढ़ाया ही था कि दुर्रानी जल्दी से हाथ उठाकर बोल उठा, "एक मिनट मिस फर्नांडीज़...!"

नीना का उठा हुआ कदम रुक गया। वह पलटकर दुर्रानी की ओर देखने लगी।

दुर्रानी ने एक कागज पर अपनी तबीयत अचानक खराब हो जाने की वजह से छुट्टी की एप्लीकेशन लिखी और गंगादीन चपरासी को थमाते हुए बोला, "जाओ, साहब को दे दो।"

और फिर नीना के आगे-आगे दरवाजे की ओर तेजी से बढ़ता चला गया।

पूरे ऑफिस में एक अजीब सा सन्नाटा छा गया जो नीना के साथ हुए बर्ताव के साथ-साथ सभी कर्मचारियों के दिल में रंजीत और रोज़ी के खिलाफ भड़क उठनेवाले गुस्से और नफरत से बोझिल था।

मिसेज रूबी डिसिल्वा नीना और रफीक दुर्रानी को देखते ही चौंक पड़ीं। हैरानी भरी आवाज में बोली, "क्या बात है, तुम लोग इस वक्त कैसे आ गए ? क्या ऑफिस की छुट्टी हो गई ?"

"नहीं आंटी, ऑफिस की छुट्टी तो नहीं हुई, हाँ मेरी छुट्टी जरूर हो गई," नीना ने अपना पर्स सोफे पर रखते हुए बताया, "और दुर्रानी साहब मेरी नौकरी छूट जाने के गम में आज की छुट्टी लेकर चले आए हैं।"

"तुम्हारी नौकरी छूट गई ? वह क्यों ?" मिसेज रूबी डिसिल्वा तकिये का सहारा लेकर उठ बैठीं।

"वजह यह है कि इस ऑफिस में सर्विस ज्वाइन करने के दस दिन बाद ही मैंने एक हफ्ते की छुट्टी ले ली थी। इसलिए ब्रांच मैनेजर मिस्टर रंजीत ने मेरी छुट्टी कर दी।"

"यह तो कोई वजह नहीं हुई। जरूरत पड़ने पर सभी लोग छुट्टियाँ लेते हैं," मिसेज रूबी डिसिल्वा ने गुस्से से कहा, "मैं भी नौकरी कर चुकी हूँ, ऑफिस के कायदे-कानून मैं भी अच्छी तरह जानती हूँ। जिस इम्प्लाई को बाकायदा अपॉइंट किया जाता है उसे नोटिस दिए बिना सर्विस से हटाया नहीं जा सकता।"

"आंटी, दरअसल सेल्स ऑफीसर से ब्रांच मैनेजर की कुर्सी, बढ़ी हुई पगार और कंट्रेक्टरों से मिलनेवाले कमीशन ने रंजीत का दिमाग खराब कर दिया है। उसे भले-बुरे की, कायदा-कानून की तमीज़ ही नहीं रही !" दुर्रानी ने बताया, "चाहूँ तो रंजीत की सारी तानाशाही एक मिनट में धूल में मिला सकता हूँ लेकिन अपने

बचपन के दोस्त के खिलाफ सब कुछ जानते हुए भी कुछ कर नहीं सकता !"

"बात दरअसल छुट्टी लेने की ही नहीं है, कुछ और है आंटी !" नीना ने कहा और फिर एकदम चुप हो गई।

"मैं समझ गई नीना बेटी, सब कुछ समझ गई," मिसेज रूबी डिसिल्वा ने अर्थपूर्ण अन्दाज में कहा, और फिर एक लम्बी साँस भरकर बोलीं, "क्या जमाना आ गया है। अपने दफ्तर में काम करनेवाली औरतों को ये अफसर लोग अपनी बाई समझते हैं। अपना गुलाम समझते हैं।"

"लेकिन आंटी, मैं भूखा मर जाना मंजूर कर लूँगी, अपनी इज्जत आबरू...!"

"नहीं बेटी, मेरे जीते जी ही नहीं, मेरे मरने के बाद भी तुम्हें भूखे मरने की जरूरत नहीं पड़ेगी।" मिसेज डिसिल्वा ने नीना का सिर अपनी ओर खींचकर अपने सीने से लगा लिया।

"आंटी, रंजीत की बेईमानी और बदचलनी को देखकर मैं भी तंग आ चुका हूँ। आज से ही मैं कोई नौकरी तलाशता हूँ। मैं इस नौकरी को छोड़ दूँगा !" दुर्रानी ने कहा और रंजीत के बारे में बताने लगा।

"पहले मेरा खयाल था कि अमजद भाई को बुलाकर इस रंजीत का मिजाज दुरुस्त करा दूँ, लेकिन अब सोचती हूँ कि रंजीत के ऑफिस में तुम लोगों का काम करना मुनासिब नहीं है।"

"हाँ, जहाँ दिलों में दरार पड़ जाए वहाँ काम नहीं करना चाहिए !" रफीक दुर्रानी ने कहा।

"लेकिन रफीक़, मैं सोचती हूँ कि तुम वहीं काम करो," मिसेज रूबी डिसिल्वा ने कहा, "अगर तुमने यह नौकरी छोड़ दी तो जानते हो इसका अंजाम किसे भोगना पड़ेगा ?...और किसी को नहीं, रंजीत की बीवी शारदा और उसके बेटे रिंकू को। रंजीत का कोई ऐतबार नहीं कि कब रोज़ी को लेकर दूसरा घर बसा ले। और रोज़ी उसके इतने करीब पहुँच गई है कि वह उसे किसी भी कीमत पर छोड़ेगी नहीं।"

"मुझे तो हालात अच्छे नजर नहीं आ रहे हैं आंटी," नीना बोली, "मैं इन थोड़े से दिनों में ही यह जान चुकी हूँ कि किसी भी औरत को हासिल करने के लिए रंजीत किस हद तक नीचे उतर सकता है और कोई भी औरत जिसे अपनी इज्जत-आबरू का खयाल न हो, रंजीत को किस हद तक अपने जाल में जकड़कर उसे उल्लू बना सकती है।"

"नीना, जाओ चाय बना लाओ," मिसेज रूबी डिसिल्वा ने कुछ सोचते हुए कहा और फिर जब नीना किचन में चली गई तो वह दुर्रानी से बोलीं, "रफीक

बेटे, एक बात सोच रही हूँ, लेकिन समझ नहीं पा रही कि किस तरह कहूँ।''

''बताइए न आंटी। ऐसी झिझक वाली बात क्या है ?'' दुर्रानी ने कहा।

''रफीक बेटे, नीना ने अपनी शादी के लिए एक लड़का पसन्द कर लिया था। कई बरस तक उन दोनों का रोमांस चलता रहा—वही राबर्ट—जिसके बारे में मैंने तुम्हें बताया था। खैर, उसकी कहानी तो खत्म हो गई। अब मैं चाहती हूँ कि नीना की शादी कर दी जाए, तो तुम्हारी नजर में कोई अच्छा लड़का है ?''

''आंटी, यूँ तो अपने ऑफिस में भी दो-चार लड़के हैं लेकिन उनकी अच्छाई-बुराई के बारे में कुछ कहा नहीं जा सकता। और फिर आंटी, आजकल भले लड़के मिलते ही बड़ी मुश्किल से हैं। आज की मॉडर्न सोसायटी ने नौजवान लड़के-लड़कियों...सभी का सत्यानाश कर डाला है। यूरोप और अमेरिका की होड़ हमारे मुल्क को तबाह और बर्बाद करके रख देगी।''

''रफीक बेटे, एक ऐसा लड़का मेरी नजर में है जिसे मैं नीना की तरह ही उसके बचपन से जानती हूँ, लेकिन उसके साथ शादी होने में एक बहुत बड़ी रुकावट है।''

''दुनिया की ऐसी कौन सी रुकावट है आंटी, जिसे कोशिश करने पर रास्ते से न हटाया जा सके !'' दुर्रानी ने उत्सुकता से पूछा, ''मुझे बताइए। उस रुकावट को दूर करने के लिए मैं जी-जान लगा दूँगा। आपकी तरह मैं भी नीना को बेहद प्यार करता हूँ। उसकी भलाई के लिए , उसकी बेहतर और खुशहाल जिन्दगी के लिए मैं सब कुछ कर सकता हूँ—बताइए उस लड़के के साथ नीना की शादी होने में रुकावट क्या है ?''

''मजहब !'' मिसेज रूबी डिसिल्वा ने दुर्रानी के कन्धे का सहारा लेकर लेटते हुए कहा।

''मैं समझा नहीं आंटी,'' दुर्रानी ने कहा, ''आजकल...पहले तो मजहब को कोई पूछता ही नहीं है। और अगर कोई मजहब को इतनी अहमियत देता है तो मैं उसे इंसान नहीं मानता, इसलिए मेरी तो राय यह है कि अगर वह लड़का अपने मजहब को इंसानियत से ज्यादा अहम समझता है तो उसके साथ नीना की शादी का खयाल छोड़ देना ही मुनासिब और बेहतर होगा।''

''अच्छी तरह सोच-विचार कर बताओ। क्या एक इज्जतदार नेक मुस्लिम फैमिली का पढ़ा-लिखा, बारोजगार नौजवान किसी ईसाई लड़की से शादी कर सकता है ? क्या मजहब उसके रास्ते में रुकावट नहीं बन जाएगा।''

''आंटी, अगर वह मुस्लिम घराना इज्जतदार और नेक घराना है तो उस घराने से ताल्लुक रखनेवाले नौजवान को कोई ऐतराज नहीं होना चाहिए,'' दुर्रानी ने

बेझिझक कहा, ''इस्लाम इंसानियत के मजहब को सबसे बड़ा मजहब मानता है।''

''मान लो अगर मैं कहूँ कि तुम नीना के साथ शादी कर लो तो क्या तुम्हें कोई एतराज नहीं होगा ?''

''बिल्कुल नहीं आंटी, नीना जैसी लड़की तो किसी खुशनसीब को ही मिलेगी !'' दुर्रानी ने मिसेज रूबी डिसिल्वा का असली मकसद न समझते हुए बिना किसी झिझक के कहा।

''तब ठीक है। यह टेलीफोन उठाकर मुझे दे दो।''

रफीक दुर्रानी ने टेलीफोन उठाकर मिसेज रूबी डिसिल्वा के पास रख दिया।

मिसेज डिसिल्वा ने नम्बर डॉयल किया और रिसीवर कान से लगाकर दूसरी ओर से रिसीवर उठाए जाने का इन्तजार करने लगी।

''हैलो भाई जान, मैं रूबी डिसिल्वा बोल रही हूँ।''

''आपकी तबीयत अब कैसी है भाभीजान,'' दूसरी ओर से किसी ने पूछा, ''खुशी हुई कि आप हास्पिटल से अपने घर पहुँच गईं, फर्माइए, इस नाचीज़ को कैसे याद किया ?''

''क्या आप जल्द से जल्द मेरे घर आ सकते हैं ?''

''अभी हाजिर हुआ !'' दूसरी ओर से किसी ने कहा और फोन डिस्कनेक्ट हो गया।

मिसेज रूबी डिसिल्वा ने रिसीवर रखा ही था कि तभी नीना चाय लेकर आ गई।

''मैंने उस लड़के के चाचा को फोन किया है। वह आ ही रहे होंगे।'' मिसेज रूबी डिसिल्वा ने चाय का प्याला उठाते हुए बताया।

''ठीक है आंटी, आज नीना की शादी के मसले को हल कर ही दीजिए।'' दुर्रानी ने खुशी भरे लहजे में कहा।

अपनी शादी की बात सुनकर नीना पहले तो चौंक पड़ी फिर सवालिया नजरों से मिसेज रूबी डिसिल्वा की ओर देखने लगी।

''नीना, तुम रंजीत के ऑफिस में काम कर चुकी हो। उस ऑफिस में तुम्हें सबसे ज्यादा भला आदमी कौन दिखाई दिया ?'' मिसेज रूबी डिसिल्वा ने पूछा।

''आंटी, किसी शख्स की उसके मुँह पर तारीफ करना दोस्ती की नहीं चापलूसी की निशानी है,'' नीना ने बड़ी संजीदगी से कहा, ''ठीक से तादाद तो मालूम नहीं, लेकिन उस ऑफिस में तकरीबन चार दर्जन वर्कर तो जरूर थे और उन चार दर्जन वर्करों में अगर किसी को भला, नेक, दूसरों का हमदर्द आदमी माना जा सकता है तो वह मिस्टर दुर्रानी हैं।''

मिसेज रूबी डिसिल्वा अभी कुछ कहने नहीं पाई थीं कि नीचे पोर्टिको में एक कार रुकने की आवाज सुनाई दी।

''मेरा खयाल है, वह साहब आ गए जिन्हें आपने फोन करके बुलाया था,'' रफीक दुर्रानी खुश होकर बोला, ''आंटी, मुझे बेहद खुशी होगी अगर आपके मनपसन्द लड़के के साथ आज ही—मेरे सामने ही, नीना का रिश्ता तय हो जाए।''

तभी फ्लैट का दरवाजा खुला और जिस शख्स ने दरवाजे में कदम रखा उसे देखते ही रफीक दुर्रानी और नीना बुरी तरह चौंक पड़े।

''आइए भाईजान, तशरीफ लाइए !'' मिसेज रूबी डिसिल्वा ने आगन्तुक का स्वागत किया।

आगन्तुक और कोई नहीं रफीक दुर्रानी के चाचा अमजद दुर्रानी थे।

अमजद दुर्रानी ने मिसेज रूबी को आदाब किया और नीना तथा रफीक दुर्रानी के सलाम का जवाब देते हुए पलंग के पास पड़ी कुर्सी पर बैठ गए।

''ऐसा कौन सा जरूरी काम आ पड़ा है भाभीजान !'' अमजद दुर्रानी ने बैठते ही सवाल किया।

''अमजद भाई, दो जिन्दगियों का सवाल है। आप ही बताइए क्या दो जिन्दगियों को बिगड़ने से बचाना कम अहम काम है ?''

''नहीं भाभीजान, यह तो दुनिया का सबसे अहम काम है। बताइए, वे लोग कौन हैं जिनकी जिन्दगी के सवाल ने आप जैसी नेक खातून को इस कदर परेशान कर रखा है ?'' अमजद दुर्रानी ने बड़ी उत्सुकता से पूछा।

''भाईजान, आप तो अच्छी तरह जानते हैं कि हमें अगर खुशी मिलती है तो अपनों से ही मिलती है और अगर गम मिलता है तो भी उन्हीं लोगों से मिलता है, जिन्हें हम अपना समझते हैं, अपनी जिन्दगी का हिस्सा समझते हैं...'' मिसेज रूबी डिसिल्वा ने अमजद दुर्रानी के लिए प्याले में चाय उँडेलते हुए कहा।

''यह तो आप दुरुस्त फर्मा रही हैं भाभीजान,'' अमजद दुर्रानी ने चाय का प्याला उठाते हुए कहा, ''लेकिन पता तो चले कि वे लोग कौन हैं ?''

''वे दोनों...'' मिसेज रूबी डिसिल्वा कहते-कहते रुक गईं। एक पल रफीक दुर्रानी और नीना की ओर देखती रहीं फिर हाथ से इशारा करके बोलीं, ''ये ही हैं वे दोनों, जिन्हें आज तक मैं अपना बेटा-बेटी समझती आई हूँ।''

अमजद दुर्रानी ने अपने भतीजे रफीक दुर्रानी को घूरकर देखते हुए कहा, ''रफीक, तुमसे मुझे ख्वाब में भी यह उम्मीद नहीं थी कि जिस खातून को मैंने अपने दोस्त की बीवी के बजाय अपनी माँ और बहन से बढ़कर इज्जत दी है उन्हें तुम किसी भी तरह की तकलीफ पहुँचाओगे।''

मिसेज डिसिल्वा ठहाका मारकर हँस पड़ीं, ''भाईजान, आपने यह कैसे समझ लिया कि रफीक ने मुझे कोई तकलीफ पहुँचाई है। बल्कि इसने तो मेरा एक बहुत ही उलझा हुआ मसला हल करने में मेरी मदद की है।''

''माफ कीजिएगा भाभीजान, अभी तक मैं कुछ भी समझ नहीं पाया हूँ। साथ ही यह यकीन भी नहीं कर पा रहा हूँ कि नीना और रफीक कोई ऐसी हरकत कर सकते हैं जो आपको नागवार गुज़रे।''

''भाईजान, नीना मेरी बेटी है। आप देख रहे हैं कि मैं आए दिन बीमार रहती हूँ। कोई भरोसा नहीं कि कब बुलावा आ जाए और मैं नीना को दुल्हन बने देखे बिना ही इस दुनिया से कूच कर जाऊँ,'' मिसेज रूबी डिसिल्वा बड़ी संजीदगी से कहने लगीं, ''एक बात बताइए, नीना ने एक क्रिश्चियन फेमिली में जन्म लिया है लेकिन मुझे नीना के लिए जो लड़का पसन्द आया है वह ईसाई नहीं है, आपका हम-मजहब है। क्या यह शादी हो सकती है ? मैं इसलिए परेशान हूँ कि आपके मजहब के लोग बहुत ही कट्टर होते हैं, अपने मजहबी मामलों में। पता नहीं अपने बेटे की शादी एक गैर मजहब की लड़की के साथ करना पसन्द करेंगे या नहीं।''

''भाभीजान, दूसरों की बात तो मैं कहता नहीं, लेकिन जब तक हम इन मजहबी दायरों में सिमटे-बँटे रहेंगे, हमारा मुल्क तरक्की नहीं कर सकता। आप तो अच्छी तरह जानती हैं कि मैंने मजहब को कभी अहमियत नहीं दी,'' अमजद दुर्रानी ने चाय का प्याला खाली करके ट्रे में रखते हुए कहा, ''काश, मेरा कोई बेटा होता तो मैं अपना दामन फैलाकर नीना बेटी को आपसे माँग लेता !''

''अमजद भाई, आपने यह कैसे कहा कि आपका कोई बेटा नहीं है,'' मिसेज रूबी डिसिल्वा ने करीब ही बैठे रफीक की ओर इशारा किया। ''अपने और अपने बड़े भाई के बेटे में कोई फर्क नहीं होता अमजद भाई। रफीक आप ही का बेटा है।''

''ओह, माफ कीजिएगा भाभीजान, यह बात तो मैं भूल ही गया था,'' अमजद दुर्रानी जल्दी से बोले, ''आप तो जानती ही हैं कि मैंने शादी नहीं की। रफीक ही मेरे बाद हमारे खानदान का इकलौता चिराग रह जाता है। मेरी और बड़े भाई की तमाम जमीन-जायदाद, दौलत इसी की है। मुझे नीना बेटी को अपने खानदान की बहू बनाकर बेइन्तिहा खुशी होगी !''

नीना और रफीक शरमाकर वहाँ से उठकर दूसरे कमरे में चले गए।

''तो फिर रिश्ता पक्का !'' मिस रूबी डिसिल्वा ने खुशी भरे लहजे में कहा।

''कल शाम मैं एक पार्टी दूँगा और उसमें बाकायदा इस रिश्ते का ऐलान कर दूँगा !'' अमजद दुर्रानी ने कहा और उठ खड़े हुए।

"इधर आओ बच्चो !" मिसेज रूबी डिसिल्वा ने पुकारा।

रफीक दुर्रानी और नीना शरमाते-झिझकते उनके पास आ खड़े हुए।

अमजद दुर्रानी ने उन दोनों के सिरों पर हाथ फेरा और फिर उन दोनों की पेशानी चूमकर बोले, "काश, आज बड़े भैया जिन्दा होते !"

और कहते-कहते उनकी आँखें डबडबा आईं।

❒

नीना फर्नांडीज़ के बिना किसी शोर-शराबे के नौकरी छोड़कर चले जाने से रंजीत और रोज़ी की खुशी का ठिकाना नहीं रहा था। रंजीत को डर था कि कहीं नीना गुस्से में आकर उसकी पत्नी और बेटे के बारे में रोज़ी को न बता बैठे। दरअसल रंजीत को तो दूसरी औरत का चस्का अब लग ही गया था और रोज़ी से उसे अब उस चस्के का मज़ा भरपूर मिल रहा था जिसकी उसे आदत पड़ गई थी।

लेकिन रोजाना किसी होटल में कमरा बुक कराना रंजीत के वश की बात नहीं थी, इसलिए उसने ऑफिस से कुछ रुपया लोन लिया और एक हाउसिंग सोसायटी का एक कमरे का फ्लैट किस्तों पर लेकर रोज़ी के रहने की व्यवस्था कर दी थी।

जिस दिन रंजीत ने नीना को नौकरी से हटाया था, नीना के साथ-साथ दुर्रानी तबीयत खराब हो जाने के बहाने छुट्टी लेकर चला गया था। पूरा एक हफ्ता बीत चुका था, दुर्रानी ऑफिस नहीं आया था और न उसकी कोई एप्लीकेशन आई थी। दुर्रानी के न आने से हालाँकि ऑफिस के काम में रुकावटें आ रही थीं लेकिन रंजीत कतई परेशान नहीं था। उसने दुर्रानी का काम दूसरे कर्मचारियों में डिस्ट्रीब्यूट कर दिया था।

इसके अलावा वह इस बात से भी बेफिक्र था कि इन दिनों ऑफिस से लोन और रोज़ी के लिए फ्लैट लेने के सिलसिले में उसे कई बार हेड ऑफिस को फोन करने पड़े थे। हाउसिंग सोसायटी के लोग भी आते-जाते रहे थे। क्योंकि दुर्रानी ऑफिस आ नहीं रहा था इसलिए रंजीत को यह डर नहीं था कि इन तमाम बातों की खबर शारदा के कानों में पहुँच जाएगी।

❒

उस शाम रंजीत रोज़ी के साथ फोर्ट एरिया की एक दुकान से कुछ सामान खरीद रहा था कि उसकी नजर अचानक एक शोरूम से निकलते विक्रम खन्ना और शारदा पर पड़ गई। यह ज्वेलरी का शोरूम था। इसका मतलब था कि शारदा

ने विक्रम खन्ना को इस सीमा तक अपने जाल में फँसा लिया है कि विक्रम खन्ना उसके लिए पुरुषोत्तम भाई लम्बर भाई ज्वेलर्स के शोरूम से जेवर खरीदने पर मजबूर हो गया है। यह भी हो सकता है कि विक्रम खन्ना शारदा को कोई कीमती जेवर प्रेजेंट करके उसे अपने और भी करीब लाना चाहता हो।

उसे तब और भी हैरानी हुई जब शारदा जेवरों के कई डिब्बे लिए शोरूम से निकली और उसने वे डिब्बे कार की अगली सीट पर अपने और विक्रम खन्ना की सीटों के बीच रख लिये। इसके साथ रंजीत ने कार की पिछली सीट पर कई ऐसे डिब्बे देखे जो कीमती साड़ियों के डिब्बे हो सकते थे। रंजीत का खून खौलने लगा। उसने शापिंग किए बिना ही रोज़ी को अपनी कार में बैठाया और हाउसिंग सोसायटी के फ्लैट की ओर चल दिया।

''रोज़ी, आज मैं नहीं रुक पाऊँगा। मुझे एक बहुत ही जरूरी काम याद आ गया है। मुझे जल्दी घर पहुँचना है !'' रोज़ी के फ्लैट के सामने कार रोकते हुए रंजीत ने कहा।

''ऐसा भी क्या जरूरी काम है कि घंटा-आधा घंटा भी नहीं ठहर सकते ?'' रोज़ी ने उतरते हुए शिकायत भरी आवाज में कहा।

''नहीं रोज़ी, जिद मत करो, मेरा जाना बहुत ही जरूरी है !'' रंजीत ने कहा और फुटब्रेक पर से पाँव हटा लिया।

कार फर्राटे मारती हुई चली गई।

❏

घर पहुँचते ही रंजीत अपने बेडरूम में चला गया और सीधा बाथरूम में घुस गया। उसने फ्लश की टंकी के पीछे से जासूसी किताबों का बंडल निकाला, और शावर खोलकर कमोड पर जा बैठा।

वह बड़ी जल्दी-जल्दी एक किताब के पन्ने पलट रहा था कि उसे बेडरूम के दरवाजे पर दस्तक सुनाई दी। उसे लगा कि वह दो बहुत बड़ी भूलें कर बैठा है। पहली तो यह कि उसने जल्दबाजी में बेडरूम का दरवाजा अन्दर से बन्द नहीं किया और दूसरी भूल यह कि उन्हीं कपड़ों को पहने बाथरूम में घुस आया था जिन्हें पहनकर वह सुबह ऑफिस गया था।

चन्दा की दस्तकें शावर की आवाज में डूब गईं। उसने जासूसी नॉवेल का मर्डरवाला चैप्टर खत्म किया और फिर किताब उसी जगह रखकर बाथरूम से निकल आया।

और तभी उसने शारदा को सीढ़ियाँ चढ़कर ऊपर आते देखा। सीढ़ियों के

ठीक सामने ही रंजीत के बेडरूम का दरवाजा था। उसे ऑफिस के कपड़े पहने हुए बाथरूम से निकलते देख शारदा एक पल तो सीढ़ियों पर खामोश खड़ी रही फिर धीरे-धीरे सीढ़ियाँ चढ़कर अपने कमरे में चली गई। उसके होंठों पर एक अर्थपूर्ण मुस्कुराहट नाचने लगी थी।

और रंजीत भी शारदा को देखकर आश्चर्य से भर उठा था क्योंकि शारदा का पर्स उसके कन्धे से लटक रहा था और उसके दोनों हाथ खाली थे। फिर...? फिर शारदा ने फोर्ट एरिया से जो साड़ियाँ और जेवर खरीदे थे, वे कहाँ गए ? क्या उन्हें विक्रम खन्ना अपने घर लेकर चला गया। हो सकता है वह एक साथ सारी चीजें शारदा को न देना चाहता हो। हर रात एक जेवर या एक साड़ी देना चाहता हो। विक्रम जैसा खिलाड़ी इतना बेवकूफ नहीं हो सकता कि एक ही साथ हजारों रुपए का जेवर और साड़ियाँ किसी लड़की पर लुटा बैठे। और वह भी एक लड़की नहीं, एक औरत पर और ऐसी औरत पर जो शादीशुदा ही नहीं, एक बेटे की माँ भी है। शादी और एक बच्चे को जन्म देने के बाद औरत के बदन की कसावट में फर्क तो आ ही जाता है, भले ही वह अपने बदन को कितना ही सँभालकर क्यों न रखे।

शारदा सीढ़ियाँ चढ़कर अपने कमरे में चली गई तो रंजीत ने जल्दी-जल्दी कपड़े बदले और पलंग पर आ लेटा।

अब तक वह कई जासूसी नॉवेल पढ़ चुका था। उसे किसी आदमी का मर्डर करने के कई तरीके मालूम हो चुके थे।

सबसे सेफ था साइलेंसर लगे रिवॉल्वर से खून करना। लेकिन साइलेंसर लगा रिवॉल्वर मिलना आसान काम नहीं था। रोज़ी के लिये फ्लैट खरीदने के बाद उसके पास इतना पैसा भी नहीं रहा था कि देसी कट्टा भी खरीद पाता। ऑफिस से लोन मिलने की अब कोई सम्भावना भी नहीं रही थी।

बिस्तर पर लेटे-लेटे अचानक उसे याद आया कि उसका दोस्त हरीश सी.बी.आई. में एक अच्छी पोस्ट पर है। उसके पास साइलेंसर लगा रिवॉल्वर जरूर होगा। लेकिन माँगने पर तो वह रिवॉल्वर देगा नहीं। और उससे यह भी उम्मीद नहीं की जा सकती कि वह कहीं से रिवॉल्वर उसे दिलवा दे।

काफी सोचने के बाद वह इसी नतीजे पर पहुँचा कि विक्रम खन्ना को मार डालने के लिए उसे हरीश के घर से रिवॉल्वर चोरी करना ही पड़ेगा।

और यह निश्चय करके वह हरीश के घर से रिवॉल्वर चुराने के तरीके सोचने लगा।

❑

"साहब, खाना टेबल पर लगा दिया है।" चन्दा ने आकर कहा।

रंजीत जल्दी से उठा और डाइनिंग टेबल पर रिंकू के पास आ बैठा।

वह प्लेट की ओर हाथ बढ़ा ही रहा था कि तभी उसे याद आ गया कि शायद चन्दा ने उसे लगभग घंटे भर तक बाथरूम में बैठे देख लिया है। वह भी सारे कपड़े पहने हुए। सारे कपड़े पहने-पहने बाथरूम में जाने के बारे में कुछ-न-कुछ सफाई तो देनी ही पड़ेगी, वरना इन लोगों को शक हो जाएगा। आज उसने रोज़ी के साथ किसी रेस्तराँ में कुछ खाया-पिया भी नहीं था। उसे भूख लग रही थी और सामने रखे लजीज़ खानों को देखकर भूख और भी जोर से भड़कती चली जा रही थी।

"एक दिन खाना नहीं खाऊँगा तो मर नहीं जाऊँगा...लोग तो नव दुर्गा में नौ-नौ दिन तक व्रत रखते हैं !" रंजीत ने अपने आपको समझा लिया।

"डैडी, खाना खाइए न !" रिंकू ने आग्रह-भरे स्वर में कहा।

"रिंकू बेटे, आज हमारे ऑफिस में पार्टी थी। लोगों ने जिद कर-करके ढेर सारा खिला दिया। मेरा पेट खराब हो गया है," रंजीत ने कहा, "तुमने शायद देखा नहीं। कपड़े तक बदलने का मौका नहीं मिला, आते ही मैं टॉयलेट में चला गया था।"

"जी, मैंने देखा था !" चन्दा बोली, "फिर भी कुछ तो ले लीजिए।"

"रात को सोते वक्त बस एक गिलास दूध दे देना।" रंजीत ने कहा और उठकर अपने बेडरूम में चला गया।

रंजीत को सूट पहने, टाई लगाए बाथरूम से निकलते देख शारदा भी चौंक पड़ी थी। रंजीत को अगर टॉयलेट जाना था या नहाना था तो पूरे कपड़े पहने-पहने बाथरूम में जाने की क्या जरूरत थी ?

शारदा को रंजीत के इस रवैए पर हैरानी हुई थी, लेकिन जब रंजीत ने डाइनिंग टेबल पर आकर पेट दर्द होने की बात कहकर खाना खाने से इनकार कर दिया, तो शारदा को कुछ दिनों पहले की घटना याद आ गई।

उन दिनों रंजीत का बड़ी सरगर्मी से निर्मला के साथ रोमांस चल रहा था और उस रोमांस को रंगीन बनाने के लिए रंजीत ने सेक्स से सम्बन्धित किताबें पढ़नी शुरू कर दी थीं। उन दिनों भी रंजीत आज की तरह ही पूरे कपड़े पहने ऑफिस से आकर सीधा बाथरूम में चला जाता था और दिन-भर में कई-कई घंटे कमोड पर बैठा सेक्स की किताबें पढ़ता रहता था।

शारदा को याद आया कि रंजीत ने वे किताबें फ्लश की टंकी के पीछे छिपाकर रख दी थीं और एक दिन जब उसने बाथरूम की सफाई करने, दीवारों

पर लगे जाले झाड़ने के लिए रिंकू को टंकी के ऊपर चढ़ाया था तो रिंकू ने वे किताबें वहाँ से निकालकर शारदा को थमा दी थीं।

शारदा के दिल में शक जाग उठा। जरूर कोई-न-कोई बात है जो रंजीत को फिर से अपना वही रवैया अपनाने पर मजबूर होना पड़ा है। क्या रंजीत एक बार फिर अपनी पर्सनल सेक्रेटरी के चक्कर में फँस गया ? लेकिन रंजीत के ऑफिस फोन करने पर पता चला था कि रंजीत ने अपनी उस पर्सनल सेक्रेटरी को हटा दिया है जो निर्मला से भी कहीं ज्यादा खूबसूरत थी।

"फिर रंजीत बाथरूम में घंटों बैठकर क्या करता रहता है ?" शारदा ने मन-ही-मन तय किया कि कल वह रंजीत के बाथरूम और बेडरूम की अच्छी तरह तलाशी लेगी।

❐

अगले दिन रंजीत की कार जब नजरों से ओझल हो गई तो शारदा तेजी से सीढ़ियाँ चढ़कर रंजीत के बेडरूम में पहुँच गई।

उसने बेडरूम का कोना-कोना छान मारा। एक-एक चीज उठाकर देखी लेकिन उसे कोई सन्दिग्ध चीज कहीं भी दिखाई नहीं दी।

बेडरूम की तलाशी लेने के बाद वह बाथरूम में पहुँची।

उसने बाथरूम की दोनों अलमारियों को तलाशा, और जब कुछ नहीं मिला तो बेडरूम से वह स्टूल उठा लाई।

फिर जैसे ही उसकी नजर फ्लश की टंकी के पीछे रखे पैकेट पर पड़ी वह बुरी तरह चौंक पड़ी।

उसने वह पैकेट उठा लिया। खोलकर देखा तो वे मर्डरवाले जासूसी नॉवेल थे।

शारदा को हँसी आ गई। उसने पैकेट ज्यों का त्यों बाँधा और उसे यथास्थान रखकर बाथरूम से निकल आई।

❐

जासूसी नॉवेल पढ़कर रंजीत विक्रम खन्ना को मार डालने की कई तरकीबें जान चुका था। लेकिन सबसे आसान तरकीब वही थी, साइलेंसर लगे रिवॉल्वर की गोलियों को एक-एक कर पूरा चेम्बर उसके सीने में खाली कर देना ! इसके बाद तो विक्रम के जिन्दा बचने का कोई सवाल ही नहीं रह जाता था।

पर सवाल यह था कि रिवॉल्वर कहाँ से हासिल किया जाए। इन दिनों मुम्बई में आतंकवादियों ने हंगामा मचा रखा था। आए दिन जहाँ-तहाँ बम ब्लास्ट हो रहे थे। आतंकवादियों की आड़ में लोग अपने दुश्मनों को भून रहे थे। लेकिन रंजीत की किसी भी ऐसे बदमाश से जान-पहचान नहीं थी, जिसके जरिए वह कोई रिवॉल्वर हासिल कर सकता।

काफी सोचने-समझने के बाद वह सुबह ऑफिस जाते हुए अपने दोस्त हरीश के घर चला गया जो सी.बी.आई. का बड़ा अफसर था।

''क्या बात है रंजीत, तुम कुछ परेशान दिखाई दे रहे हो !'' सी.बी.आई. अधिकारी हरीश की नजरों से रंजीत के चेहरे के उतार-चढ़ाव छिपे नहीं रह सके।

''हाँ हरीश भाई, आजकल मैं बेहद परेशान हूँ !'' रंजीत ने रूमाल से अपने चेहरे पर छलक आई पसीने की बूँदों को पोंछते हुए कहा।

''क्या परेशानी है, अपने बचपन के दोस्त को नहीं बताओगे ?'' हरीश ने नाश्ते की प्लेट रंजीत की ओर बढ़ाते हुए कहा।

''कल यार मैं मरते-मरते बच गया। कल रात चूना-भट्टी के इलाके से गुजर रहा था। तुम तो जानते ही हो कि सीनियर मैनेजर बन जाने के बाद वक्त-बेवक्त मुझे अपने क्लाइंटों से मिलने के लिए जाना पड़ता है।''

''हाँ, यह तो जरूरी है।''

''चूनाभट्टी में कुछ बदमाशों ने मेरी कार रोक ली। मेरे पास उनका मुकाबला करने के लिए नन्हा सा चाकू तक नहीं था। कम्पनी का ढाई लाख रुपया मेरे पास था। सोचा आज ये लोग रुपया भी लूट लेंगे और मुझे मार भी डालेंगे। उन लोगों के हाथों में रिवॉल्वर और चाकू थे !'' रंजीत ने बहुत ही सहमी हुई आवाज में बताया, ''लेकिन तभी सामने से रात को गश्त करनेवाली पुलिस की एक जिप्सी आ गई। उसे देखते ही बदमाश भाग गए और मैं जान बचाकर घर लौट आया।''

''इन दिनों शहर में लूटपाट और कत्ल की वारदातें आम बात हो गई हैं। तुम्हें अपने पास कम-से-कम रिवॉल्वर तो रखना ही चाहिए...अपनी सेफ्टी के लिए,'' हरीश ने कहा, ''इन दिनों तुम जैसे लोगों के लिए सरकार हथियारों के लाइसेंस दे रही है। एप्लाई कर दो, मैं हफ्ते-भर में तुम्हें लाइसेंस दिलवा दूँगा।''

''इससे अच्छी बात क्या हो सकती है। बोलो कब एप्लाई कर दूँ !'' रंजीत ने खुशी से उछलकर कहा।

"तुम अपने ऑफिस न जाकर मेरे साथ चलो। मैं आज ही एप्लाई करा दूँगा। मेरी नजर में एक आदमी है, उसके पास बहुत ही बढ़िया अमेरिकन रिवॉल्वर है। उसके साथ साइलेंसर भी है। वह शख्स उस रिवॉल्वर को बेचकर अमेरिका जाना चाहता है। बहुत ही सस्ते में सौदा पटा दूँगा !" हरीश ने कहा।

"तुम्हारी मेहरबानी से जल्दी काम हो जाएगा !" रंजीत की खुशी की कोई सीमा नहीं रही थी। रिवॉल्वर की गोलियों से छलनी विक्रम खन्ना की लाश उसकी आँखों के आगे नाच उठी थी।

❒

हरीश की बदौलत रंजीत को साइलेंसर लगा रिवॉल्वर तो मिल गया। अब उसे इन्तजार था मौके का। इन दिनों उसने शारदा से फिर बातचीत करना शुरू कर दिया था। वह अक्सर उससे उसका शाम का प्रोग्राम पूछता रहता था।

रंजीत के इस बदलाव पर शारदा को ताज्जुब हो रहा था। जो रंजीत उसकी नौकरी के इतने खिलाफ था, रात-दिन विक्रम खन्ना को गालियाँ देता रहता था, वही अब विक्रम खन्ना और उसकी नौकरी में इतनी दिलचस्पी क्यों लेने लगा है ? रह-रहकर शारदा के दिमाग में यह सवाल बिजली की तरह कौंध जाता था।

रंजीत ने रिवॉल्वर और साइलेंसर लाकर जासूसी नॉवलोंवाले पैकेट में उसी जगह रख दिया था। क्योंकि इन दिनों शारदा उसके बेडरूम में तो आती ही नहीं थी। इसलिए बाथरूम में जाने का सवाल ही पैदा नहीं होता था। उसने रिवॉल्वर के चेम्बर में आठ गोलियाँ भरकर और साइलेंसर लगाकर उसे किताबों वाले पैकेट में रखकर इत्मीनान की साँस ली थी।

इन दिनों रंजीत रिंकू के खिलौनेवाली बन्दूक में नकली गोलियाँ भरकर जब भी वक्त मिलता था, निशाना लगाने की प्रैक्टिस करता रहता था। और जब उसका निशाना सही बैठ जाता था तो जोर से चीख उठता था, "वह मारा!" और फिर खुशी से झूमते हुए तालियाँ बजाने लगता था।

'जासूसी नॉवल पढ़-पढ़कर लगता है रंजीत का दिमाग खराब हो गया है। उस पर हत्याओं का भूत सवार हो गया है। कहीं यह किसी की हत्या तो नहीं करना चाहता ?' शारदा अक्सर उसकी हरकतें देखकर सोच में पड़ जाती।

अन्त में उसने तय कर लिया कि वह इन जासूसी नॉवलों को उठाकर

रद्दीवाले को बेच देगी। और यह सोचकर जब उसने रंजीत के ऑफिस चले जाने के बाद, किताबों का पैकेट टंकी के पीछे से निकाला तो उसमें रखे असली रिवॉल्वर को देखकर वह काँप उठी। उसका शक सच में बदल गया था।

'रंजीत का ऐसा दुश्मन कौन हो सकता है जिसकी वह जान लेने पर आमादा हो गया है ?' शारदा सोच में डूब गई।

एक बार तो उसने सोचा कि इस रिवॉल्वर को गायब कर दे लेकिन वह रंजीत के स्वभाव से अच्छी तरह परिचित थी। वह एक बार जो ठान लेता था, उसे हर हालत में पूरा करके रहता था।

शारदा अपने ऑफिस पहुँची तब भी उसके चेहरे पर आशंकाएँ मँडरा रही थीं।

❒

नीना फर्नांडीज़ के साथ शादी की व्यवस्था करने में दुर्रानी को पूरा एक हफ्ता लग गया। उसके चाचा अमजद दुर्रानी ने उसे समझाया कि नौकरी की मामूली सी तनख्वाह में वह अपनी बीवी के साथ आराम से गुजारा नहीं कर पाएगा इसलिए बेहतर होगा कि वह उनके एक्सपोर्ट-इम्पोर्ट के कारोबार को सँभाले। इसके साथ ही उन्होंने दुर्रानी के दिमाग में यह बात भी बैठा दी कि दुनिया का कोई भी कारोबार ऐसा नहीं है, जिसमें सरकारी टैक्सों के बोझ से बचने के लिए थोड़ी-बहुत हेरा-फेरी न करनी पड़ती हो। दुर्रानी के जहन में अपने चाचा की हिदायतें गहराई तक बैठ गई थीं।

शादी के इन्विटेशन कार्ड लेकर वह अपने ऑफिस में पहुँचा तो उसे देखते ही उसके सभी साथी खुशी से उछल पड़े।

''दुर्रानी भाई, इतने दिनों आप कहाँ रहे ? न कोई खबर, न फोन !'' कई साथियों ने उस पर एक साथ सवालों के गोले दाग दिए।

''अरे भई, जरा अपनी चहेती सीट पर इत्मीनान से बैठने तो दो फिर सब कुछ बता दूँगा !'' दुर्रानी ने अपनी खूबसूरत हँसी के साथ कहा और अपना बैग अपनी टेबल पर रखकर इस तरह अपनी सीट पर बैठ गया जैसे अब इसे छोड़ने का उसका कतई इरादा न हो।

बाहर का शोरगुल सुनकर केबिन में बैठी रोज़ी ने धीरे से कहा, ''दुर्रानी साहब आज तशरीफ ले ही आए—मेरा तो खयाल था कि नीना के साथ उन्होंने भी नौकरी छोड़ दी है।''

''नीना से दुर्रानी की जान-पहचान तो जरूर थी लेकिन मैं अपने बचपन

के दोस्त को अच्छी तरह जानता हूँ। उसकी कभी किसी औरत में दिलचस्पी नहीं रही। उसकी खुद तक में कोई दिलचस्पी नहीं है। अगर वह किसी खूबसूरत औरत को देखता भी है तो अपनी शायरी के तकाजों को पूरा करने के लिए। तुम शायद नहीं जानतीं, वह एक करोड़पति बिजनेस मैन का भतीजा है। उसकी तमाम दौलत और जायदाद का वारिस है। क्योंकि उसके चाचा को शायरी से चिढ़ है और उसे बिजनेस में होनेवाली हैराफेरी, टैक्स चोरी वगैरह से नफरत है, इसीलिए वह यहाँ नौकरी कर रहा है। वरना उसके चाचा की फर्म में हमारे ऑफिस से ज्यादा लोग काम करते हैं।'' रंजीत ने विस्तार से दुर्रानी के बारे में रोज़ी को बताया।

अपने साथियों को अपने ऑफिस न आने की वजह न बताकर दुर्रानी ने अपने बैग में से एक कार्ड निकाला और उसे लिफाफे में रखकर रंजीत के केबिन में चला गया।

''आइए शायरे आजम, आप तो नीनाजी के साथ ही चले गए थे। उन्होंने छुट्टी दे दी आपको ऑफिस आने की !'' रंजीत ने बहुत व्यंग्य-भरे चुटीले अन्दाज में कहा और फिर ठहाका मारकर हँस पड़ा।

''नहीं बिरादर, नीनाजी ने छुट्टी नहीं दी बल्कि हमेशा-हमेशा के लिए मुझ जैसे परवाज करते परिन्दे के पर कतर कर अपने पिंजड़े में कैद कर लिया !'' दुर्रानी जिस तरह बिना इजाजत लिये केबिन के अन्दर आया था, उसी तरह बिना पूछे एक खाली कुर्सी खींचकर रंजीत के सामने बैठ गया।

''क्या मतलब ?'' रोज़ी ने चौंककर कहा, ''दुर्रानी साहब आपकी ये शायराना बातें अपनी समझ में तो आई नहीं ?''

''इसमें समझ में न आनेवाली बात कौन सी है ?''

''हाँ दुर्रानी, मेरी भी उर्दू कमजोर है। मैं भी ठीक-ठीक समझ नहीं पाया !'' रंजीत बोला।

दुर्रानी ने लिफाफा खोला और कार्ड निकालकर रंजीत के सामने रख दिया।

रंजीत ने जैसे ही कार्ड पढ़ा, उसे लगा जैसे वह कार्ड नहीं एक ऐसा भरपूर झन्नाटेदार तमाचा है जो दुर्रानी ने उसके मुँह पर मारा है, उसकी आँखों के आगे नीना का सुन्दर, भरपूर जवान और पागल बना देनेवाला जिस्म नाच उठा। वह जिस्म, जिसे दस दिन में कई हजार रुपए फूँकने के बाद भी वह छूने भी नहीं पाया था, वही जिस्म अब दुर्रानी की जाती मिल्कियत बन जाएगा।

''मुबारक हो !'' उसने जबर्दस्ती अपने होंठों पर मुस्कुराहट लाने की कोशिश की।

"मेरी ओर से भी आपको और नीनाजी को बहुत-बहुत बधाइयाँ। भगवान आपकी शादीशुदा जिन्दगी में इतनी खुशियाँ भर दे कि आप दोनों मिलकर उन्हें समेट भी न पाएँ !" रोज़ी ने कहा।

"आप लोग कल शाम जरूर तशरीफ लाइएगा !" दुर्रानी ने कहा और उठकर बाहर आ गया।

उसने अपने ऑफिस के हर कर्मचारी को अलग-अलग कार्ड दिया और ऑफिस से निकल आया।

❐

रंजीत ने नीना और दुर्रानी के शादी के इन्विटेशन कार्ड को उठाया और टुकड़े-टुकड़े करके रद्दी की टोकरी में फेंक दिया।

कार्ड के टुकड़े-टुकड़े करते हुए रंजीत को ऐसा लगा, जैसे उसने नीना और दुर्रानी के जिस्मों को टुकड़े-टुकड़े करके फेंक दिया हो।

क्रोध की अधिकता से उसके होंठों के कोनों से झाग-सा निकलने लगा।

"सर यह क्या हो गया आपको।" रोज़ी ने रंजीत को देखते हुए कहा।

रंजीत का क्रोध अपनी सीमाएँ तोड़ चुका था। उसके कानों तक रोज़ी की आवाज नहीं पहुँच पाई।

प्रतिशोध और प्रतिहिंसा की इस आग को उस शाम रोज़ी का स्नेहिल स्पर्श भी बुझा नहीं पाया था। बल्कि जब भी रोज़ी उसे बुझाने की कोशिश करती तो रंजीत के तन-मन में धधकती आग और भी भड़क उठती। कभी उसकी आँखों के आगे नीना और दुर्रानी के चेहरे नाचने लगते और कभी शारदा और विक्रम खन्ना के।

❐

देर रात वह घर पहुँचकर सीधा अपने बेडरूम में चला गया। उसने सब कुछ भूलकर सो जाने की बहुत कोशिश की लेकिन नीना, दुर्रानी, शारदा और विक्रम खन्ना को वह अपने जहन से नहीं निकाल सका। बिस्तर पर लेटा-लेटा भी वह बड़बड़ाता रहा—मैं इन लोगों को मार डालूँगा—इन सबको मार डालूँगा।

अचानक वह उठा और कमोड पर खड़े होकर उसने जासूसी नॉवलों का बंडल उतारा। उसे पलंग पर रखकर उस बंडल में बँधा रिवॉल्वर और साइलेंसर निकाल लिया और किताबों के बंडल को फ्लश की टंकी के पीछे रखने के बाद जैसे ही कमोड पर से उतरने लगा, उसका पाँव फिसल गया और वह धड़ाम से बाथरूम

के फर्श पर आ गिरा।

उसके जोर से गिरने की आवाज सुनते ही शारदा की आँख खुल गई। उसने इधर-उधर नजरें दौड़ाईं। उसने अनुमान लगा लिया कि वह आवाज रंजीत के बेडरूम की ओर से आई थी। वह जल्दी से उठी और दबे पाँव चलती हुई रंजीत के बेडरूम के दरवाजे पर जा खड़ी हुई।

पाँव फिसलकर फर्श पर गिरने से रंजीत की पीठ में काफी चोट आई थी। किसी तरह वह सहारा लेकर उठ खड़ा हुआ, तो उसे पता चला कि उसकी पीठ में ही चोट नहीं आई थी, उसके पाँव में भी मोच आ गई है। बड़ी कठिनाई से वह अपने बिस्तर तक पहुँच पाया।

'इन हरामजादों के चक्कर में मेरी रीढ़ की हड्डी टूट गई...मेरे पाँव में मोच आ गई...अब तो मैं इन चारों में से एक को भी जिन्दा नहीं छोड़ूँगा–लेकिन सबसे पहले...सबसे पहले मैं उस हरामजादे विक्रम खन्ना की...जान लूँगा–अपने रिवॉल्वर की सारी गोलियाँ उसके सीने में उतार दूँगा, फिर शारदा को खत्म करूँगा...' रंजीत दर्द से तड़पता अपनी चीखों को दबाते हुए बड़बड़ाने लगा। इन चोटों ने उसके तन-मन में धधकती बदले की आग और भी जोरों से भड़का दी थी।

बेडरूम के दरवाजे पर खड़ी शारदा रंजीत की बड़बड़ाहट सुन रही थी। चारों ओर रात की खामोशी छाई हुई थी। उस खामोशी में रंजीत के दर्द से काँपते होंठों से जो भी बड़बड़ाता हुआ शब्द निकल रहा था, शारदा को साफ सुनाई दे रहा था।

'रंजीत कह रहा है–इन चारों को मार डालूँगा...कौन हैं ये चार...विक्रम खन्ना और मेरा नाम तो साफ सुनाई दे रहा है लेकिन बाकी दो कौन हैं ?' शारदा सोचती हुई अपने बेडरूम में चली गई। और बिस्तर पर लेटकर उन दोनों अनजान व्यक्तियों को छोड़कर विक्रम खन्ना और अपने बारे में सोचने लगी। क्योंकि रंजीत ने साफ-साफ कहा था कि वह पहले हम दोनों को ही मारेगा।

सोचते-सोचते शारदा के होंठों पर एक अजीब सी मुस्कुराहट दौड़ गई। और फिर इत्मीनान की साँस लेकर उसने इस तरह आँखें मूँद लीं जैसे उसके तन-मन पर छाया अपनी और विक्रम खन्ना की हत्या का भय कोसों दूर भाग गया हो।

❐

सुबह ऑफिस जाने से पहले रंजीत ने अपना साइलेंसर लगा रिवॉल्वर अपने ब्रीफकेस में रखा और लँगड़ाता हुआ नाश्ते की टेबल पर आ बैठा।

"आज तुम्हारा और विक्रम खन्ना का क्या प्रोग्राम है ? रात को जल्दी लौट रही हो न !" रंजीत ने नाश्ता करते हुए रोजाना की तरह सामान्य आवाज में पूछा।

शारदा रात ही यह तय कर चुकी थी कि वह आज इस नाटक का पटाक्षेप कर देगी। क्योंकि वह बदले और अहंकार के इस नाटक से ऊब चुकी थी। इसलिए अपनी सहज-स्वाभाविक आवाज़ में उसने अपनी योजना के अनुसार बताते हुए कहा, "आज रात ओइसिस होटल में खन्ना साहब को एक पार्टी से मिलना है—सुईट नम्बर है 302 !"

"कल दुर्रानी की शादी में जा रही हो न !" रंजीत ने पूछा।

"आफकोर्स !" शारदा ने खुशी भरी आवाज में कहा, "मैं उनकी शादी में जरूर जाऊँगी।"

रंजीत ने उसे गौर से देखा।

"मैं तो न जाने कब से माँ भवानी से प्रार्थना कर रही थी कि दुर्रानी भाई का घर किसी तरह आबाद हो जाए," शारदा ने शून्य में दोनों हाथ जोड़कर कहा, "आखिर माँ ने मेरी प्रार्थना सुन ही ली।"

रंजीत के सीने में छिपी प्रतिशोध की आग से एक लपट और फूट पड़ी—उसे याद आया, इसी दुर्रानी की वजह से उसे निर्मला जैसी लड़की से हाथ धोना पड़ा था...निर्मला, जिसकी सुन्दरता के सामने शारदा, नीना और रोज़ी पानी भरती हैं।

"आज शाम को मुझे भी ओइसिस होटल में एक पार्टी से मिलना है," रंजीत ने कहा, "हो सकता है नौ बजे तक मैं भी फ्री हो जाऊँ। तुम और विक्रम वहाँ कब तक रहोगे ?"

"विक्रम ने एक पार्टी को आठ बजे और दूसरी को दस बजे बुलाया है। दोनों के साथ बातें करने में एक-एक घंटा तो लग ही जाएगा..." शारदा ने बताया, "हो सकता है रात को ग्यारह बजे तक वहाँ रुकना पड़े।"

"मुझे विक्रम से कुछ जरूरी काम है। तुम उसे बता देना और मेरा इन्तजार करना," रंजीत ने कहा, "या तो मैं नौ बजे के बाद सुईट नम्बर 302 में पहुँचूँगा या फिर साढ़े दस के बाद।"

"ठीक है। विक्रम साहब भी कई बार तुमसे मिलने की ख्वाहिश जाहिर कर चुके हैं। जब तक तुम नहीं आओगे हम दोनों 302 में ही रहेंगे। लेकिन आना जरूर, वरना खन्ना साहब मुझे झूठा समझ बैठेंगे।"

"नहीं-नहीं मैं जरूर आऊँगा...एज श्योर एज डेथ !" रंजीत ने डेथ शब्द पर

जोर दिया और ब्रीफकेस उठाकर बाहर निकल गया।

फिर जब उसके कार के इंजन की आवाज सुनाई देनी बन्द हो गई तो शारदा ने मुस्कुराते हुए टेलीफोन अपनी ओर सरका लिया और एक के बाद एक कई नम्बर डॉयल करती और बातें करती रही।

❒

रंजीत को पूरी-पूरी उम्मीद थी कि रात को नौ बजे के बाद ओइसिस होटल की तीसरी मंजिल के 302 नम्बर कमरे में जाकर वह बड़ी आसानी से विक्रम खन्ना के सीने में अपने रिवॉल्वर की आठों गोलियाँ उतार देगा। और फिर बड़े इत्मीनान से वहाँ से निकलकर अपने घर पहुँच जाएगा। रिवॉल्वर में साइलेंसर फिट है इसलिए आसपास के कमरों तक गोलियों की आवाज नहीं पहुँच पाएगी। और उसे शारदा भी पहचान नहीं पाएगी क्योंकि उसने मगनभाई ड्रेसवाला की दूकान से एक स्याह लबादा, नकाब और फेल्ट हैट खरीद लिया था। शारदा का दिल तो वैसे ही बेहद नाजुक है। विक्रम खन्ना के सीने में पहली गोली लगते ही, जैसे ही लहू की धार निकलेगी शारदा बेहोश होकर जमीन पर गिर पड़ेगी।

लेकिन वह शारदा को नहीं मारेगा। उसकी जान नहीं लेगा। क्योंकि रिंकू के भविष्य के लिए शारदा का जिन्दा रहना बहुत जरूरी है। क्योंकि हो सकता है नीना और दुर्रानी को ठिकाने लगाने के बाद वह पकड़ लिया जाए। दुर्रानी के चाचा अमजद दुर्रानी के बँगले में ढेरों नौकर और गॉर्ड रहते हैं। उनके होते हुए उस बँगले में आसानी से घुस तो सकता है लेकिन निकलते समय कोई भी कठिनाई पैदा हो सकती है। हत्या के जुर्म में पकड़े जाने पर उसे फाँसी पर लटका दिया जाना स्वाभाविक है। ऐसी हालत में शारदा का जिन्दा रहना बहुत जरूरी है। वरना अनाथ रिंकू की देखभाल कौन करेगा ? ले-देकर इस दुनिया में रिंकू के नानाजी के अलावा और कोई रिश्तेदार नहीं है। लेकिन वह काफी बूढ़े हैं और अक्सर आए दिन बीमार भी रहते हैं।

खूब गम्भीरता से सोचने के बाद उसने विक्रम खन्ना के साथ शारदा को भी मार डालने का पुराना इरादा छोड़ दिया।

उसे ध्यान आया कि आज ही उसे दुर्रानी और नीना को भी ठिकाने लगाना है। विक्रम खन्ना का काम तमाम करने के बाद वह सीधा दुर्रानी के चचाजान के बँगले पर पहुँच जाएगा। बचपन से उस बँगले में आता-जाता रहा है इसलिए वह उस लम्बे-चौड़े बँगले के कोने-कोने से परिचित है। बचपन में वह और दुर्रानी लोगों की नजरें बचाकर बँगले से निकलकर पिक्चर देखने चले जाते थे और फिर

चुपचाप अपने कमरे में आकर पढ़ने लग जाते थे। किसी को पता ही नहीं चल पाता था कि वे कब गए और कब आए। उसे उस बँगले से निकल भागने के कई रास्ते मालूम थे इसलिए उसे पूरा भरोसा था कि वह नीना और रफीक दुर्रानी को ठिकाने लगाने के बाद सही-सलामत भाग आने में कामयाब हो जाएगा।

सारे दिन इसी उधेड़बुन में वह कोई काम नहीं कर पाया। रोज़ी उससे बार-बार पूछती रही कि उसकी परेशानी की वजह क्या है ? उसने रंजीत पर यह जोर भी डाला कि किसी पार्टी से मिलने का बहाना करके वह उसे लेकर दफ्तर से निकल चले। और उसके फ्लैट में पहुँचते ही वह उसे सारी परेशानियों से निजात दिला देगी। लेकिन रंजीत जानता था कि रोज़ी के फ्लैट में पहुँचते ही वह उसकी बाँहों में कैद हो जाएगा और फिर उसकी पूरी योजना और सारी मेहनत मिट्टी में मिल जाएगी।

❒

शाम को पाँच बजे वह रोज़ी को लेकर ऑफिस से निकला। रोज़ी के साथ आठ बजे तक मुम्बई की सड़कों पर कार दौड़ाता रहा और फिर आठ बजे उसे उसके फ्लैट पर ड्राप करके ओइसिस होटल की ओर चल दिया।

रंजीत ने अपनी कार पार्किंग में खड़ी की ही थी कि उसने एक टैक्सी से शारदा के पिता को उतरते देखा। उसे हैरानी हुई कि शारदा के पिता इस होटल में क्या करने आए हैं। लेकिन टैक्सी होटल के पोर्टिको में पहुँचकर रुकी थी और पार्किंग वहाँ से दूर थी। जब तक वह होटल के रिसेप्शन हाल में पहुँचा तब तक शारदा के पिता न जाने किस ओर चले गए थे। उसने इधर-उधर अच्छी तरह तलाश किया लेकिन शारदा के पिता कहीं भी दिखाई नहीं दिए।

अपना ब्रीफकेस लिये रंजीत रिसेप्शन हॉल की एक आरामदेह चेयर पर जा बैठा। दरअसल वक्त से पहले आकर वह यह देखना चाहता था कि विक्रम खन्ना जिस पार्टी से मिलने जा रहा है उस पार्टी में कितने लोग हैं। वह रिसेप्शन काउंटर के बिल्कुल करीब बैठा था। इसलिए जो भी व्यक्ति रिसेप्शनिस्ट के पास आकर कुछ पूछताछ करता था, तो उसकी और रिसेप्शनिस्ट की आवाज उसके कानों तक साफ-साफ पहुँच जाती थी।

धीरे-धीरे रात के सवा नौ बज गए।

उसने ब्रीफकेस उठाया और लिफ्ट की ओर चल दिया।

❒

यह डिनर का वक्त था। कमरों में ठहरे हुए अधिकांश यात्री या तो डाइनिंग हाल में थे या सैर सपाटे के लिए गए हुए थे, ओइसिस होटल के थर्ड फ्लोर के अधिकतर कमरे सूने पड़े थे। कारीडोर में भी सन्नाटा छाया हुआ था। कारीडोर के कार्नर पर जो फ्लोर अटेंडेंट मौजूद रहा करते थे, इस वक्त उनमें से एक भी दिखाई नहीं दे रहा था। थर्ड फ्लोर पर छाए सन्नाटे को देखकर रंजीत को बेहद खुशी हुई। किस्मत उसकी मदद कर रही थी।

वह तेजी से सुईट नम्बर 302 के दरवाजे की ओर बढ़ने लगा।

दरवाजे पर पहुँचकर उसने कान लगाकर अन्दर की बातें सुनने की कोशिश की। अन्दर गहरा सन्नाटा छाया हुआ था।

रंजीत ने हैंडिल पर हाथ रखा, दरवाजा खुला हुआ था। छोटी सी झिरी बनाकर रंजीत ने आँख लगाकर देखा। एंट्रीवाली लैंडिंग के दाहिनी तरफ सिटिंग रूम के सोफे पर विक्रम खन्ना और शारदा एक-दूसरे के करीब बैठे बहुत ही धीमी आवाज में बातें कर रहे थे।

उन दोनों को एक ही सोफे पर इतने पास-पास बैठे देखकर रंजीत का खून खौल उठा। गुस्से से आँखें लाल पड़ गईं। चेहरा ही नहीं पूरा बदन तमतमा उठा।

उसने ब्रीफकेस गलियारे के फर्श पर रखकर जल्दी से स्याह लबादा निकालकर पहना। नकाब चेहरे पर लगाया ! फेल्ट हैट सिर पर अच्छी तरह जमाया और साइलेंसर लगा रिवॉल्वर लेकर लकड़ीवाले पार्टीशन पर एक जोरदार ठोकर मारी।

पार्टीशन गिरने की आवाज सुनते ही विक्रम खन्ना और शारदा सोफे से उछलकर उठ खड़े हुए और हैरानी-भरी नजरों से स्याह लबादे में सामने खड़े उस व्यक्ति को देखने लगे जिसके हाथ में आटोमेटिक अमेरिकन रिवॉल्वर चमक रहा था !

रंजीत ने आव देखा न ताव, बड़ी फुर्ती से विक्रम खन्ना के सीने [illegible] निशाना बनाकर ट्रिगर दबा दिया।

सीने में गोली लगते ही विक्रम खन्ना तड़ाक से कमरे के फर्श पर गिर पड़ा।

शारदा के हलक से चीख निकल गई।

विक्रम खन्ना ने हाथ-पाँव भी नहीं पटके। रंजीत समझ गया कि उसके रिवॉल्वर से निकली पहली ही गोली ने विक्रम खन्ना की जीवनलीला समाप्त कर दी है।

फर्श पर पड़ी विक्रम खन्ना की लाश को देखकर भी रंजीत के सीने में धधकती हुई प्रतिशोध की ज्वाला शान्त नहीं हुई। उसकी कामयाबी ने उसके

हौसले बढ़ा दिए। वह एक ही छलाँग में विक्रम खन्ना के पास पहुँच गया और फिर अपने रिवॉल्वर के चेम्बर में भरी बाकी सातों गोलियाँ भी उसने विक्रम खन्ना के सीने में उतार दीं।

रिवॉल्वर की नाल से निकले धुएँ को फूँक मारते हुए रंजीत ने रिवॉल्वर लबादे की जेब में रखा ही था कि तभी उस कमरे से अटैच्ड दोनों ओर के दोनों कमरों के दरवाजे फटाक-फटाक की आवाज के साथ खुल गए। और दरवाजों के खुलते ही सुईट नम्बर 302 के ड्राइंग हाल में जैसे तालियों और कहकहों का सैलाब उमड़ पड़ा।

दरवाज़े की ओर बढ़ते रंजीत के कदम ठिठककर रुक गए। उसने रिवॉल्वर हाथ में लिये-लिये ही उन दोनों दरवाजों की ओर देखा और खाली रिवॉल्वर की नाल लहराते हुए बोला, "हैंड्स अप !"

"बिरादर, इस खिलौने को जेब में रख लीजिए। अब इसमें कोई गोली नहीं है !" एक दरवाजे से नीना के साथ निकलते हुए दुर्रानी ने ठहाका लगाकर कहा।

रंजीत अचम्भे से नीना दुर्रानी और दूसरे कमरे के दरवाजे से निकलते शारदा के पिता की ओर देखने लगा।

"आ...अ...आप...?" अचम्भे की ज्यादती से रंजीत के हलक से आवाज नहीं निकल पाई।

और दूसरे ही पल रंजीत जैसे आकाश से धरती पर आ गिरा। उसने देखा—ड्राइंगरूम के फर्श पर पड़ा विक्रम जोरदार ठहाका मारते हुए इस तरह उठकर खड़ा हो गया मानो वह विक्रम खन्ना का भूत हो।

रंजीत का बदन डर और आश्चर्य से पसीने में डूबकर थर-थर काँपने लगा था।

नीना शारदा के पास आ खड़ी हुई ।

शारदा मुँह में आँचल का छोर ठूँसे अपनी हँसी रोकने की कोशिश कर रही थी कि

रंजीत का दिमाग जोर से चकराया और फिर वह धड़ाम से फर्श पर जा गिरा।

विक्रम खन्ना और दुर्रानी ने जल्दी से उसे उठाया और उसे एक सोफे पर लिटाकर उसके बदन पर से लबादा उतारने लगे। रंजीत के चेहरे का नकाब और सिर पर लगा फेल्ट हैट पहले ही उतरकर फर्श पर जा गिरा था।

शारदा एक गिलास में ठंडा पानी ले आई और रंजीत के चेहरे पर छींटे मार-मारकर उसे होश में लाने की कोशिश करने लगी।

सब लोग सोफे पर बदहवास और बेहोश-से पड़े रंजीत को देख रहे थे लेकिन

उनकी आँखों में नाराजगी, नफरत और शिकायत की छाया नहीं थी, बल्कि उपहास और व्यंग्य भरी मुस्कुराहट थी।

ठंडे पानी के छींटे चेहरे पर पड़ने से रंजीत धीरे से कराहा और फिर आँखें खोल दीं।

''रंजीत बेटे, तुम्हारी तबीयत तो अब ठीक है ना !'' शारदा के पिता ने दामाद के सिर पर बड़े प्यार से हाथ फेरते हुए पूछा।

रंजीत ने कोई उत्तर नहीं दिया। उठकर बैठ गया।

''रंजीत, यह तुमने क्या स्वाँग बना रखा है ?'' विक्रम खन्ना ने रंजीत के दोनों बाजू थामकर कहा।

रंजीत एक पल विक्रम खन्ना की ओर देखता रहा। उसका गुस्सा फिर मचलने लगा था। अपने खुश्क गले को थूक से तर करते हुए बड़ी मुश्किल से वह बोला, ''आज तो पता नहीं तुम कैसे बच गए–लेकिन जब भी मौका मिलेगा मैं तुम्हें मौत के घाट उतार दूँगा।''

''लेकिन रंजीत बेटा, तुम विक्रम के खून के प्यासे क्यों हो रहे हो ?'' शारदा के पिता ने पूछा।

''मैं इस बदचलन, आवारा, बदमाश की नस-नस जानता हूँ,'' रंजीत ने नफरत और गुस्से से काँपती आवाज में कहा, ''जो भी सेक्रेटरी आज तक इसके पास रही है, इसने उसकी इज्जत-आबरू की धज्जियाँ उड़ाने में कभी कोई कमी नहीं छोड़ी--यह शारदा को लेकर आधी-आधी रात तक होटलों के कमरों में ऐश करता रहा...जब तक मैं इसका खून नहीं पी लूँगा मुझे चैन नहीं मिलेगा !''

''मेरा अन्दाजा तो यह था कि तुम बहुत ही समझदार और अक्लमन्द हो रंजीत। लेकिन तुम तो परले सिरे के गधे निकले,'' विक्रम खन्ना ने जोर से कहकहा लगाया, ''यह तो ठीक है कि अपनी एजूकेशन की वजह से अमेरिका में होने की वजह से मैं अपनी बहन शारदा की शादी में शामिल नहीं हो सका। और उसके बाद यहाँ आते ही इतनी बड़ी कम्पनी की सारी जिम्मेदारी मेरे कन्धों पर आ पड़ी, इसलिए मैं शारदा और तुम्हारे घर नहीं पहुँच सका लेकिन फोन के जरिए हम दोनों अक्सर मिलते रहते थे। इसीलिए तुम्हें यह बात मालूम ही नहीं हो सकी कि शारदा के पिता मेरे पिता के सगे छोटे भाई हैं और मेरे चाचाजी हैं। परिवार में हम दोनों बहन-भाई के अलावा और कोई नहीं है।''

''बिरादर, तुमने एक बहन और भाई के पाक रिश्ते की पाकीजगी की

धज्जियाँ उड़ाने में कोई कसर नहीं छोड़ी,'' दुर्रानी ने कहा, ''शारदा भाभी ने बताया कि तुमने विक्रम के बाद मुझे और मेरी होनेवाली बीवी नीना की जान लेने का भी पुख्ता इरादा कर लिया था। आखिर हमारा कसूर क्या था बिरादर !''

''तुम नीना...!'' तभी रंजीत को शारदा के पिता, शारदा और विक्रम का खयाल आ गया। उसने बड़ी तेजी से अपने होंठ बन्द कर लिये।

''रंजीत, मैं तुम्हारी पत्नी हूँ, हमारी शादी को लगभग दस साल बीत चुके हैं। मैंने कभी भी तुमसे कोई बात नहीं छिपाई। बल्कि तुम्हारी गलतियों को भी ढाँकती रही। मैंने तो जो कुछ किया वह सिर्फ तुम्हें सबक सिखाने के लिए किया था। क्योंकि तुम खुद को मर्द होने के अहंकार के कारण तानाशाह समझने लगे थे। तुम्हारे सामने औरत की न तो कोई इज्जत रही थी न अधिकार ! मेरा खयाल है कि आज की इस घटना के बाद तुम इस सच्चाई को कभी नहीं भूलोगे कि औरत भी एक व्यक्ति होती है। उसे खिलौना मत समझो। उसके महत्त्व को स्वीकार करो और उसके अधिकारों का सम्मान करो।'' शारदा ने शान्त और संयत स्वर में कहा।

''लेकिन तुम्हें यह सब कैसे पता चला शारदा ?'' रंजीत ने हैरानी से पूछा।

''मैं तुम्हारी पत्नी हूँ। मैंने जिन्दगी के दस साल तुम्हारे साथ गुजारे हैं। भला मैं तुम्हारे दिल की गहराइयों में छिपे जज़्बातों और खयालों को...तुम्हारे अच्छे-बुरे इरादों को नहीं पहँचानूँगी तो क्या रोज़ी पहचानेगी। मैं तुम्हारे बाथरूम की टंकी के पीछे रखी जासूसी किताबों और रिवॉल्वर को देखते ही जान गई थी कि तुम किसी-न-किसी का मर्डर करनेवाले हो। लेकिन मैं नहीं चाहती थी कि तुम्हारे हाथ किसी बेगुनाह के खून से रँग जाएँ। मैं तुम्हारे इरादों को भाँपकर घबरा गई थी। तुम्हें मैं पाठ तो जरूर पढ़ाना चाहती थी, पर मर्डर वगैरह का इतना बड़ा और संगीन खतरा उठाकर नहीं। मैं तुम्हारी रिवाल्वर उठा लाई थी और तुम्हारे खतरनाक इरादों का अन्दाजा मैंने विक्रम और दुर्रानी भाई को दे दिया था। इन लोगों ने तुम्हारी पिस्तौल की असली गोलियाँ निकालकर रिंकू की खिलौना पिस्तौल की बिलकुल वैसी ही रबर की गोलियाँ भर दी थीं !...तब तुम्हारा रिवाल्वर ले जाकर मैंने वहीं बाथरूमवाली टंकी पर उसी तरह छुपा दिया था, जैसे तुमने छुपाकर रखा था...समझे श्रीमान पतिदेव ! और सुबह तुमने जब बड़बड़ाते हुए इन लोगों के नाम अपनी जबान से उगल डाले थे तो...तो मैंने तुम्हारी प्लानिंग को नाकाम बनाने के लिए इन लोगों को सावधान कर दिया और यह सारी योजना

बना डाली। आखिर तुम्हारी बीवी हूँ न।"

"विक्रम भाई, आज के ड्रामे का आखिरी सीन खत्म हो गया। हमारी शादी और इस संगीन मगर मजेदार ड्रामे के मौके पर ओइसिस होटल के लजीज़ डिनर का लुत्फ नहीं लिया तो...तो लानत है !" दुर्रानी कहते-कहते रुक गया।

उसकी बात पूरी होने से पहले ही शारदा ने रूम-सर्विस का फोन नम्बर डॉयल करते हुए कहा, "मैं वही आर्डर प्लेस कर रही हूँ..."

●●●